ANA CAROLINA CAVALCANTI ERHARDT

Defensora Pública Federal · Mestre em Direito, na linha Jurisdição Constitucional e Direitos Humanos pela Universidade Católica de Pernambuco · Especialista em Jurisdição e Direitos Humanos pela Universidade de Pisa-Itália.

DIREITO FUNDAMENTAL À MORADIA:

Crítica ao Discurso Jurídico do Superior Tribunal de Justiça

OWL
EDITORA JURÍDICA

341.27
E 65 d   Erhardt, Ana Carolina Cavalcanti

     Direito fundamental à moradia : crítica ao discurso jurídico do Superior Tribunal de Justiça / Ana Carolina Cavalcanti Erhardt. - Natal: OWL, 2015.
     249 p.

     ISBN: 978-1517618902

     1. Direitos Fundamentais 2. Direito à moradia
     I. Título

"É preciso também pensar que o outro
tem algo a mais em relação a mim."
(Mensagem do Papa Francisco para
enfatizar a necessidade do diálogo)

AGRADECIMENTOS

Agradeço aos meus pais por toda a educação recebida,

Aos meus amados irmãos, pela sinceridade nas opiniões que muito colaboraram no decorrer da pesquisa,

Ao meu avô Augustinho, homem forte e de muita honestidade,

Às avós Valdenice e Celina in memorian,

Ao orientador Gustavo Ferreira Santos pela simplicidade, o que o faz contornar da melhor forma qualquer empecilho no caminho,

À co-orientadora Virgínia Colares, cujo rigor na revisão do texto foi bastante construtivo,

A Francisco Cardozo Oliveira, professor que embora distante se fez presente ao colaborar com a sugestão de relevantes leituras de grande importância para a pesquisa,

À Marília Montenegro, pessoa bastante amável e inteligente em quem me inspirei para realizar o Mestrado,

A João Paulo Allain Teixeira, coordenador do curso de Mestrado da UNICAP, professor sereno que conduz seu trabalho com muita seriedade e disciplina,

À Mirian de Sá Pereira, por sua conduta ética e grande sensibilidade social,

À Luciana Medeiros, amiga e pesquisadora de admirável simplicidade,

À Ísis Alvarenga, bibliotecária que foi essencial para o fornecimento dos subsídios necessários à pesquisa,

Aos aguerridos colegas defensores públicos com quem divido o dia-a-dia de tão apaixonante função,

Aos meus estagiários, atuais, antigos e que virão, por muito me ensinarem ao receberem minhas instruções,

Aos funcionários do núcleo da DPU em Recife-PE por sua dedicação ao trabalho com os mais carentes,

À Kátia Cruz, ser muito especial que Deus colocou em minha vida,

A Thales Paulo Batista, um anjo de bondade e de presteza que, com sua incansável solicitude, muito colaborou para a finalização desse trabalho,

À amiga-irmã Antoniele Navarro, cardiologista dedicada que não deixou meu coração amolecer nos momentos onde o cansaço e o desânimo tentaram se aproximar.

SUMÁRIO.

PREFÁCIO.

A expressão latina *Habent sua fata libelli* (Livros têm seus próprios destinos), muito citada, é parte do verso 1286 *Pro captu lectoris habent sua fata libelli* da obra intitulada *"De litteris, de syllabis, de metris"* de Terentianus Maurus, ou seja, quem dá vida aos livros são os leitores.

Pois é, escrever um prefácio é fazer esse exercício de leitura e sugerir que outros leitores compartilhem o trabalho de dois anos de pesquisa da autora. Recebi o convite de *Ana Carolina C. Erhardt* com alegria e de pronto o aceitei pois acompanhei de perto sua brilhante trajetória acadêmica.

A autora integra o grupo de pesquisa Linguagem e Direito da Plataforma Lattes do CNPq, do qual sou líder, juntamente com Malcolm Coulthard. Esse grupo busca discutir a construção do discurso jurídico no âmbito da doutrina, da jurisprudência e nas diferentes situações de interação na justiça.

Com o olhar atento da Defensoria Pública da União, *Ana Carolina C. Erhardt* debruçou-se sobre o tema da moradia dos ocupantes de áreas públicas e, como pesquisadora, ousou adotar a agenda teórico-metodológica da Análise Crítica do Discurso para estudar o discurso judicial que, desde 2008, sistematicamente, tem dado ganho de causa aos pedidos de liminar de reintegração de áreas públicas, *inaudita altera parte*. Assim, esta pesquisa contribui para os estudos do direito à moradia.

A efetividade do direito fundamental à moradia é fortemente condicionada pelo discurso judicial. Mediante o método da análise crítica do discurso aplicada ao âmbito judicial é possível desnaturalizar relações de poder subjacentes às decisões judiciais que, através de estratégias linguístico-discursivas, muitas vezes, redundam na denegação do direito à moradia dos assentados informalmente em áreas públicas.

O discurso jurídico materializa as práticas sociais de uma tradição através da produção de textos. Portanto, todo discurso é uma construção social, não individual, e somente pode ser analisado ao se considerar o seu contexto histórico-social. O discurso reflete uma visão de mundo determinada, necessariamente, vinculada à dos seus autores e à sociedade em que vivem. Assim, podemos dizer que discurso é o espaço em que emergem as significações. Na construção do sentido, o enunciador dispõe de signos, marcas, traços, letras, gestos, cores, tons etc. Quem enuncia anima as formas da língua, para, através do discurso, construir os sentidos no que diz e no que não diz. A linguagem que usamos define nossos propósitos, expõe nossas crenças e valores, reflete nossa visão de mundo e a do grupo social em que vivemos, e pode, ainda, servir como instrumento de manipulação ideológica.

Analisam-se, assim, os atos processuais e o procedimento judicial/ extrajudicial como espaços discursivos. A análise de atos processuais desde a tomada de depoimentos orais em audiências de instrução e julgamento até a prolatação das *decisões judiciais*, pela observação dos fatos apresentados, a valoração das provas, a interpretação da norma e, consequentemente, a construção da decisão dependerá da atividade social de produção e circulação de textos na justiça brasileira, historicamente e culturalmente determinadas.

As condições de uso da linguagem no âmbito do direito abrangem múltiplos aspectos, simultâneos e sucessivos, no contexto institucional da justiça, criando um "novo objeto", devendo extrapolar a mera análise linguística para construir um objeto de estudo de natureza interdisciplinar: os usos da linguagem regidos pelos princípios jurídicos. São trabalhos como este livro de *Ana Carolina C. Erhardt* que contribuem para essa aproximação entre Linguagem e Direito.

Recife, 01 de setembro de 2015

Virgínia Colares

INTRODUÇÃO.

O direito à moradia adequada integra o mínimo existencial e, portanto, o conceito de dignidade da pessoa humana, fundamento de um Estado Social e Democrático de Direito. Em face da mudança de paradigma do modelo de Estado, é por demais relevante re-contextualizar o direito de propriedade, bem como o instituto da posse que, na atual fase do Constitucionalismo e do desenvolvimento dos direitos humanos, apenas merece proteção se suficientemente atendida a sua função social.

A presente obra é fruto de dissertação elaborada e aprovada no curso de Mestrado da Universidade Católica de Pernambuco que ora é apresentada ao prezado leitor na versão de livro.

O interesse em pesquisar sobre o direito à moradia e escrever sobre o tema decorreu da inquietação da autora com a grave violação diária ao direito humano em questão, seja pelo Estado, seja pelos particulares que muitas vezes não atentam para a premente necessidade de resgatar-se as premissas básicas do direito à cidade que compreende em sua espessura normativa o direito a um morar de forma adequada, com o desfrute dos equipamentos urbanos essenciais a uma via digna.

Diante da grave crise de efetividade dos direitos fundamentais, mormente os de natureza social, muitas vezes encarados como meros programas destituídos de normatividade, a matéria objeto deste estudo possui evidente relevância, pois permite, mediante a problematização do caso concreto, ser possível atingir o plano da práxis, desbordando-se das raias acadêmicas, com o objetivo de atingir a prática social e instigar nos profissionais do Direito, no dia a dia de suas profissões, um olhar crítico sobre as normas nacionais e internacionais voltadas a garantir a segurança jurídica da posse, segundo o preconizado pelo Comitê das Nações Unidas de Direitos Econômicos, Sociais e Culturais, em seus Comentários Gerais, sobretudo os de n° 4 e n°7.

O direito real de uso especial para fins de moradia, importantíssimo mecanismo de regularização fundiária, destinado a resguardar a segurança jurídica da posse em áreas públicas, com assento constitucional (Art. 183 da CF/88) e disciplinado desde 2001, infelizmente não vem sendo, na prática, assegurado pelo setor público e pelo Judiciário.

Enquanto a matéria é praticamente esquecida no âmbito administrativo ou judicial, sendo este último o âmbito onde o livro se debruçará, a dinâmica dos fatos da vida continua pujante, não sendo dado aos milhões de indigentes um mínimo existencial. Segundo o último censo do Instituto Brasileiro de Geografia e Estatística, nada menos do que 11,4 milhões de brasileiros residem em favelas, palafitas e outros assentamentos irregulares. No Município de Belém, a situação é alarmante de acordo com os dados fornecidos pelo IBGE, no sentido de que 53,9% vivem em assentamentos informais, mais da metade da população. O Município do Recife, por sua vez, ficou em quarto lugar no "ranking" dos aglomerados subnormais, atrás de Belém, Salvador e São Luís.(IBGE, 2011)

No âmbito da Defensoria Pública, instituição permanente e essencial à função jurisdicional do Estado e à promoção dos direitos humanos, segundo a Lei Complementar n° 80/94, as demandas que envolvem o direito à moradia dos ocupantes informais de áreas públicas são uma constante.

Em regra, os assistidos (pessoas a quem é prestada a assistência jurídica integral e gratuita) da Defensoria Pública, por ausência de suficiente informação, apenas procuram o órgão quando já foram citados e intimados em uma ação possessória para desocuparem, em prazos bastante exíguos, imóveis públicos utilizados como alojamento. Mencionou-se alojamento porque as ocupações desordenadas, a rigor, não oferecem os atributos internacionalmente exigidos para viabilizar um adequado padrão de vida, ou seja, uma moradia adequada. Isso, ao contrário de enfraquecer, reforça a legitimidade dessas pessoas a pleitearem a segurança jurídica da posse, independente do título de domínio.

Neste ponto, é oportuno registrar o importante papel a ser desempenhado pela Defensoria Pública em matéria de efetivação do direito à moradia dessas pessoas, sobretudo mediante o desempenho da função institucional de conscientização dos direitos humanos.

Quando se menciona a Defensoria Pública neste trabalho, é importante, desde logo, deixar bastante claro que não se concebe a instituição como sobressalente a qualquer outra no sistema de justiça brasileiro, mas sim como um órgão vocacionado a prestar assistência jurídica integral e gratuita aos destinatários do direito à moradia, posto voltar-se este último à classe mais pobre da sociedade. Este trabalho, inclusive, centralizará sua atenção nas decisões do Superior Tribunal de Justiça, órgão do Judiciário brasileiro que possui importantíssimo papel em termos de fixação de paradigmas discursivos, visto ser um tribunal de superposição, responsável por uniformizar a interpretação da legislação ordinária.

Consoante a LC nº80/94, a Defensoria Pública é instituição permanente, essencial à função jurisdicional do Estado, incumbindo-lhe, como expressão e instrumento do regime democrático, fundamentalmente, a orientação jurídica, a promoção dos direitos humanos e a defesa, em todos os graus, judicial e extrajudicial, dos direitos individuais e coletivos, de forma integral e gratuita, aos necessitados, assim considerados na forma do inciso LXXIV do art. 5º da Constituição Federal.

Para exemplificar a importância do tema para a afirmação dos direitos humanos e do papel da Defensoria Pública, relata-se, muito brevemente, recente ação civil pública ajuizada pelo núcleo da Defensoria Pública da União em Recife-PE para garantir o direito real de uso especial para fins de moradia à população atingida pelas obras da Transnordestina S.A, projeto prioritário do Programa de Aceleração do Crescimento – PAC do governo federal.

Desde 2008, a Transnordestina S.A, sistematicamente, tem ajuizado ações de reintegração de posse com pedido de liminar, inaudita altera parte, objetivando, além da desocupação, a demolição de residências construídas em áreas *non aedificandae* monitoradas pela extinta Rede Ferroviária Federal S/A – RFFSA, ao longo do Nordeste brasileiro, região onde será alicerçada a ferrovia Transnordestina, obra do Programa de Aceleração do Crescimento do governo federal - PAC. Nessas ações, o DNIT figura como assistente simples, de modo a atrair a competência federal.

A meditação desta autora sobre o tema da moradia dos ocupantes de áreas públicas adveio justamente da sua experiência profissional como defensora pública ao se debruçar sobre essas inúmeras ações de reintegração de posse.

Em alguns Estados da Federação, como Pernambuco, foram deferidas várias tutelas antecipadas inaudita altera parte, as quais concediam à Transnordestina S.A o direito de imitir-se, de plano, na posse dos terrenos *non aedificandi*, podendo, inclusive, demolir os imóveis lá fundidos.

Inúmeras famílias, v.g, nos municípios de Escada, Recife, Jaboatão dos Guararapes, Camaragibe e Palmares, tiveram ou estão na iminência de ter suas casas demolidas para dar espaço à construção da ferrovia, sem que esteja sendo resguardado pelo Estado (lato sensu) o direito à moradia dos posseiros, na medida em que não outorgou qualquer ação acautelatória do direito habitacional, tampouco reconheceu o direito real de uso para fim de moradia ou, ao menos, conferiu indenização pelos danos materiais e morais causados, inegáveis ante os prejuízos financeiros decorrentes da perda do imóvel e do abalo emocional da evacuação de uma área de há muito já consolidada.

Vislumbrou-se, nos casos relatados, uma total inobservância às normas nacionais e internacionais sobre o direito à moradia adequada. Basta dizer que, desde 1976, segundo o Comentário Geral nº 7 do Comitê de Direitos Econômicos, Sociais e Culturais, de acordo com o preconizado na Conferência das Nações Unidas sobre os assentamentos humanos, as operações de evacuação só devem acontecer caso as medidas de reabilitação e conservação não forem viáveis, e desde que sejam acompanhadas por ações de reassentamento.

Diante do grave problema social, decorrente de uma ausência de maiores estudos sobre o tema aqui apresentado, sobretudo em face de uma carência de "análises mais cautelosas" a respeito dos efeitos da concessão indiscriminada de "tutelas cautelares nas ações possessórias", a Defensoria Pública da União em Recife-PE ajuizou demanda coletiva, processo nº 00145506720114058300. O objetivo primordial dessa ação civil pública é precisamente o de garantir o direito real de uso especial para fim de moradia, em outro local, à população afetada pelas obras da Transnordestina S.A, consoante assegura a legislação correlata.

Para exemplificar o drama social vivido pelas inúmeras famílias despejadas de seu lar em razão de ordens liminares, ao final se anexa um relevante estudo social desempenhado a partir da visita in loco à parte da população atingida pelas decisões.

O cenário aqui apresentado aponta para a necessidade imediata de esforços voltados a garantir, por meio da regularização fundiária, efetividade ao direito à moradia dos ocupantes informais de áreas públicas como integrante inarredável da dignidade humana.

A efetividade do direito fundamental em questão é fortemente condicionada pelo discurso judicial. Mediante o método da análise crítica do discurso aplicada ao âmbito judicial, a ser utilizado neste trabalho, é possível desnaturalizar relações de poder subjacentes às decisões judiciais que, através de estratégias linguísticas, muitas vezes, redundam na denegação do direito à moradia dos assentados informalmente em áreas públicas.

Este livro visa contribuir, sem pretensões de esgotar todos os problemas relacionados à moradia, para fomentar o debate jurídico, no intuito de clamar pela atenção exigida à concretização do direito fundamental à moradia e do direito real de uso especial a ele destinado e, há mais de dez anos, positivado.

A mudança de paradigma do modelo estatal, de um Estado liberal para um Estado Social e Democrático de Direito, parece que ainda não repercutiu os esperados efeitos no âmbito da maioria das decisões judiciais em matéria de moradia dos ocupantes informais de áreas públicas. Talvez porque a maioria dos profissionais do Direito continue com um olhar notadamente privatístico a respeito da tutela possessória, reflexo do forte racionalismo ainda bastante presente na formação dos profissionais da área, o que os tornaria, muitas vezes, meros autômatos da lei.

É possível que um primeiro passo para a mudança seja conectar o Direito com outras áreas do conhecimento social para que, mediante um produtivo diálogo entre as Ciências interlocutoras, seja factível a clarificação das questões de fundo, de modo a facilitar a busca de soluções mais efetivas que destoem e ultrapassem o campo da mera retórica.

Como antevisto, este trabalho busca o auxílio da Análise Crítica do Discurso, agenda teórica que concebe a linguagem em seu uso social e o discurso como uma instância, concomitantemente, textual, discursiva e social, como se terá oportunidade de melhor desenvolver no curso da obra.

Nesse contexto, intenta-se buscar respostas para o seguinte questionamento: o tratamento da questão habitacional pelo STJ dissimula estratégias discursivas para denegar o direito à moradia aos ocupantes informais de áreas públicas?

Para responder a essa pergunta, formula-se a seguinte questão: Se a noção de posse for analisada com base numa concepção de língua apenas como receptora das hegemonias sociais, de modo a albergar a concepção patrimonialista que vincula a posse como um simples apêndice da propriedade, afastando-se o contexto na construção de sentido, então o conceito jurídico de posse, provavelmente, refletirá estratégias discursivas para denegar o direito à moradia aos ocupantes informais de áreas públicas.

Como objetivo geral, o livro busca empreender, mediante o método da Análise Crítica do Discurso, aplicada ao âmbito judicial, o estudo de decisões do Superior Tribunal de Justiça sobre a posse de áreas públicas em cotejo com o atual estágio do Constitucionalismo brasileiro a fim de identificar ou não estratégias discursivas utilizadas pelos julgadores que repercutem na efetividade do direito à moradia dos ocupantes informais de áreas públicas.

Como objetivos específicos, a obra intenta: a) verificar se as decisões do STJ sobre a matéria pesquisada permitem ou não a negociação de sentidos entre os interlocutores envolvidos nas ações judiciais estudadas; b) utilizar as categorias de análise do discurso, sobretudo, a intertextualidade, para auxiliar na desnaturalização da linguagem judicial; c) apontar possíveis estratégias discursivas presentes nas decisões do STJ que impactam na efetivação do direito à moradia dos ocupantes informais de áreas públicas; d) propor mudanças à atividade judicante com vistas à transformação, por meio do discurso, da realidade social que diz respeito à moradia dos ocupantes informais de áreas públicas.

O método a ser seguido é o da Análise Crítica do Discurso (ACD) aplicada às decisões judiciais.

Sobre a amostra escolhida, será analisada a decisão proferida no Recurso Especial n° 556.721 – DF, publicada no Diário de Justiça em 3 de outubro de 2005. A proeminência dada a este julgado se deve ao fato de sua grande potencialidade para manter convenções discursivas (ordens do discurso) no âmbito da prática do Judiciário brasileiro em matéria de ocupação de áreas públicas por particulares. Após a análise dessa decisão, tentar-se-á apresentar sua repercussão em outros julgados do Superior Tribunal de Justiça, momento em que a categoria da intertextualidade será ferramenta bastante útil ao propósito. Nesse momento, quanto às repercussões, a análise não será tão detalhada quanto a do primeiro julgado, pois se tornaria repetitiva. Apenas quanto ao último julgado onde se destacará a repercussão do paradigma, qual seja, o Recurso Especial n° 945055, publicado no Diário de Justiça em 20 de agosto de 2009, se aprofundará a análise pelo fato da presença de dados que serão relevantes para o conjunto da obra.

A repercussão, na realidade, se dá em todos os tribunais do país, mas para os objetivos deste trabalho, a análise se restringirá ao âmbito do STJ. Isso porque, além de ser um tribunal de superposição, responsável por pacificar a interpretação da legislação infraconstitucional, a autora nele não atua, o que lhe confere um prudente distanciamento, não significando dizer que ela esteja em posição de absoluta neutralidade quanto ao objeto estudado, situação bastante difícil de ser alcançada, mormente pelo o que se estudará sobre virada linguística.

Para facilitar a análise, as linhas do julgado serão numeradas de forma contínua. Será seguido um roteiro de análise desse julgado principal (julgado paradigma). Primeiro, um breve relato sobre o caso tratado; depois, a análise da Ementa; em seguida, do Relatório e, após, o Voto será estudado; ao final, será destacado o acórdão. Quanto ao voto, optou-se por dividi-lo em fragmentos para viabilizar uma melhor análise.

Para obter os detalhes da situação fática e processual, foi necessário colher os dados diretamente na cidade onde se iniciou o processo, Brasília-DF. Elegeu-se esse método de coleta por se tratar de informações relevantes para uma compreensão mais ampla do julgado, tanto do ponto de vista fático-processual quanto sob o aspecto discursivo, sendo este último de maior relevo para os objetivos desse trabalho. Com isso, conseguiu-se ter acesso às petições iniciais, o que não é normalmente disponibilizado em sítios da internet, ao contrário do que ocorre com os acórdãos.

Por questões éticas, optou-se por anonimizar os julgadores, sendo que tal escolha não interferirá na análise que se propõe realizar. Registra-se também que as decisões estão disponíveis no sítio eletrônico do Superior Tribunal de Justiça (www.stj.jus.br).

O iter procedimental do livro tomará por parâmetro o problema suscitado e tentará enviar esforços para apresentar sugestões, sem pretensões de firmar verdades absolutas, destinadas à sua solução. À medida em que, gradativamente, forem atingidos os objetivos específicos, voltados, por seu turno, ao objetivo geral, a hipótese levantada será ou não confirmada.

1 LINGUAGEM, VIRADA LINGUÍSTICA E ANÁLISE CRÍTICA DO DISCURSO.

1.1 Uma abordagem do pensamento filosófico de Michel Foucault.

Ao longo da história, a linguagem exerceu, ainda exerce e sempre exercerá grande influência na vida dos seres humanos e em qualquer área do conhecimento, já que não é possível dissociá-la do saber, do conhecimento, da comunicabilidade nos mais diversos âmbitos da inteligência.

Em relação ao âmbito jurídico, área de concentração do presente estudo, sabe-se que a palavra é mesmo a matéria prima de toda a atividade que se pretende empreender no Direito. Pode-se dizer que a linguagem, como será posteriormente desenvolvido, é o que conduz toda a argumentação jurídica, ela é, em sua dinamicidade característica, a própria atividade, tendo em vista que, por meio dela, o pensar e o agir se articulam e se imbricam de forma indissociável.

Nem sempre, no entanto, a linguagem, esse "ser" ora irredutível, foi assim concebida. Por influência de uma complexa arqueologia do saber, cada época tem suas peculiaridades e, mais propriamente, suas possibilidades cognitivas. (FOUCAULT, 2011).

Até o fim do século XVI, a linguagem estava fortemente ligada às coisas, tal como uma marca. Havia uma grande similitude entre a palavra e os objetos, o que fazia da linguagem uma espécie de prosa do mundo:

> No seu ser bruto e histórico do século XVI, a linguagem não é um sistema arbitrário; está depositada no mundo e dele faz parte porque, ao mesmo tempo, as próprias coisas escondem e manifestam seu enigma como uma linguagem e porque as palavras se propõem aos homens como coisas a decifrar. (FOUCAULT, 2011, p.47).

Havia assim uma linguagem primeira que já estava situada nas próprias coisas, no aguardo apenas de ser revelada. E essa exteriorização do signo se dava por meio de uma interpretação daquilo que era enigmático e que já se encontrava, previamente, na própria natureza:

> Sob sua forma primeira, quando foi dada aos homens pelo próprio Deus, a linguagem era um signo das coisas absolutamente certo e transparente, porque se lhes assemelhava. Os nomes eram depositados sobre aquilo que designavam, assim como a força está escrita no corpo do leão, a realeza no olhar da águia, como a influência dos planetas está marcada na fronte dos homens: pela forma da similitude. Essa transparência foi destruída em babel para punição dos homens. As línguas foram separadas umas das outras e se tornaram incompatíveis, somente na medida em que antes se apagou essa semelhança com as coisas que havia sido a primeira razão de ser da linguagem. (FOUCAULT, 2011, p. 49).

É interessante observar a grande vinculação existente entre as palavras e as coisas na língua hebraica, um dos poucos resquícios do modelo ora tratado. A palavra cegonha, por exemplo, em hebreu é *Chasida*, que significa bondosa, caridosa, dotada de piedade, a demonstrar a caridade para com os pais e mães. (DURET; Claude, 1613, apud FOUCAULT, 2011).

No final do século XVI, em um ambiente de grande cientificismo, as palavras se dissociam das coisas. O conhecimento baseado na semelhança passou a ser fortemente questionado em razão de sua fragilidade, pelo fato de a similitude poder ser a ocasião do erro. Para possibilitar um conhecimento seguro e infalível, era necessário inserir a semelhança no quadro da comparação, da medida e da ordem.

A linguagem, nesta fase, tem por função ordenar em forma de quadro a continuidade das diferenças e identidades rigorosamente classificadas pelo ato do pensar. Assim, aqui, a linguagem não mais pré-existe ao saber, mas sim é uma pura criação do pensamento. Antes do pensar não se pode conceber uma língua, pois o pensamento, nesta época, é a fonte de todo o conhecimento possível e ordenável do mundo.

Há uma relação do saber dessa época, mais conhecida como "Modernidade" ou ainda como o período do "Racionalismo", com o que se denomina de *Máthêsis*, isto é, ciência universal da medida e da ordem.

A função significante do signo (da linguagem) apenas surge após o conhecimento, onde encontra seu espaço, e não mais na natureza.

A possibilidade linguística passou a ser extraída da potencialidade de uma representação. Doravante, só se poderia falar em símbolo se possível fosse nele vislumbrar uma representatividade de ideias:

> Só há signo a partir do momento em que se acha *conhecida* a possibilidade de uma relação de substituição entre dois elementos já *conhecidos*. O signo não espera silenciosamente a vinda daquele que pode reconhecê-lo: ele só se constitui por um ato de conhecimento. (FOUCAULT, 2011, p.81).

Há uma primazia do significante que possui o poder de representar a representação que nele mesmo se encontra. A linguagem, por seu poder representativo, poderia dar fundamento a uma taxinomia sem fim, mediante a classificação dos seres por suas identidades e diferenças em uma estrutura de quadro contínuo que teria a capacidade de recortar o mundo de forma linear e coerente.

Esse é o período das enciclopédias, do surgimento dos jardins botânicos, das classificações, do conceitualismo exacerbado. No âmbito jurídico, o papel representativo da linguagem se reflete sobremodo nas grandes codificações onde a norma não poderia ser extraída da interpretação do mundo exterior, mas apenas do interior estático e codificado da regra estabelecida como um dogma.

Para bem desempenhar seu único papel de representar, a linguagem tinha de ser perfeita em sua construção gramatical e nas escolhas lexicais. Assim, a equivocidade dos termos deveria ser evitada, pois reduziria a exatidão matemática da linguagem analítica. A ordem das palavras também deveria ser rigorosamente observada para o fim de potencializar o poder representativo da língua. Surge daí a Gramática Geral como sendo o estudo da ordem verbal na sua relação com a simultaneidade que deve representar.

A Gramática Geral, ao se preocupar com a ordenação das palavras, viabiliza a representatividade do discurso. Segundo o que preconiza, para organizar um discurso perfeito, deve-se perguntar: que palavra é a mais precisa para representar uma ideia já conhecida? Consequentemente, como se deve nomear? A partir de que elemento se torna possível realizar o liame entre duas palavras (o sujeito e o atributo)?

A Gramática Geral desenvolve, dentre outras, a teoria do verbo e da proposição. A grande importância dada a essa teoria decorre do fato de se priorizar a representação como mecanismo apto a ensejar a redução de todo o saber possível.

Segundo a teoria da proposição e do verbo, o símbolo somente poderá ser tido como linguagem quando houver uma atribuição realizada por meio do verbo, condição essencial e indispensável a todo o discurso.

Segundo essa teoria, "O que erige a palavra como palavra é a proposição nela oculta. " (FOUCAULT, 2011, p.129).

O verbo é indispensável à existência da linguagem, pois antes dele só haveria expressão, tida então como um mero prolongamento do corpo. Quando alguém diz "ai", não se poderia daí extrair automaticamente uma linguagem, já que não haveria uma atributividade nos moldes do "isto é aquilo", mas tão-somente uma expressão.

O verbo, assim, preenche a função de realizar o liame entre duas palavras, de modo a relacionar um sujeito ao seu atributo. Há uma afirmação de um homem pensante que não apenas contempla a natureza, mas concebe racionalmente as ideias e julga os nomes. O verbo assegura possuir a linguagem seu lugar no pensamento, que lhe seria prévio.

A teoria do verbo serve, no Direito, à construção da Jurisprudência dos Conceitos que sustentou a noção de posse e que a assegura até os dias atuais, o que será mais bem desenvolvido em outro tópico deste estudo.

Até o fim do século XVIII, o conhecimento é baseado na classificação do que é visível. A observação do que pode ser visto é a fonte do saber universal. A vista é o sentido da evidência e da extensão. Deveria ver-se, sistematicamente, pouca coisa e classificar.

No fim do século XVIII, a arqueologia do saber é modificada. Essa alteração no modo de conhecer decorre do reconhecimento dos limites da representação e da finitude humana. Tudo o que era visto em sua continuidade recortada, passará a ser descontínuo, incerto, oculto, enigmático. O ambiente propiciará uma reviravolta linguística que será posteriormente estudada ainda neste Capítulo.

O papel central atribuído ao nome desaparece e com ele a unidade da *Máthesis* é rompida. Nesse período, o homem percebe que o seu pensamento não é por ele controlado. Há espaços obscuros e profundos que não são passíveis de uma simplificada representação, a não ser que tal se dê por um reducionismo exacerbado.

O projeto de uma taxonomia geral apresenta-se como inexequível. Agora, o interesse dos estudiosos dos mais variados campos do saber volta-se para a funcionalidade em vez da aparência. Percebe-se que a natureza, pela própria dinâmica da vida, é descontínua, não se permite a uma "captura fotográfica".

No âmbito da Linguagem, uma profunda mudança acontece. Em vez de reduzir seu papel à representação do mundo, expressa ações, estados e vontades. "Mais do que o que se vê, pretende dizer originariamente o que se faz ou o que se sofre". (FOUCAULT, 2011, p.400)[1].

O mais interessante deste período é compreender a historicidade própria à vida. Tornada realidade histórica, a linguagem apresenta-se como o local das tradições, dos hábitos mudos, do pensamento, do espírito obscuro dos povos. Há uma memória que atravessa toda a linguagem, inapreensível pelo pensamento. (FOUCAULT, 2011).

Esse entendimento sobre a historicidade será muito importante quando se chegar à análise da intertextualidade, desdobramento do dialogismo, conceito bastante abordado por Mikhail Bakhtin e que terá, no momento adequado deste estudo, fundamental relevância para a análise crítica do discurso judicial em matéria de posse e de moradia.

O pensamento, como se disse, já está inserido em uma linguagem que lhe é anterior. Só é possível pensar em uma língua. "Em certo sentido, o homem é dominado pelo trabalho, pela vida e pela linguagem". (FOUCAULT, 2011, p.432). E continua Foucault a respeito do homem:

> Todos esses conteúdos que seu saber lhe revela exteriores a ele e mais velhos que seu nascimento antecipam-no, vergam-no com toda a sua solidez e o atravessam como se ele não fosse nada mais do que um objeto da natureza ou um rosto que deve desvanecer-se na história. (FOUCAULT, 2011, p. 432).

Por meio dessa mudança a respeito da abordagem da Linguagem, o que se costuma denominar de "virada linguística", é possível visualizar o homem como um misto de cogito e de impensado. De fato, há um limite para o pensamento, pois este está inserido e é possibilitado por uma Linguagem que o condiciona. Lembre-se de que a Linguagem comporta uma memória, está inserida em uma cultura. Assim, o homem é também o lugar do desconhecimento e é constantemente chamado ao conhecimento de si.

Sobre isso, há uma excepcional passagem da obra de Foucault que não se pode deixar de transcrever:

> Como pode o homem ser o sujeito de uma linguagem que, desde milênios, se formou sem ele, cujo sistema lhe escapa, cujo sentido dorme um sono quase invencível nas palavras que, por um instante, ele faz cintilar por seu discurso, e no interior da qual ele é, desde o início, obrigado a alojar sua fala e seu pensamento, como se estes nada mais fizessem senão animar por algum tempo

---

[1] Como será estudado ainda neste Capítulo, a Análise Crítica do Discurso tem Foucault como importante horizonte teórico.

um segmento nessa trama de possibilidades inumeráveis? (FOUCAULT, 2011, p.446).

Em vez de investigar o pensamento pensado, é tempo de perscrutar, quando isso for possível, o cogito não pensado.

Com relação a essa espessura inevitavelmente histórica da Linguagem, é bem interessante analisar as ideias de Foucault expressas em uma outra obra, "A Ordem do Discurso", que corresponde a sua aula inaugural no *Collège de France*, pronunciada em 2 de dezembro de 1970, mas extremamente atual.

1.2 A Ordem do Discurso[2].

Sob a ótica de que a Linguagem (o Discurso)[3] escapa muitas vezes ao controle do pensamento, Foucault elenca alguns procedimentos, já enraizados na sociedade, que se voltam à sustentação do status quo. Tratam-se de procedimentos autoritários de exclusão (tais como ordens) mantidos pelas instituições onde, quase sempre, sequer há espaço para um questionamento, para o desempenho de uma crítica destinada às entrelinhas do dito.

Logo no início de seu discurso, diz Foucault:

> O desejo diz: 'Eu não queria ter de entrar nesta ordem arriscada do discurso; não queria ter de me haver com o que tem de categórico e decisivo; gostaria que fosse ao meu redor como uma transparência calma, profunda, indefinidamente aberta, em que os outros respondessem à minha expectativa, e de onde as verdades se elevassem, uma a uma; eu não teria senão de me deixar levar, nela e por ela, como um destroço feliz'. E a instituição responde: 'Você não tem por que temer começar; estamos todos aí para lhe mostrar que o discurso está na ordem das leis; que há muito tempo se cuida de sua aparição; que lhe foi preparado um lugar que o honra mas o desarma; e que, se lhe ocorre ter algum poder, é de nós, só de nós, que ele lhe advém'. (FOUCAULT, 2012, p.7).

---

[2] As ideias foucaultianas de Ordem do Discurso serão bastante utilizadas e servirão de base para a Análise Crítica do Discurso (abordada ainda neste Capítulo).

[3] Em outro tópico desse capítulo, será abordado com mais vagar o percurso que vai do Signo ao Discurso, o que será realizado com o auxílio da obra de Inês Lacerda Araújo intitulada "Do Signo ao Discurso. Introdução à filosofia da linguagem". A virada linguístico-pragmática terá grande destaque nessa empreitada.

Foucault, inicialmente, elenca três procedimentos de exclusão, quais sejam, a interdição, a oposição entre razão e loucura e a oposição do verdadeiro e do falso. Esse último pode ser tido como o mecanismo fundamental que atravessa os demais e assegura a manutenção e reprodução dos anteriores. Passa-se à sucinta abordagem de cada um deles.

A interdição reporta-se aos limites institucionais (também convencionais, culturais) incidentes sobre o falar. Não se pode falar de tudo em qualquer circunstância. Esse procedimento excludente refere-se, p.ex, aos rituais impostos pelas mais diversas ocasiões onde se intenta enunciar um dado discurso. Os exemplos ajudarão a compreender.

No âmbito jurídico, sobretudo no recinto do fórum, local onde esta subscritora goza de maior familiaridade no desempenho de sua função enquanto defensora pública, existe toda uma ordem do discurso, há anos, estabelecida. Desde as vestimentas há imposição, pois se exige a utilização de vestes talares para adentrar em muitos ambientes.

Essa exigência é mais enfática e rigorosa quanto mais alto é o nível de poder de decisão, de modo que nos Tribunais Superiores, é comum encontrarem-se funcionários orientados a avaliar se a roupa utilizada pelos que pretendem adentrar ao recinto é condizente com "a dignidade" da Instituição jurídica.

Ademais disso, quando se consegue ingressar em um Tribunal Superior, a exemplo do Supremo Tribunal Federal, mais alta Corte de Justiça do país, há todo um protocolo na sessão de julgamento que deve ser, rigorosamente, observado. Sabe-se que, antes de se declarar aberta a sessão, todos os presentes na plateia devem levantar-se, como expressão de decoro e em homenagem, mais uma vez, "à dignidade" da Instituição.[4]

Ultrapassada esta fase, há ainda o protocolo que deve ser seguido por aqueles que fazem uso da palavra (advogados, procuradores, defensores, amigos da Corte[5]). Esses devem começar seu discurso referenciando os componentes do órgão que irá apreciar a causa sob julgamento. E não basta referenciar de modo simplório, sendo necessária a utilização de pronomes de tratamento adequados, mais uma vez, "à dignidade" da função desempenhada por aqueles a quem tais léxicos são destinados. Além disso, caso se queira discordar de alguma opinião no

---

[4] Quando se sabe que a Instituição, em si, não pode ter dignidade senão por uma ficção, pois é o ser humano quem goza de dignidade.

[5] Amigos da Corte é a tradução do termo *amicus curiae*, terceiro interessado em esclarecer à Corte que julgará um dado caso, conceitos, termos, o saber sob um ponto de vista específico de uma entidade social. Como essa participação é justificada por contribuir para um julgamento mais adequado, extrai-se a ideia de amigo da Corte, aquele que auxilia a Corte a desempenhar seu papel de julgar.

âmbito do Tribunal, o discurso deverá conter, invariavelmente, expressões de escusas, como a famosa "data vênia".

Um outro exemplo de interdição, essa primeira modalidade de procedimento excludente, está bem próxima. Tratam-se das regras do discurso científico, onde se destaca a linguagem neutra, destituída de valorações. Nesse contexto, pode-se ainda apontar as próprias regras da ABNT, muitas vezes de difícil acesso e em constantes modificações[6].

Sobre esse tema, pode-se também apontar para as solenidades em geral, repletas de rituais, que expressam a interdição como procedimento da ordem do discurso. No meio acadêmico, é bastante comum, p.ex., em um Simpósio, o palestrante, primeiro e antes de tudo, cumprimentar todos os integrantes da mesa, e não apenas pelo nome. Deveras, normalmente, inicia-se um discurso com expressões do tipo "Excelentíssimo Senhor, Professor, Doutor, presidente da mesa"[7].

Por fim, sobre a interdição, é também vislumbrada quando existe um direito privilegiado ou exclusivo do sujeito que fala. Mais uma vez, tomando-se como exemplo o âmbito jurídico, esse procedimento é assaz utilizado pelo julgador quando da realização de audiências. O juiz possui um privilégio quanto ao direito de fala, sobretudo quando é ele quem intermedeia todas as perguntas e turnos de fala (COLARES, 2003)[8].

O segundo procedimento de exclusão elencado por Foucault é "a oposição razão e loucura". Como sustenta o autor, a palavra do louco é invariavelmente desprezada, destituída de crédito pela sociedade. Como aduz Foucault, "o louco é aquele cujo discurso não pode circular como o dos outros". (FOUCAULT, 2012, p.10).

Apesar de hoje haver um discurso do "politicamente correto" que afastaria a exclusão do indivíduo que sofre com problemas mentais, o isolamento permanece inalterado. As palavras utilizadas por esse indivíduo, quando são consideradas, destinam-se, muitas das vezes, a ridicularizá-lo[9].

---

[6] Ressalve-se que não se trata de afastar a importância da existência de regras para a elaboração de trabalhos acadêmicos. Elas são deveras úteis, em muitos casos, sobretudo quando se trata de evitar o malfadado plágio. Todavia, defende-se aqui que o acesso às normas seja facilitado, bem como que as próprias regras sejam melhor sistematizadas e clarificadas.

[7] Sabe-se que a utilização dessas expressões, em grande medida e quando há excessos, serve muito mais a atender à vaidade humana do que propriamente a expressar deferência e respeito. O ambiente acadêmico não deve servir ao enaltecimento do ego, mas ao amadurecimento científico que só pode ser alcançado mediante uma postura de disposição para o diálogo, para a troca, para deixar-se estranhar pelo discurso do outro.

[8] Para um aprofundamento sobre o tema da Inquirição na Justiça sob a ótica da Análise Crítica do Discurso, recomenda-se a leitura da obra de Virgínia Colares Soares Figueiredo Alves, "Inquirição na Justiça: estratégias linguístico-discursivas"

[9] Para uma ampla análise sobre esse tema, cf. a obra "Análise de Discurso (para a) Crítica: o Texto como Material de Pesquisa".

Na esfera jurídica, sabe-se que o Código Civil de 1916 utilizava a expressão "loucos de todo o gênero", eliminada do Código Civil de 2002, mas, nem por isso, o procedimento de exclusão analisado por Foucault foi eliminado no meio jurídico.

O terceiro sistema de exclusão é o da "oposição do verdadeiro e do falso". Esse último procedimento decorre de uma "vontade de verdade" generalizada, há longa data, entre os homens. Refere-se ao modo como o saber é valorizado em uma sociedade. Apenas as asserções passíveis de comprovação podem ser tidas como verdadeiras e, por isso, dotadas de credibilidade.

A "vontade de verdade" é uma ordem do Discurso, pois dita o modo como ele deve ser para que possa adquirir validade e credibilidade. Há um poder de coerção no discurso "verdadeiro". Sobre o tema, alertou Foucault:

> Enfim, creio que essa vontade de verdade assim apoiada sobre um suporte e uma distribuição institucional, tende a exercer sobre os outros discursos – estou sempre falando de nossa sociedade – uma espécie de pressão e como que um poder de coerção. Penso na maneira como a literatura ocidental teve de buscar apoio, durante séculos, no natural, no verossímel, na sinceridade, na ciência também – em suma, no discurso verdadeiro. Penso igualmente, na maneira como as práticas econômicas, codificadas como preceitos ou receitas, eventualmente como moral, procuraram, desde o século XVI, fundamentar-se, racionalizar-se e justificar-se a partir de uma teoria das riquezas e da produção; penso ainda na maneira como um conjunto tão prescritivo quanto o sistema penal procurou seus suportes ou sua justificação, primeiro, é certo, em uma teoria do direito, depois, a partir do século XIX, em um saber sociológico, psicológico, médico, psiquiátrico: como se a própria palavra da lei não pudesse mais ser autorizada, em nossa sociedade, senão por um discurso de verdade. (FOUCAULT, 2012, p.18).

É interessante observar como esse discurso de vontade de verdade foi imposto ao Direito na Modernidade (e o é, de certa forma, até hoje, como se terá oportunidade de discorrer neste estudo).

Sobre a busca do apoio no natural, nada mais expressivo deste discurso do que a Teoria Pura do Direito desenvolvida por Hans Kelsen. O título do primeiro capítulo de sua obra, nomeado de "Direito e natureza", bem exemplifica o poder, a coerção da verdade sobre a Ciência jurídica. Veja-se o que disse Kelsen para o fim de justificar a origem natural do Direito:

> Se se parte da distinção entre ciências da natureza e ciências sociais e, por conseguinte, se distingue entre natureza e sociedade como objetos diferentes destes dois tipos de ciência, põe-se logo a questão de saber se a ciência jurídica é uma ciência da natureza ou uma ciência social, se o Direito é um fenômeno natural ou social. Mas esta contraposição de natureza e sociedade não é possível sem mais, pois a sociedade, quando entendida como a real ou efetiva convivência entre homens, pode ser pensada como parte da vida em geral e, portanto, como parte da natureza. (KELSEN, Hans, 2012, p.2).

Afora esses três primeiros procedimentos, que se exercem do exterior, Foucault elenca em seguida mais três procedimentos de controle do discurso cuja origem é interna, ou seja, diz com a capacidade que os próprios discursos possuem de exercer seu controle. O objetivo desses procedimentos internos volta-se a afastar o acaso do âmbito do discurso. Os procedimentos de controle de que ora se tratará são: o comentário, o autor e a organização das disciplinas.

O comentário[10] é um texto segundo cujo objetivo é reportar-se e reproduzir um texto primeiro. Nas sociedades em geral, há um desnivelamento entre discursos. Existem aqueles que se dizem e os que são ditos. Há um nível superior relativo a um texto primeiro onde se entende existir uma riqueza ou um segredo. Após, existe o comentário, o texto de segundo nível que tem por função repetir constantemente, mas também perpetuamente renovar o que se disse anteriormente.

O comentário desempenha papeis solidários e paradoxais. Ao tempo em que permite uma possibilidade aberta de falar, não exerce outra função senão a de "dizer enfim o que estava articulado silenciosamente no texto primeiro" (FOUCAULT, 2012, p.24).

Assim, inicialmente, como o comentário permite perscrutar o oculto do primitivo texto, a reticência desse texto, sua riqueza essencial, há uma possibilidade de reatualização permanente do primeiro nível, o que permitiria inferir uma possibilidade de abertura e de renovação discursiva. Só que, paralelamente e concomitantemente a isso, o comentário contribui para a manutenção do texto primevo, pois tem por tarefa dizê-lo e redizê-lo sempre e sempre, de modo a impedir uma progressão discursiva e, por conseguinte, visa à manutenção do status quo.

Sobre esse procedimento de controle interno, aduz Foucault:

---

[10] Há uma relação do comentário com a categoria de análise do discurso que é a intertextualidade e a interdiscursividade, o que será, a seu tempo, devidamente estudado.

> A repetição indefinida dos comentários é trabalhada do interior pelo sonho de uma repetição disfarçada: em seu horizonte não há talvez nada além daquilo que já havia em seu ponto de partida, a simples recitação. O comentário conjura o acaso do discurso fazendo-lhe sua parte: permite-lhe dizer algo além do texto mesmo, mas com a condição de que o texto mesmo seja dito e de certo modo realizado. A multiplicidade aberta, o acaso são transferidos, pelo princípio do comentário, daquilo que arriscaria de ser dito, para o número, a forma, a máscara, a circunstância da repetição. O novo não está no que é dito, mas no acontecimento de sua volta. (FOUCAULT, 2012, p.24-25).

É possível contextualizar a análise desse procedimento de controle interno com o que, diuturnamente, acontece no mundo jurídico. A comparação que agora se fará circunda a autocontenção exercida (mesmo que inconscientemente) pelos profissionais do Direito ao se valerem de precedentes jurisprudenciais. O precedente, segundo o que até aqui foi visto, muitas vezes, desempenha o papel do comentário no âmbito do discurso jurídico.

Observa-se, no funcionamento do precedente, uma tentativa de fazer prevalecer um discurso primeiro que guardaria uma certa autoridade sobre os demais que lhe serão subsequentes. Há uma necessidade insaciável de busca constante da decisão anteriormente proferida como se ela fosse a fonte de toda a verdade possível e aceitável.

Neste panorama, os juízes das varas e tribunais inferiores colocam em circulação o texto de segundo nível, enquanto que os tribunais superiores elaboram os textos primevos que serão ditos e reditos constantemente.

Essa sistemática da repetição não se dá apenas em casos onde se admite a invocação das súmulas vinculantes. Em quase todos os casos submetidos à análise do Poder Judiciário brasileiro, o comentário aparece disfarçado na roupagem do uso do precedente. Afora essa realidade, há ainda diversas situações onde não se trataria de casos semelhantes, mas sim de hipóteses bastante diversas, mas que, sem maiores divagações e apenas com base em comparação de ementas[11], o comentário reina sem maiores restrições através da repetição do discurso primeiro veiculado pelo precedente.

No discurso judicial, também é muito comum observar o paradoxo antevisto que diz respeito ao papel dual do comentário. Esse

---

[11] A importância da Ementa será melhor estudada no último Capítulo quando já se trabalhará a análise do julgado.

paradoxo é viabilizado pelo princípio do livre convencimento (motivado) do juiz. Se de um lado o julgador é livre para decidir os casos que lhes são submetidos, de modo que não se vincularia a qualquer limitação exterior, sob outro ângulo, está fatalmente vinculado à repetição do precedente (e isso ocorre mesmo que, legalmente, não haja via de regra, no sistema jurídico brasileiro, a obrigação de seguir o precedente). Sob esse mecanismo, inviabiliza-se um diálogo profícuo entre as partes e o julgador e perpetua-se o monólogo do precedente. O discurso jurídico não progride.

Um outro procedimento de controle interno do discurso é "o autor". Esse mecanismo reproduz um princípio de agrupamento do discurso, buscando-se, por meio dele, a manutenção de uma coerência, de uma unidade significativa. Para compreender este procedimento, é curioso rememorar os tempos de escola onde se perguntava qual teria sido a vontade do autor ao escrever certo excerto de uma obra literária, por exemplo.

No meio jurídico, é bastante comum a utilização desse instrumento de autocontenção discursiva. Basta lembrar dos argumentos e da hermenêutica que prescreve a busca de uma suposta vontade do legislador ou vontade da lei. Cuidar-se-ia de descobrir, de desvendar o "sentido literal" dos textos legais.

O fato é que não se pode evidenciar a vontade do autor de uma obra ou a vontade do legislador, pois, como já estudado, o texto é produzido em uma linguagem que lhe é anterior e que precede o pensamento. Quando se produz um discurso, ele não pertencerá mais ao seu autor e não poderá ser lido da maneira como o seu criador desejou. A criatura textual desliga-se de seu criador para inserir-se no universo linguístico marcado por sua historicidade, de modo que o sentido do texto dependerá do contexto de uso, das circunstâncias do discurso, sendo impossível extraí-lo de antemão[12].

O procedimento do autor, assim, nada mais é do que um instrumento de controle do discurso que permite sua manipulação e utilização para os mais variados fins.

Por fim, Foucault discorre sobre um último procedimento interno de controle do discurso. Trata-se da ordem do discurso da organização das disciplinas. Em todas as disciplinas, e o Direito aqui também se inclui, existem regras, métodos, conjunto de objetos, conceitos que apontam para o horizonte teórico onde se permite o ingresso das proposições. Esse conjunto de condições corresponde ao

---

[12] Essa conclusão é possibilitada por uma mudança na arqueologia do saber viabilizada pela virada linguística que será objeto de apreciação no próximo tópico deste Capítulo.

verdadeiro de uma dada disciplina, o que não significa a coincidência com a verdade. Veja-se o que sobre isso ensinou Foucault:

> No interior de seus limites, cada disciplina reconhece proposições verdadeiras e falsas; mas ela repele, para fora de suas margens, toda uma teratologia do saber. O exterior de uma ciência é mais e menos povoado do que se crê: certamente, há a experiência imediata, os temas imaginários que carregam e reconduzem sem cessar crenças sem memória; mas, talvez, não haja erros em sentido estrito, porque o erro só pode surgir e ser decidido no interior de uma prática definida; em contrapartida, rondam monstros cuja forma muda com a história do saber. Em resumo, uma proposição deve preencher exigências complexas e pesadas para poder pertencer ao conjunto de uma disciplina; antes de poder ser declarada verdadeira ou falsa, deve encontrar-se, como diria M. Canguilhem, 'no verdadeiro'. (FOUCAULT, 2012, p. 32).

No âmbito desse procedimento de controle, o que mais interessa ao presente trabalho é aprofundar o papel exercido pelos conceitos na contenção do discurso jurídico. Mais precisamente, serão apresentados, no Capítulo 3, os conceitos de posse e de detenção, tendo-se no último Capítulo a oportunidade de estudar o uso desses conceitos na prática judicial em matéria de ocupação informal de áreas públicas.

Os conceitos, nas disciplinas, apesar de serem por um lado importantes e até mesmo necessários, por outro lado apresentam-se como regras imperativas que podem conduzir a uma paralisação discursiva, de modo a inviabilizar um aperfeiçoamento por meio de um dialogismo construtivo[13].

Em continuidade aos procedimentos de controle, Foucault identifica um terceiro grupo. Tratam-se de regras que determinam as condições de funcionamento do discurso. Objetiva-se aqui uma rarefação dos sujeitos que falam. Este mecanismo de controle relaciona-se com o acesso aos mais diversos discursos. Nem todos o têm.

De fato, apesar de viver-se hoje na multicitada "sociedade da informação", a desinformação é uma constante. E assim o é, sob o ponto de vista da ordem do discurso, porque existem regras de restrição do acesso, de impedimento à entrada no discurso, de modo que, como ensina Foucault, nem todas as regiões do discurso são permeáveis. (FOUCAULT, 2012, p.35).

---

[13] O dialogismo aqui se reporta aos estudos de Mikhail Bakthin e será logo mais estudado.

As interações na sociedade estão invariavelmente inseridas em complexos sistemas de restrição. Identificam-se várias "sociedades de discurso" que têm por função conservar e produzir discursos, mas para distribuí-los apenas e tão-somente em um espaço fechado. Essas sociedades do discurso funcionam segundo um mecanismo de abertura (divulgação) e de concomitante fechamento interativo (segredo).

É assim que funcionam a maioria dos discursos institucionais, de que é exemplo o Direito. Nesta área, sabe-se que é bastante comum o que se denomina de "juridiquês" que significa um excesso de técnica, um tecnicismo que se volta a um fechamento interativo. Ao mesmo tempo, propaga-se a ideia de abertura através do princípio fundamental de que a todos se garante o acesso à justiça[14].

O fato é que, segundo ensinam Garth e Cappelletti, o acesso à justiça exige a compreensão de direitos, o que é inviabilizado pelo excesso de técnica, pelo "juridiquês". (CAPPELLETTI; GARTH, 2002). Assim, a abertura é condicionada por um fechamento, o que garante o controle do discurso jurídico pelos que estão autorizados a fazê-lo.

1.3 A passagem do Signo ao Discurso. A Reviravolta linguístico-pragmática.

Ao longo do tempo desenvolveram-se diferentes concepções de Linguagem. Inicialmente, preponderava a concepção proposicional ou representacional, onde a Linguagem deveria ser "o espelho" do mundo e do pensamento. Em um segundo momento, foi dada primazia à função comunicativa da Linguagem. Ela era valorizada e estudada por ser instrumento essencial à comunicação, onde sua principal função era a de transmitir informações. Por fim, hoje, a Linguagem é abordada sob o ponto de vista da interação (inter + ação). (KOCH, 2012).

O desenvolvimento do estudo da Linguagem até chegar no atual nível foi gradual, em observância às possibilidades da construção deste saber. Houve, assim, uma trajetória que perpassou a análise da Linguagem enquanto representação, depois, como instrumento e, atualmente, como atividade, o que será agora, sucintamente, apresentado.

No início do século XX, o primeiro estudo científico sobre a Linguagem foi desenvolvido por Ferdinand de Saussure no "Cours de

---

[14]Justiça aqui não pode ser confundida com Poder Judiciário. Refere-se à possibilidade de acesso a uma ordem jurídica justa, concepção bem mais ampla.

Linguistique Génerale", obra póstuma compilada por seus alunos Bally e Sechehaye com base em anotações escolares. (PEREIRA, 2012).

O estudo inicial da Linguagem toma por sua unidade básica o signo, a palavra. Segundo Saussure, o objeto de estudo do linguista deveria ser o signo, mais precisamente, as relações intrasígnicas. Procurou-se destacar a língua da realidade.

Essa separação está inserida em uma arqueologia do saber (como diria Foucault) fundada na dicotomia levada ao extremo (certo/errado; cogito/impensado; fato/direito etc). O mecanismo de análise utilizado por Saussure não foge a essa regra. Logo de início, é estabelecida por ele uma distinção entre *langue* e *parole*.

A *langue* "constitui-se num sistema de signos, onde, de essencial, só existe a união de sentido e da imagem acústica e onde as duas partes do signo são igualmente psíquicas". (SAUSSURE, p.23, 1975 *apud* PEREIRA, 2012, p.30). A *parole* diz respeito ao uso da *langue* pelo falante. Diferentemente da *langue*, a *parole* não é passível de sistematização. Trata-se, segundo Saussure, de "um ato individual de vontade e inteligência, no qual convém distinguir: 1° as combinações pelas quais o falante realiza o código da língua no propósito de exprimir seu pensamento pessoal; 2° o mecanismo psicofísico que lhe permite exteriorizar estas combinações" (SAUSSURE, p.27, 1975 *apud* PEREIRA, 2012, p. 30-31).

Para Saussure, como já se disse, o que é importante para o estudo científico da Linguagem é a *langue*, ou seja, o sistema de signos de uma língua e suas relações internas (relações intrasígnicas). O que não for signo deve ser afastado para preservar a pureza científica. Assim, a fala (*parole*) não deveria ser objeto de estudo, pois por sua grande heterogeneidade não seria passível de uma adequada sistematização.

Francisco Caetano sintetiza a concepção de língua de Saussure da seguinte maneira: "Ele considera a Língua como forma e não como substância. Forma é essência e não, aparência. A forma é constituída pela gama de relações existentes entre os elementos linguísticos. Por outro lado, esses elementos linguísticos constituem a substância. " (PEREIRA, 2012, p.31).

Sobre Saussure, diz Inês Araújo:

> Ao lado da linguística da língua, há a linguística da fala, subordinada à primeira. Como a fala é individual e acessória, não pode ser estudada sem a língua. Se na fala se alteram sons, por exemplo, essa alteração é puramente fonética, não perturba as imagens acústicas da língua. Contudo, uma não existe sem a outra; inclusive, historicamente a fala precedeu a língua. Ela é o meio de aprendizado da língua materna, o que faz evoluir a

> língua, que se encontra 'depositada' no cérebro de cada um, como se fosse um dicionário com exemplares idênticos distribuídos a cada indivíduo, independentemente de sua vontade. É como que uma estrutura inconsciente formada pelas regras que possibilitam toda e qualquer emissão significativa. Por isso, linguística propriamente dita é apenas a linguística da língua, uma vez que os fenômenos da fala 'são individuais e momentâneos', (ARAÚJO, 2011, p.30).

A teoria de Saussure é denominada de estruturalista, pois trata a língua como uma estrutura onde ocorrem relações apenas entre signos. Prioriza-se a sintaxe (a relação dos signos entre si)[15]. É interessante e bem expressiva da teoria a utilização por Saussure da "metáfora do jogo de xadrez". Sobre a linguística moderna, cuja paternidade é atribuída a Saussure, a respeito da aludida metáfora, disse Ingedore Villaça Koch:

> [...] utilizando a célebre metáfora do jogo de xadrez, caber-lhe-ia descrever o tabuleiro, as peças de diversos tipos e as regras do jogo. Em termos linguísticos, isto significa descrever, num determinado estádio da língua (isto é, sincronicamente), as unidades pertencentes aos diversos níveis da língua (fonemas, morfemas, etc.), sua posição no sistema e as suas regras combinatórias. Foi essa razão pela qual, durante o estruturalismo (corrente linguística fundamental nos preceitos de Saussure e de seus seguidores, tanto na Europa como no continente americano), a fonologia e a morfologia tiveram grande desenvolvimento. (KOCH, 2012, p.8).

O sistema linguístico, segundo Saussure, é dual. É composto tão-somente pelo significante e pelo significado. Haveria uma simbiose tão perfeita entre significante e significado que poderiam ser comparados à face e à contraface de uma folha de papel, à "cara e à coroa" de uma moeda.

O significante é a parte perceptível do signo. Trata-se de uma sequência acústica relativa a um significado. Este, o significado, é o conceito vinculado àquela sequência acústica. É importante considerar que esses dois elementos que compõem o signo são, ambos, psíquicos, segundo Saussure. Assim, há um conceito e esse é expresso mediante uma sequência acústica. O processo de significação ocorre quando se realiza uma imagem mental a respeito daquela sequência sonora. Então,

---

[15] Para que, desde logo, se viabilize uma melhor compreensão, é mister aqui fazer uma rápida diferenciação entre sintaxe, semântica e pragmática. A *sintaxe* diz respeito ao estudo das relações dos signos entre si. A *semântica* alude às relações dos signos com o mundo. A *pragmática* debruça-se sobre as relações entre os signos e os seus usuários.

quando se diz C-A-S-A, já se realizaria uma imagem mental sobre o conceito a que essa ordem de sons corresponde.

Desse modo, percebe-se que Saussure não considera os fatores da realidade exterior à *langue*. Segundo ele, os elementos exteriores são extralinguísticos e não interferem no processo de significação. Esses elementos extraídos da realidade são conhecidos, pelos linguistas, como referência. Saussure desconsidera totalmente a referência por entender que ela é irrelevante para o processo de significação da linguística pura[16].

A corroborar essa ideia, Saussure entende que a relação entre o significante e o significado é arbitrária, no sentido de que não há uma correspondência um a um entre palavras e coisas. A unidade linguística ocorre, assim, no interior do próprio signo (que é a soma do significante com o seu significado correlato), independentemente da referência.

Observa-se aqui um grande avanço na teoria de Saussure, o que pode ser considerado como o seu grande legado, pois a linguagem deixou de ser tratada como algo místico, que já existia no mundo e que aguardava apenas uma revelação. Após a teoria estruturalista, passa-se a conferir um caráter científico ao estudo da linguagem.

Inês Araújo enaltece a teoria saussuriana quanto a este aspecto, mas destaca que o grande problema são as razões invocadas para afastar a referência do âmbito da linguística:

> Linguagem e significação não têm função denotativa, isto é, de 'afirmar' a realidade. Distinguir essas funções, no entanto, não deve ser decorrência dos motivos saussurianos de preservar o caráter científico da linguística, argumentando ser ela uma ciência acerca do sistema, da forma, da estrutura, ou seja, das regras que comandam as línguas (ciência da langue). Isto porque o resultado será excluir toda uma série de fatores e fenômenos nada secundários, não só a coisa referida (conotatum) como também a fala, a intenção, o uso, as interações verbais. Enfim, o que for da ordem da fala e do discurso, que necessariamente envolve fatores do contexto e da situação, acaba não sendo analisado pela ciência da linguagem, simplesmente por se tratar de fenômenos variáveis, cujo caráter aleatório, ou como afirma Saussure, individual e acessório, impede qualquer tentativa de tratamento científico. (ARAÚJO, 2011, p.36-37).

---

[16] Para os profissionais do Direito, como esta subscritora, a teoria estruturalista de Saussure parece possuir uma analogia com a teoria pura do Direito de Hans Kelsen quando há uma separação total entre o fato e a norma.

À preocupação de Inês Araújo acresce-se uma distinção que é de fundamental relevância, sobretudo, para entender as fases ulteriores deste percurso que vai do signo ao discurso de que ora se trata. Cuida-se da distinção existente entre significado e sentido.

Para o leigo, ou mesmo para aqueles que ainda não se atentaram para a importância da reviravolta linguístico-pragmática, significado é o mesmo que sentido e vice-versa. Todavia, existe diferença. O significado, como se disse acima, reporta-se a um conceito, a algo estático, a uma descrição do dicionário totalmente desvinculada da situação de uso da língua, desconectado, assim, da parole.

Já o sentido, só pode ser conhecido no âmbito de uma situação concreta de fala (escrita ou oral). Aqui mesmo neste trabalho, é possível observar que o sentido só pode ser extraído de uma leitura integrada e contextualizada. Veja-se, por exemplo, que, a pouco, quando se tratou da relação arbitrária existente entre significante e significado, tal como pontificada por Saussure, esta autora teve de esclarecer em que sentido o termo "arbitrária" estava sendo empregado para que seus interlocutores (leitores) pudessem compreender do que se estava a falar.

A teoria estruturalista, desse modo, não traz respostas eficazes para a questão do sentido, ou seja, para a questão da semântica. Por entender a língua como um sistema estrutural de signos, não se ultrapassa o nível da frase, sem qualquer cotejo com a realidade em que tal sequência acústica foi enunciada[17].

Segundo Inês Araújo, a semântica necessita muitas vezes apelar ao extralinguístico (parole de Saussure) na busca do sentido. Veja-se interessante passagem escrita por esta autora:

> Se, por um lado, distinguir entre significação e denotação é um dos saldos positivos da herança estruturalista (como vimos, a língua semiotiza a realidade, não há uma relação um por um entre signo e realidade, o falante relaciona signos entre si), por outro, deixar o problema da referência para o filósofo resolver, o que pode ser considerado um pleito justo, é uma atitude que peca pela incongruência: dificilmente a semântica consegue evitar o apelo ao extralinguístico [...].
> Essa situação cria um impasse, uma vez que o universo linguístico não é um universo à parte e, ao mesmo tempo, amarrar a linguagem à relação um por um entre signo e realidade implica emascular a linguagem da força que ultrapassa a simples nomeação, como é o caso das várias facetas da linguagem, tais como a função designativa, o apelo ao ouvinte, a expressibilidade, a argumentação, a

---

[17] A teoria da enunciação será analisada mais à frente quando se abordar as contribuições de Bakhtin para a Análise Crítica do Discurso ao desenvolver seus estudos sobre os gêneros do discurso.

retórica, o jogo com metáforas, as conotações etc. (ARAÚJO, 2011, p.44).

E conclui Inês Araújo:

> [...] é preciso sair dos limites exclusivamente estruturais da língua. Uma das vantagens desse enfoque é evitar o mito da monossemia, isto é, de que o significado esteja pronto, cristalizado numa espécie de dicionário, e que a produção de sentidos diversos mediante conotações, implicaturas, pressupostos, efeitos provocados no ouvinte, recursos pragmáticos, situações discursivas, sejam considerados todos eles secundários, apêndices, derivações. Ocorre que a língua não é, como mostraram, por exemplo, Sapir e Whorf, um código transmissor de informações. É nela e por ela que uma cultura vive. É nela que o pensamento habita. (ARAÚJO, 2011, p.46).

Para tentar solucionar esse impasse, aventado por Inês Araújo, a pragmática surge como horizonte teórico e é dela que se passará a tratar.

Toda a problemática diz respeito ao momento onde é possível extrair-se o sentido das palavras, expressões, enunciados. Para os formalistas, como Saussure, este sentido já pode ser obtido de antemão, independente do contexto. A Pragmática, por seu turno, contesta veementemente esta postura estruturalista. Um dos seus maiores expoentes foi Ludwing Wittgenstein quando trouxe sua ideia de "jogos de linguagem" que representou a comumente denominada "virada linguística".

É importante destacar que em uma autocrítica, Wittgenstein, na obra "Investigações Filosóficas" (1953), teve a nobreza de rechaçar a sua teoria da figuração construída em obra anterior, no "Tratactus logico-philosophicus" (1917). Nesta primeira obra, o autor vinculava-se ao logicismo quando em sua teoria da figuração estabelecia um paralelismo entre linguagem e mundo.

A teoria da figuração preconizava que o dizível se limitava às proposições de verdade, sendo a linguagem um cálculo formal da essência do real. Os objetos do mundo seriam, assim, representados de modo verdadeiro ou falso mediante uma forma lógica entre o que é figurado e a afiguração. Os valores éticos, religiosos, estéticos etc. não integrariam o campo linguístico já que impassíveis de afiguração. (ARAÚJO, 2011).

O Wittgenstein da reviravolta linguística muda radicalmente esta concepção da linguagem, tanto que os estudiosos costumam a ele referir-se como Wittgenstein I e Wittgenstein II.

O Wittgenstein II, que é o da reviravolta, combate a concepção reducionista da linguagem enquanto pura designação. Segundo defende, a linguagem é condição de possibilidade do próprio conhecimento humano. A linguagem assim se apresenta de modo multifacetado não podendo ser reduzida à função representativa.

A visão tradicional está fundada na estrutura ontológica do mundo, segundo a qual haveria uma essência no mundo que caberia à linguagem tão-somente traduzir. Esse sistema está baseado no dualismo corpo-espírito onde o pensamento, como ato do espírito, transformaria o puro som em linguagem humana. (OLIVEIRA, 2006).

Realiza Wittgensetin uma forte crítica à produção individual de sentido que, para a filosofia tradicional, decorreria do pensamento de cada pessoa. Entendia-se a linguagem como ato privado, apenas seu uso seria intersubjetivo. Essa concepção constitui o que Apel denomina de solipsismo epistemológico do pensamento ocidental (APEL, 1976, p.233ss, apud OLIVEIRA, 2006, p. 124).

Wittgenstein II tem como preocupação central entender o que confere sentido às palavras. Para a teoria tradicional (filosofia analítica) a significação (o sentido) adviria dos atos intencionais internos, privados, do espírito. Wittgenstein vai contestar essa concepção e diz que o que confere sentido às expressões é o seu uso nos mais diversos contextos (formas de vida). Para ele, muitas vezes, os atos intencionais não têm importância para a significação. Entede que o único meio de saber o que é linguagem é olhar seus diferentes usos. A linguagem é assim a expressão da práxis comunicativa interpessoal (OLIVEIRA, 2006).

Interessante a exposição dessa transformação (da filosofia analítica à pragmática) feita por Virgínia Colares:

> A filosofia da linguagem ordinária desenvolvida por Wittgenstein em Philosophische Untersuchungen [1953], em recusa aos sistemas abstratos da lógica formal, constitui-se num recuo crítico em relação à posição logicizante do implícito determinismo da noção de "estado-de-coisas" que podem ser descritos pela linguagem do Tratactus logico-philosophicus [1917]. Em contrapartida ao que a filosofia analítica estabelecia como relação de correspondência entre o nome e o objeto (material ou conceitual), na qual "o nome significa o objeto" e o objeto é a significação do nome. O autor de Investigações (o segundo Wittgenstein) propõe a observação dos usos que fazemos da linguagem na vida diária. (COLARES, 2010).

A categoria central com a qual trabalha Wittgenstein da virada linguístico-pragmática é a de jogos de linguagem. Como decorrência de sua aversão ao essencialismo, que levaria ao conceitualismo, ele não define o que vem a ser um jogo de linguagem, mas mostra o que pretende com essa categoria por meio de exemplos.

A ideia básica de jogos de linguagem acentua que, nos diversos contextos (formas de vida), seguem-se diferentes regras. A partir daí (do contexto com suas regras), é possível determinar o sentido das expressões linguísticas. (OLIVEIRA, 2006). "[...] um jogo de linguagem representa múltiplas práticas possíveis da linguagem em determinadas condições empíricas de realização". (COLARES, 2010).

Desse modo, percebe-se que a semântica apenas atinge sua finalidade na dimensão da práxis, na pragmática, portanto.

Uma questão de extrema relevância a respeito dos jogos de linguagem é compreender que suas regras não implicam na estagnação do discurso. A capacidade criativa do homem subsiste:

> No jogo, o homem age, mas não simplesmente como indivíduo isolado de acordo com seu próprio arbítrio, e sim de acordo com regras e normas que ele juntamente com outros indivíduos estabeleceu. Essas regras constituem um quadro de referência intersubjetivo que, por um lado, determina as fronteiras das ações possíveis, estabelecidas comunitariamente, e, por outro, deixa ao indivíduo, dentro dele, o espaço para as iniciativas. [...] onde há homem há linguagem, mas a linguagem, de nenhum modo, é algo já pronto de antemão, uma espécie de destino, mas fruto da capacidade de criação e invenção humanas. *Daí a comparação com o jogo.* O jogo não é uma fatalidade natural, nem mesmo uma imposição de forças supra-individuais, coletivas, sociais anônimas, pois a *comunidade* em questão só surge no próprio ato de jogar *por meio* do reconhecimento de regras e aceitação de papéis que dirigem a ação global. A comunidade constitui-se, enquanto comunidade, na base do *reconhecimento*, ou seja, por meio de atos de liberdade. (OLIVEIRA, 2006, p.143-144).[18]

Esse entendimento é muito importante para compreender a possibilidade de mudança social através do discurso, consoante será defendido posteriormente por Norman Fairclough.

Wittgenstein teve o mérito de inaugurar novas perspectivas de abordar a linguagem, mas, segundo Manfredo Araújo Oliveira, o seu

---

[18] A teoria do reconhecimento, por sua importância para o presente estudo, mormente por suas implicações na questão da moradia, será melhor desenvolvida no próximo capítulo quando se valerá das contribuições filosóficas de Axel Honnet por meio de sua teoria social normativa.

método o impediu de realizar uma visão sistemática da linguagem cotidiana. (OLIVEIRA, 2006). Isso porque, por sua crítica ao essencialismo, ele é considerado como ateórico e se recusa a conceituar suas categorias de análise.

Para tentar colmatar essa ausência de sistematicidade nos estudos de Wittgensetin, o que resultou de sua postura metodológica, John Austin elabora a sua "teoria dos atos de fala". A ideia central de sua obra mais famosa, "How to do things with words", é elucidar, para além da função declarativa da linguagem, as diferentes coisas que com ela podem ser feitas. Daí o termo ato de fala, ou seja, no falar (fala) é possível agir (ato).

Inicialmente, Austin distingue os atos constatativos dos atos performativos, dando ênfase a esses últimos. Os constatativos são os enunciados de fatos, de pura constatação. Os performativos executam uma ação. O próprio dizer já consubstancia um fazer. (OLIVEIRA, 2006). Quando se diz "prometo estudar hoje", o prometer já é uma ação.

Mais adiante, Austin resolve estudar a ação linguística como um todo, em suas complexas dimensões, pois não encontrou muita consistência e utilidade da simples distinção entre ato constatativo e performativo. Como resultado dessa nova empreitada, Austin desempenha a primeira articulação sistemática de sua teoria dos atos de fala. A teoria leva em consideração as dimensões que perpassam um dado ato. Trabalha-se, portanto, a pluridimensionalidade de um certo ato de fala.

Os estudos de Austin dão continuidade às ideias de Wittgenstein de que o sentido só pode ser extraído da situação contextual de uso da língua. Segundo Austin, existem três dimensões dos atos de fala: a locucionária, a ilocucionária e a perlocucionária.

A dimensão locucionária refere-se à totalidade da ação linguística. Na dimensão ilocucionária procura-se indagar sobre a força do dizer, se com o falar houve uma informação, uma pergunta, um alerta, uma ameaça, uma ordem, um pedido, um juízo etc. Para que seja possível identificar a força ilocucionária de um ato de fala, faz-se imprescindível levar em consideração o contexto de uso, as convenções. Por fim, o nível perlocucionário de um ato diz respeito aos efeitos, aos sentimentos, provocados pela expressão linguística no interlocutor. (OLIVEIRA, 2006).

Para explicitar que não se tratam de três atos de fala distintos, mas sim de dimensões de um mesmo ato de fala, diz Ingedore Koch:

> Todo ato de fala é, ao mesmo tempo, locucionário, ilocucionário e perlocucionário, caso contrário não seria um ato de fala: sempre que se interage através da língua,

ANA CAROLINA CAVALCANTI ERHARDT

profere-se um enunciado linguístico dotado de certa força
que irá produzir no interlocutor determinado(s) efeito (s),
ainda que não aquele(s) que o locutor tinha em mira.
(KOCH, 2011).

Sobre o ato ilocucionário, pode ser realizado de forma explícita,
mediante a utilização de um performativo (afirmo, batizo, julgo, prometo
etc) ou de forma implícita, sem o uso do performativo, mas, neste caso,
o performativo poderia ser recuperado. Quando se diz, por exemplo, "a
Terra é redonda", é possível recuperar o performativo do seguinte modo:
"eu assevero que a Terra é redonda". Em se tratando de uma pergunta,
"a Terra é redonda?", é possível traduzir assim: "eu pergunto se a Terra
é redonda". Quando há uma ordem, como "Retire-se!", pode-se
reproduzi-la da seguinte forma: "eu ordeno que você se retire". (KOCH,
2011).

Ingedore Koch, no entanto, entende que a força ilocucionária
nem sempre pode ser determinada pelo recurso a um performativo. Isso
por dois motivos: a força ilocucionária, muitas vezes, é ambígua, de
modo que somente a entonação, os gestos, as expressões fisionômicas e
as condições gerais de produção do enunciado permitirão detectar a
força do ato produzido; nem sempre a língua dispõe de um performativo
adequado à explicitação da força ilocucionária (v.g, "eu te censuro").
(KOCH, 2011).

Como já se disse, para que seja possível compreender a força
ilocucionária de um certo ato, é extremamente relevante atentar para as
convenções e para a situação de uso. Quando alguém diz a outrem "faz
calor", este ato pode ter a força de um pedido a alguém para abrir as
janelas do recinto, e não ter qualquer relação com uma simples
afirmativa.

Quanto ao ato perlocucionário, os efeitos pretendidos pelo
enunciador podem ou não ser realizados no interlocutor. Um ato de
persuasão, por exemplo, pode ou não persuadir. (KOCH, 2011).

Algumas críticas foram levantadas contra a teoria dos atos de
fala de Austin, valendo ressaltar a que considera o seu caráter
preponderantemente unilateral, posto conferir ênfase quase exclusiva no
locutor, tratando da ação, e não da interação. (KOCH, 2011). Como
pontuou Manfredo Araújo de Oliveira, "A preocupação central de Austin
não é tanto com palavras e mudanças de uso na linguagem do dia-a-dia,
mas, acima de tudo, com as diferentes coisas que podem ser feitas com
as palavras. (OLIVEIRA, 2006, p.152).

Como contraponto a essa crítica da unilateralidade da teoria dos
atos de fala, aponta-se para os relevantes estudos de Mikhail Bakhtin

sobre os gêneros do discurso onde desenvolveu a importante ideia de dialogismo. É dela que se passará a tratar.

Para que se compreenda o que vem a ser dialogismo, faz-se necessária a apresentação da ideia de enunciado, concebida por Bakhtin, que proporcionou o estudo do discurso (trajeto final do percurso que nomeia este tópico – do signo ao discurso).

Só após os estudos sobre o enunciado é que os atos de fala passam a compor uma cadeia mais complexa de comunicação, o discurso.

Após tratar da ausência de precisão sobre o termo discurso, e isso mesmo entre os linguistas, Virgínia Colares o equipara ao enunciado:

> No âmago das ciências da linguagem, não é menos confuso, difuso, vago ou ambíguo o uso do termo 'discurso', gerando dissidências mesmo entre os especialistas. Tratado como análogo à palavra latina oratio, o discurso é, sobretudo 'conversação', se constitui uma realidade lingüística significante na interação face a face. Sinônimo de enunciado, o 'discurso' nomeia um conjunto de frases logicamente ordenadas, de forma a comunicar um sentido. Nesta acepção, a frase é considerada uma unidade do discurso e é susceptível de ser analisada na forma como se combina com outras frases para constituir um discurso. (COLARES, 2010).

O enunciado, segundo Bakhtin, corresponde à unidade real de comunicação discursiva. É por meio dele que a língua passa a integrar a vida. (BAKHTIN, 2011). A perspectiva dialógica é de fundamental importância para o atingimento da ideia de discurso. Para compreendê-la, faz-se essencial abordar as peculiaridades sobre o conceito de enunciado que o diferenciam da simples palavra ou da oração.

O enunciado traduz a ideia de colocação em prática de uma língua. Poderia ser equiparado analogicamente à parole de Saussure, mas apenas de modo análogo pois, para Bakhtin, não somente é possível como é extremamente desejável e necessário o estudo científico a respeito do enunciado, unidade básica da comunicação real, da comunicação discursiva entre sujeitos falantes.

Os sujeitos que participam de uma situação real de comunicação desempenham posturas ativas no processo semântico. Daí porque Bakhtin critica o tratamento tradicional conferido ao ouvinte, como sendo aquele que apenas recebe, passivamente, algo dito pelo falante. O dialogismo preconizado por esse estudioso tem por premissa a participação ativa dos sujeitos de fala, seja o falante, seja o ouvinte que, depois, tornar-se-á falante.

Existem algumas peculiaridades específicas do enunciado que o diferenciam das palavras e das orações abstratas.

A primeira delas é a alternância dos sujeitos do discurso, de modo que todo enunciado, antes de seu início, pressupõe o enunciado de outro(s) e, após o seu término, ensejará o enunciado responsivo de outro(s). Como já se disse, o ouvinte torna-se falante. A ideia de posição ativamente responsiva é crucial para compreender o contexto de uma situação real de comunicação marcada pelo dialogismo. De fato, quando se fala ou quando se escreve, há uma autor que endereça seu discurso a um destinatário. Este autor espera do destinatário uma resposta (concordância, discordância) sobre o dito através do enunciado. Desse modo, o enunciado suscita resposta, e não uma postura passiva do ouvinte, até mesmo porque esse ouvinte é também sujeito ativo do discurso.

Essa primeira característica do enunciado, qual seja, a alternância dos sujeitos do discurso, pode ser percebida mais facilmente nas formas mais simples de comunicação, como no diálogo real onde alguém fala e outro replica. Em outras situações, como nas obras científicas por exemplo, a alternância não é tão visível, mas existe. A obra está também disposta a uma ativa compreensão responsiva por parte do leitor que, posteriormente, poderá ser autor e fazer referência ao texto anteriormente lido.

Uma outra peculiaridade do enunciado diz respeito a sua conclusibilidade específica. "Quando ouvimos ou vemos, percebemos nitidamente o fim do enunciado, como se ouvíssemos o 'dixi'[19] conclusivo do falante". (BAKHTIN, 2011, p. 280).

Como critério para aferir a conclusibilidade do enunciado, tem-se a possibilidade responsiva. Assim, quando for possível ao ouvinte responder a um enunciado, por sua vez, mediante um outro enunciado, é sinal de que o primeiro restou concluído.

A conclusibilidade é determinada por três fatores: a exauribilidade do objeto e do sentido; o projeto de discurso ou vontade de discurso do falante; e formas típicas composicionais e de gênero do acabamento.

Quanto à exauribilidade do objeto e do sentido, dependerá do campo da vida. É assim que, em certas situações discursivas, o enunciador pode, quase completamente, esgotar o objeto do dizer. Imagine-se a situação onde um patrão dá uma ordem ao seu subordinado. Neste caso, a possibilidade de resposta do empregado subordinado já se possibilita sem maiores delongas, de modo que o

---

[19] Segundo ensina Bakhtin, o "dixi" corresponde a um sinal de que o falante terminou. (BAKHTIN, 2011).

funcionário, a menos que a não tenha compreendido, já pode cumprir a ordem. Em outros campos da vida, onde há um maior espaço criativo, a exauribilidade do objeto e do sentido ocorre apenas de modo bastante relativo, o que faz com que Bakhtin fale em um mínimo de acabamento que permite ocupar uma posição responsiva[20]. (BAKHTIN, 2011).

O projeto de discurso ou vontade de discurso do falante é outro fator assaz relevante para determinar a conclusibilidade de um dado enunciado. Diz respeito à intenção discursiva do falante e desenha o todo do enunciado, seu volume, suas fronteiras. "Imaginamos o que o falante quer dizer e com essa ideia verbalizada, essa vontade verbalizada (como a entendemos) é que medimos a conclusibilidade do enunciado. " (BAKHTIN, 2011, p.281).

Todo falante tem um projeto discursivo quando enuncia algo. É assim que acontece, por exemplo, quando alguém faz um discurso após os convidados de seu aniversário cantarem a música do parabéns. Todos já sabem, desde o início da enunciação, que virá um agradecimento por parte do falante. Assim, quando houver esse agradecimento, é sinal de que o seu discurso terminou.

O projeto de discurso do falante que condiz com sua vontade discursiva é realizado, segundo Bakhtin, antes de tudo, pela escolha de um certo gênero de discurso, terceiro fator que determina a conclusibilidade do enunciado.

O gênero discursivo é composto por enunciados relativamente típicos e estáveis que compõem o todo. Existem gêneros primários (aqueles mais próximos da realidade, tais como a réplica do diálogo, a carta) e secundários (surgem a partir do convívio cultural mais complexo e são, normalmente, escritos). Segundo Bakhtin, "falamos apenas por meio de determinados gêneros do discurso, isto é, todos os nossos enunciados possuem formas relativamente estáveis e típicas de construção do todo". (BAKHTIN, 2011, p. 282).

Ao lado da alternância de sujeitos do discurso e da conclusibilidade (determinada pelos fatores já elencados), acima tratados, há uma terceira peculiaridade do enunciado que é a sua relação com o próprio falante (autor do enunciado) e com outros participantes da comunicação discursiva.

Sobre a relação do enunciado com o próprio falante, diversamente da palavra e da oração, o enunciado possui autor e destinatário em um dado contexto de uso da língua. No ato de enunciar, o falante expressa a sua individualidade, a sua intencionalidade discursiva.

---

[20] No campo do conhecimento do Direito (das Ciências humanas em geral), a exauribilidade de um dado objeto discursivo é mesmo bastante relativa.

A palavra e a oração só possuem significado abstrato e apenas adquirem sentido no conjunto do enunciado. A palavra existe para o falante em três aspectos: como palavra da língua neutra e não pertencente a ninguém; como palavra alheia dos outros, cheias de ecos de outros enunciados e, finalmente, como "[...] a minha palavra, porque, uma vez que eu opero com ela em uma situação determinada, com uma intenção discursiva determinada, ela já está compenetrada da minha expressão." (BAKHTIN, 2011, p.294).

A respeito do diálogo com outros participantes, como por diversas vezes enfatiza Bakhtin, o enunciado é um elo na cadeia da comunicação discursiva de um determinado campo da vida. A ideia é a de que o enunciado, por ser prenhe de atitudes responsivas, ao tempo em que responde a um enunciado anterior, antecipa o que lhe sobrevirá[21]. "O falante não é um Adão bíblico" (BAKHTIN, 2011, p.300), pois não pode ser considerado o primeiro a falar, pois seu enunciado contempla e responde a outros que lhe são anteriores.

Como se percebe das análises de Bakhtin a respeito do enunciado e das suas peculiaridades, há uma ênfase muito grande no diálogo, ou mais tecnicamente, no dialogismo. O desenvolvimento da ideia de posição/compreensão ativamente responsiva é bastante expressivo de sua preocupação com a finalidade interativa da comunicação.

Sabe-se que nem sempre, na prática cotidiana, a efetiva comunicação discursiva, em termos bakhtinianos, acontece. A atual sociedade do consumo é altamente individualista para colocar em prática o dialogismo nas mais diversas esferas de interação social. Na maioria das vezes, o que se observa é um esforço retórico de alguém para convencer outrem de suas concepções, sem que esse alguém tenha conhecimento de que essas suas concepções só puderam ser viabilizadas em uma comunidade linguística da qual não pode simplesmente dissociar-se, pois essa é uma contingência humana.

Verifica-se, em muitos âmbitos do saber, e o Direito não é exceção, a quase completa ausência de construção dialógica do conhecimento. No caso do âmbito jurídico, a prática discursiva dos tribunais denota essa realidade. Isso porque, cada vez mais, os argumentos levantados pelas partes não são considerados pela maioria dos julgadores que simplesmente aplicam precedentes e mais precedentes, sem maiores considerações sobre as peculiaridades das

---

[21] Essa ideia será reassinalada pelos analistas críticos do discurso mediante o trabalho da categoria da intertextualidade que terá grande importância nesta obra mormente em seu último capítulo onde os dados empíricos serão estudados.

situações concretas submetidas ao seu veredicto[22], acobertados pela máxima "Dá-me os fatos que te darei o direito"[23].

Como visto, foi necessário percorrer um longo caminho para que a linguagem deixasse de ser vista em sua concepção pura, dissociada dos mais diversos contextos (jogos) de uso. De uma análise intrasígnica, passa-se a conceber a linguagem em seu uso, onde o sentido pode ser construído, dialogicamente (como quer Bakhtin), através da comunicação discursiva. A virada linguístico-pragmática foi sem dúvida protagonista neste processo e viabilizou, posteriormente, um estudo crítico do discurso, matéria que será trabalhada no próximo tópico.

1.4 Análise Crítica do Discurso (ACD).

1.4.1 Aspectos metodológicos.

Como desenvolvimento da Linguística Crítica, a Análise Crítica do Discurso teve seu início institucional em 1990, em um Simpósio em Amsterdam, onde Norman Fairclough, Teun Van Dijk, Gunther Kress, Theo Van Leeuwen e Ruth Wodak tiveram a oportunidade de explanar suas abordagens sobre o tema mediante a discussão a respeito das diferentes teorias e métodos utilizados. Tratou-se, como se disse, do início institucional, já que a ACD já existia, tendo sido marcada pelo lançamento do jornal "Discurso e Sociedade" por Van Dijk, bem como pela publicação de diversos livros como "Linguagem e Poder" de Norman Fairclough, "Linguagem, Poder e Ideologia" de Ruth Wodak, "Racismo no discurso" de Van Dijk. Após o Simpósio de Amsterdam, houve a aproximação dos pesquisadores que anualmente se reúnem em simpósios internacionais para o desenvolvimento das diversas teorias e métodos, o que faz da ACD (ou CDA em inglês) mais uma agenda ou um programa do que uma teoria e um método únicos. (WODAK, 2001). Neste passo, é importante destacar o que se entende com o termo "crítica" que compõe a expressão Análise Crítica do Discurso. Ele indica

---

[22] A demonstrar a total ausência de dialogismo na comunicação jurídica, o Superior Tribunal de Justiça autoriza o denominado julgamento *per relacionem* que consiste em utilizar outros julgados como fundamento de decidir sem que se faça necessário analisar os argumentos trazidos pelas partes do processo, bastando ao julgador mencionar o precedente e dar por solucionada a questão trazida ao seu conhecimento.

[23] Sabe-se da dificuldade do sistema judiciário brasileiro no que se refere à quantidade de processos submetidos à apreciação judicial. Todavia, a solução para este problema não pode recair na celeridade sem motivação adequada, o que, em certos casos implica na própria negativa da prestação jurisdicional, fruto da ausência de dialogismo entre juiz e partes processuais.

que esta forma de análise linguística tem como objetivo expor os laços ocultos entre linguagem, poder e ideologia.

Sobre as diferentes teorias e métodos em ACD, Michel Meyer, em trabalho intitulado "Between theory, method, and politics: positioning of approaches to CDA", traz os principais aspectos, que serão aqui apontados. A respeito dos componentes teóricos, Meyer relata o convívio entre teorias epistemológicas, teorias sociais em geral, teorias sociais específicas, teorias micro-sociológicas, teorias sócio-psicológicas, teorias do discurso, teorias estritamente linguísticas. (MEYER, 2001).

Simplificadamente, as epistemológicas oferecem modelos das condições, contingências e limites da percepção humana em geral e da percepção científica em particular. As sociais em sentido amplo levam em consideração as relações existentes entre a estrutura social e a ação social, de modo que trabalham no âmbito micro e macro do fenômeno sociológico. Neste caso, a depender da ênfase, há abordagens mais estruturalistas ("top-down") e outras mais individualistas ("bottom-up"):

> Teorias Sociais Gerais, comumente chamadas de 'grandes teorias, tratam das relações entre a estrutura social e a ação social e, assim, versam sobre o micro e o macro fenômeno social. Neste âmbito, podem-se distinguir aquelas que são mais estruturalistas daquelas abordagens mais individualistas. Para simplificar, a primeira proporciona explanações do tipo top down (estrutura – ação), ao passo que a segunda prefere as explanações do tipo bottom-up (ação-estrutura). Muitas teorias modernas tentam conciliar essas posições e adotam um tipo de circularidade entre a ação social e a estrutura social. (MEYER, 2001, p.19).[24][25]

As teorias sociais específicas caracterizam-se por focarem em fenômenos sociais específicos ou em um determinado subsistema social, como a Economia, a Política, a Religião, e por que não dizer, no Direito, dentre outras áreas do saber. As teorias micro-sociológicas tratam da interação social. As sócio-psicológicas enfatizam as condições sociais da

---

[24] "General social Theories, often called 'grand theories', try to conceptualize relations between social structure and social action and thus link micro-and macro sociological phenomena. Within this level one can distinguish between the more structuralist and the more individualist approaches. To put it very simple, the former provide top-down explanations (structure-acion), whereas the latter prefer bottom-up explanations (action-structure). Many modern theories try to reconcile these positions and imply some kind of circularity between social action and social structure." (MEYER, 2001, p.19).

[25] Esse é o caso de Norman Fairclough, cujo método, que combina o "top-down" com o "bottom-up", será analisado com mais detalhes no próximo tópico por corresponder ao utilizado na presente obra.

emoção e da cognição e preferem explicações causais à interpretação de sentido. As teorias do discurso visam à conceituação do discurso como fenômeno social e tentam explicar sua gênese e estrutura. Por fim, as teorias linguísticas realizam a análise sob o ponto de vista apenas da linguagem (teorias da argumentação, da Gramática, da Retórica etc). (MEYER, 2001).

Assim como a inexistência de uma unidade teórica, a ACD também não apresenta um único método. Ruth Wodak costuma realizar trabalho de campo e etnográfico, Siegfried Järger, por sua vez, concentra-se em textos extraídos da televisão e de reportagens impressas, Ron Scollon vale-se do método da observação-participante. Desse modo, como explica Meyer, não há um típico meio de coleta de dados, sendo a ACD constituída por um conjunto de abordagens com similar base teórica e semelhantes questões de pesquisa. A respeito da coleta de dados, existe uma pequena discussão sobre a representatividade estatística ou teórica do material (amostra) analisado. Todavia, é possível afirmar que a maioria dos analistas críticos do discurso lidam com reduzido corpus (amostra) que são normalmente considerados como típicos de certos discursos[26]. (MEYER, 2001).

Não obstante a diversidade, seja no que se refere ao campo teórico, seja quanto à metodologia adotada, existem alguns pontos de contato entre as abordagens em ACD:

> - a respeito da fundamentação teórica, a ACD é eclética em vários aspectos; todo o conjunto das grandes teorias é influenciado por teorias linguísticas, embora com diferentes ênfases;
> - inexiste um parâmetro para a coleta de dados;
> - a análise é orientada de forma problemática e requer habilidades linguísticas. (MAYER, 2001, p.30).[27]

A presente obra adota o método e a concepção teórica desenvolvidos por Norman Fairclough, razão pela qual confere mais atenção a esse autor no tópico a seguir.

---

[26] Nesta obra, p.ex., segue-se essa tendência, o que se justifica pela problemática levantada e pela grande influência da amostra em outros eventos discursivos no âmbito das decisões judiciais.

[27] "- concerning its theoretical background, CDA works eclectically in many respects; the whole range from grand theories to linguistic theories is touched, although each individual approach emphasizes different levels;
- there is no accept canon of data collection;
- operationalization and analysis is problem oriented and implies linguistic expertise." (MEYER, 2001, p.30)

1.4.2 Análise Crítica do Discurso (Textualmente Orientada) em Norman Fairclough: Contextualização com as ideias arqueológicas e genealógicas de Foucault.

Fairclough adota a teoria social geral, como já foi acima sublinhado, e considera a ACD como um método da pesquisa social. Inicialmente, quanto à palavra "método", é salutar esclarecer as ressalvas tecidas pelo autor:

> Devo declarar que tenho certas reservas sobre o conceito de 'método'. Ele pode facilmente ser tido como um conjunto de habilidades transferíveis, ao ser compreendido como uma técnica, uma ferramenta em uma caixa de ferramentas, a que se pode recorrer quando se precisar e, em seguida, recoloca-a na caixa. ACD é, na minha concepção, tanto teoria quanto método – ou melhor, uma perspectiva teórica em linguagem e, mais comumente, em semiose (incluindo 'linguagem visual', 'linguagem corporal', e assim por diante) como um elemento ou 'momento' do processo social material (Williams, 1977), o que possibilita analisar a linguagem ou a semiose dentro da análise ampla do processo social. (FAIRCLOUGH, 2001, p.121).[28]

Em consonância com o preconizado na virada linguística, Fairclough vislumbra a semiose como um momento do processo social. Enxerga a vida social como uma grande rede interligada de práticas sociais de diferentes tipos (econômica, política, cultura etc – a prática jurídica, objeto deste estudo, também está aqui inserida) onde toda prática apresenta um elemento semiótico. Em desenvolvimento desta linha de raciocínio, para ele, toda prática social apresenta alguns elementos: atividade produtiva, recursos de produção, relações sociais, identidades sociais, valores culturais, conhecimento e semiose. Esses elementos, apesar de guardarem suas peculiaridades, estabelecem relações dialéticas. As relações e identidades sociais, os valores culturais e o conhecimento, por exemplo, são em parte semióticos. Fairclough, desse modo, estuda a ACD como uma teoria/método que permite analisar as relações dialéticas entre a semiose (incluindo-se a linguagem) e outros elementos das práticas sociais. (FAIRCLOUGH, 2001).

---

[28] "I should declare at once that I have certains reservations about the concept of 'method'. It can too easily be taken as a sort of 'transferable skill' if one understands a 'method' to be a technique, a tool in a box of tools, which can be resorted to when needed and then returned to the box. CDA is in my view as much theory as method – or rather, a theoretical perspective on language and more generally semiosis (including 'visual language', 'body language', and so on) as one element or 'moment' of the material social process (Williams, 1977), which gives rise to ways of analysing language or semiosis within broader analyses of social process." (FAIRCLOUGH, 2001, p.121).

Como se verá mais adiante, em sua teoria tridimensional do discurso, Fairclough toma por referencial teórico os estudos arqueológicos e genealógicos de Foucault, bem como as ideias expressas por Halliday e Hassan sobre a Gramática Sistêmico Funcional. Esse quadro teórico confere à teoria/método o caráter circular já abordado no tópico precedente, pois combina as concepções micro e macro, "top-down" e "bottom-up", análise das estruturas e da prática da ação concreta. A análise nem se restringe ao aspecto linguístico, nem se resume ao âmbito das estruturas sociais. Com isso, através da opção por uma análise crítica do discurso textualmente orientada (ACDTO), Fairclough tem por objetivo desenvolver uma abordagem, a um só tempo, teoricamente adequada e praticamente utilizável. (FAIRCLOUGH, 2001).

Da leitura da obra "Discurso e Mudança Social", onde Fairclough desenvolve sua teoria/método tridimensional do discurso, é possível extrair a grande contribuição de Foucault para uma teoria social do discurso. Seja nos trabalhos arqueológicos[29], seja nos estudos genealógicos[30], as ideias do filósofo parecem apresentar-se como fio condutor de toda a obra de Fairclough que, apesar de tecer várias críticas, assume, de modo expresso, muitas das concepções foucaultianas.

Sobre os trabalhos arqueológicos, Fairclough aponta duas contribuições teóricas incorporadas por sua Análise Crítica do Discurso Textualmente Orientada (ACDTO), quais sejam, a visão constitutiva do discurso – no sentido de que o discurso constrói a sociedade em várias dimensões, pois constitui objetos de conhecimento, sujeitos e formas sociais do "eu", relações sociais e estruturas conceituais; e a interdependência das práticas discursivas de uma sociedade ou instituição. A seguir, far-se-á uma incursão na obra de Foucault no intuito de destacar suas principais ideias sobre o discurso que influenciam a ADTO de Fairclough (teoria/método a ser utilizado nesta obra).

Em sua "Arqueologia do Saber", Foucault procura estudar os discursos que definem as ciências do homem. Trata-se de perquirir sobre a construção/reprodução do saber sob o viés do discurso, daí a expressão comumente utilizada "estudos arqueológicos de Foucault". Neste ponto, observa-se uma primeira distinção em relação ao trabalho de Fairclough,

---

[29] Reportam-se aos estudos de Foucault sobre a formação do conhecimento através da análise das regularidades discursivas. Cf. FOUCAULT, Michel. **Arqueologia do Saber**.Rio de Janeiro: Forense, 2013.
[30] Diz respeito aos estudos de Foucault sobre o Poder, sobretudo, sobre as novas formas em que se apresenta e suas relações com o Conhecimento. Para uma análise mais aprofundada, cf. FOICAULT, Michel. **Microfísica do Poder**. Rio de Janeiro: Graal, 2008.

pois este tem por objeto qualquer discurso (expresso na forma de texto), e não apenas os discursos das Ciências.

Logo no início de sua obra arqueológica, Foucault questiona as noções de continuidade que são decorrentes da ideia, ainda presente em muitas práticas sociais, da soberania do sujeito racional. Trata-se do pensamento que acredita (ou, ao menos, tenta acreditar) na existência de um mundo totalmente coeso e controlável pelo ser humano. Tudo estaria ao alcance do indivíduo que poderia antever e conjurar o acaso: "A história contínua é o correlato indispensável à função fundadora do sujeito: a garantia de que tudo que lhe escapou poderá ser devolvido". (FOUCAULT, 2013, p.15). Esse sistema de pensamento caracteriza o triunfo do racionalismo (projeto da Modernidade) até os dias atuais, sendo ainda muito influente na área jurídica. O modelo racionalista funda-se na ideia da possibilidade de uma história global, onde as diferenças sociais pudessem ser sintetizadas em uma única forma, a uma única visão de mundo, a um idêntico sistema de valores, a um tipo coerente de civilização. (FOUCAULT, 2013).

Toda essa centralização precisa ser fortemente questionada, mormente após a virada linguística, onde o sujeito não consegue controlar totalmente a linguagem, sendo por ela constituído e estando nela embevecido. Neste sentido, Foucault preconiza a necessidade de libertação de algumas noções que traduzem a ideia do contínuo. São elas: a noção de tradição, de influência, de desenvolvimento e de evolução, de mentalidade ou de espírito, as unidades do livro e da obra, a noção da "onipresença" da origem, a noção do "já-dito". (FOUCAULT, 2013).

Quanto à noção de tradição, a continuidade estaria garantida por um fundo de permanência, por uma origem a que sempre se reportariam as novidades. Isso garante que o sujeito permaneça soberano, como sendo o gênio que, isoladamente, já havia decidido daquela maneira. As condutas são visualizadas como um mero desdobramento de uma tradição. Olvida-se o potencial transformativo das instâncias concretas, da vida atual, do momento específico. O recurso à tradição, muitas vezes, paralisa uma sociedade e impõe uma única visão de mundo. A consequência mais grave que esta autora visualiza é a da reiteração indeterminada e não questionada de valores mesquinhos que apequenam o ser humano. Aqui, não se ignora a necessidade de tolerância cultural, à luz de um, cada vez mais, propugnado multiculturalismo, mas parece que a possibilidade mesma desse multicultural é cerceada pela ideia de tradição, pois ela contribui para a unicidade de valores, para um pensamento único que impede o desenvolvimento das culturas. "Desenvolvimento" como sendo uma libertação do envolvimento, que nesse contexto implica em uma retirada das amarras que impõem um pensamento unificado (e racional ao extremo), de modo a possibilitar o crescimento criativo do ser humano.

Sobre a noção de influência, diz respeito a um suposto processo causal dos fenômenos de semelhança ou de repetição. (FOUCAULT, 2013). Segundo se depreende, a ideia leva à concepção fatal de "causa-consequência", como se uma mesma causa gerasse sempre a mesma consequência e uma consequência fosse fruto, inequivocamente, de uma só causa. Este pode ser o espaço onde proliferam os silogismos do racionalismo, fortemente presentes nos mais diversos âmbitos sociais. Corresponde ao pensamento em quadros, onde há um quase absoluto menosprezo pelas circunstâncias. A famosa frase do filósofo espanhol José Ortega y Gasset "Eu sou eu e minhas circunstâncias" não encontraria espaço neste planificado terreno.

Outra noção que sustenta a continuidade é a de desenvolvimento e de evolução que se refere ao reagrupamento de acontecimentos sucessivos e dispersos mediante o seu relacionamento a um mesmo princípio organizador. (FOUCAULT, 2013). Neste ponto, apenas é preciso alertar para o sentido de desenvolvimento utilizado pelo autor, que é diferente do, a pouco, adotado por esta autora, pois aqui Foucault trata do desenvolvimento enquanto sucessão de fatos para dar a ideia da continuidade que busca veementemente combater.

As noções de mentalidade ou de espírito estabelecem entre fenômenos simultâneos ou sucessivos de uma época uma comunidade de sentido. (FOUCAULT, 2013). Aqui, pode-se pensar, p.ex., na ideia de um "espírito do povo alemão", estudada em um capítulo mais a frente deste trabalho, ou mesmo do tão utilizado "interesse público" para sustentar a adoção de decisões políticas (e também, por que não dizer, jurídicas).

As unidades do livro e da obra também são questionadas por Foucault. Quanto ao livro, costuma-se observá-lo como uma individualização material que ocupa um espaço determinado, com valor econômico, sendo delimitado por um certo número de signos que delineiam seu início e seu fim. A respeito dessa concepção de livro, diz Foucault:

> [...] As margens de um livro jamais são nítidas nem rigorosamente determinadas: além do título, das primeiras linhas e do ponto final, além de sua configuração interna e da forma que lhe dá autonomia, ele está preso em um sistema de remissões a outros livros, outros textos, outras frases: nó em uma rede. [...] Por mais que o livro se apresente como um objeto que se tem na mão; por mais que ele se reduza ao pequeno

> paralelepípedo que o encerra: sua unidade é variável e relativa. Assim que a questionamos, ela perde sua evidência; não se indica a si mesma, só se constrói a partir de um campo complexo de discursos. (FOUCAULT, 2013, p. 28).

É a partir dessa ideia de Foucault que Fairclough trata dos conceitos de intertextualidade e de interdiscursividade, utilizados em sua ADTO e que serão mais adiante estudados.

Sobre a unidade da obra, concerne à visão de que ela seria reconhecida pela delimitação e atribuição de um certo número de textos a um autor. Foucault considera improvável essa atribuição imediata e prefere pensar assim:

> Na verdade, se se fala com tanto prazer e sem maiores questionamentos sobre a 'obra' de um autor, é porque a supomos definida por uma certa função de expressão. [...] A obra não pode ser considerada como unidade imediata, nem como unidade certa, nem como unidade homogênea. (FOUCAULT, 2013, p. 29-30).

Por fim, Foucault aponta a necessidade de libertação das noções de que além de qualquer começo aparente haveria sempre uma origem secreta e de que todo discurso manifesto repousaria secretamente sobre um "já-dito". "É preciso renunciar a todos esses temas que têm por função garantir a infinita continuidade do discurso e sua secreta presença no jogo de uma ausência sempre reconduzida. " (FOUCAULT, 2013, p.30-31). Neste ponto, Foucault aparenta, à primeira vista, contradizer-se com o seu pensamento sobre o livro e a obra, sobretudo quanto ao aspecto do intercâmbio discursivo. Uma análise mais acurada, no entanto, afasta essa conclusão, pois a ideia de Foucault aqui é a de afastar uma origem mística e secreta, ou seja, algo que sempre estaria presente apesar de não ser perceptível.

Foucault conclui essa abordagem sobre as noções de continuidade dizendo que elas são sínteses não problematizadas. Não pretende afastá-las definitivamente, mas conhecer suas regras e justificativas para possibilitar seu controle. (FOUCAULT, 2013). Ainda que esse controle, poderia acrescentar-se, seja de reduzido espectro. Para Foucault (e também para Fairclough), o discurso deve ser tratado na irrupção de acontecimentos, sendo despiciendo remetê-lo a uma origem longíqua, pois é mister considerá-lo no "jogo de sua instância". (FAIRCLOUGH, 2013, p.31). Aqui, observa-se a aproximação de Fairclough das ideias de Foucault, apesar de não ter feito expressa menção a respeito em seu "Discurso e Mudança Social". Fairclough, assim como Foucault, confere primazia à análise do discurso enquanto acontecimento. É o que se dessume de sua abordagem sobre o evento discursivo que será, a seu tempo, apresentada.

Após realizar o alerta para a necessidade de libertação das noções imediatas de continuidade, Foucault dá início ao seu projeto de descrever os acontecimentos discursivos em busca das unidades que daí exsurgem, o que soaria paradoxal com tudo o quanto até o momento sustentava. Como Foucault critica tanto as noções de continuidade e coloca como seu objeto de pesquisa precisamente a identificação das regularidades e possibilidades discursivas?

A maturação do seu pensamento, no entanto, conduz a um outro sentido. Em primeiro lugar, soa imperioso rememorar que o autor não abandona completamente as noções de continuidade, mas apenas sugere a necessidade de sua problematização para viabilizar um maior controle. Outro ponto a considerar é o de que Foucault está interessado em um outro tipo de regularidade, que se dá na dimensão do próprio discurso enquanto acontecimento, sendo relativo à espessura dos próprios enunciados discursivos, na instância própria de cada um. Sua pergunta de partida poderia, então, ser assim formulada: como apareceu um determinado enunciado, e não outro em seu lugar? Assim, Foucault busca suspender as unidades admitidas com o fim de restituir ao enunciado sua singularidade de acontecimento. A partir daí, busca as unidades discursivas decorrentes das relações entre enunciados. Tratam-se, assim, de relações diversas das estabelecidas com as clássicas noções de continuidade aqui mencionadas.

Com relação aos estudos genealógicos de Foucault, sua principal contribuição para Fairclough é a noção de que o discurso e a linguagem localizam-se no coração das práticas e processos sociais e configuram-se em formas compostas de poder, ainda que esse poder não seja facilmente percebido. Assim concebido, o discurso desponta como um eficaz instrumento de força por atender a uma das essenciais condições do poder quando se sabe que este apenas é tolerável sob a condição de que mascare grande parte de si mesmo, sendo seu sucesso proporcional à sua habilidade para esconder seus próprios mecanismos. (FOUCAULT, 1981 apud FAIRCLOUGH, 2001).

> Essa concepção de poder sugere que o discurso e a linguagem são de importância central nos processos sociais da sociedade moderna: as práticas e as técnicas que Foucault enfatiza tanto [...] são em grau significativo práticas discursivas. Assim, analisar as instituições e as organizações em termos de poder significa entender e analisar suas práticas discursivas. (FAIRCLOUGH, 2001, p.76).

Além da natureza discursiva do poder, no sentido de que as práticas e técnicas do poder moderno são em grau significativo discursivas, outra importante contribuição de Foucault, acolhida por Fairclough, é a natureza política do discurso para significar que a luta por poder ocorre tanto no discurso quanto subjacente a ele. Por fim, aponta-se, sobretudo no que se refere ao viés transformativo da ACDTO de Fairclough, a influência foucaultiana quanto à natureza discursiva da mudança social, pois as práticas discursivas, enquanto configurações mutáveis, são um importante elemento na mudança social. (FAIRCLOUGH, 2001).

Fairclough aponta algumas deficiências em Foucault que iriam, segundo ele, de encontro ao projeto de transformação social. Diz que tal se deve em grande medida à ausência de inclusão, na análise realizada por Foucault, de textos reais, instâncias concretas de discurso. Segundo ele, Foucault, apesar de referir-se à prática, quando se reporta à prática discursiva (discurso como acontecimento), a reduziria a um sistema de regras históricas e anônimas. Assim, chega a afirmar que Foucault, desse modo, culminaria por reduzir a prática ao seu inverso, qual seja, a estrutura.

Neste ponto, esta autora discorda dessa crítica de Fairclough. É preciso atentar para o fato de que os dois autores, apesar de apresentarem pontos de contato, adotam diferentes problemas de pesquisa. Foucault está interessado em, mediante um, na medida do possível, controlado "sobrevoo social", mais especialmente no âmbito das Ciências, analisar as regularidades das relações entre enunciados das diversas formações discursivas e, com isso, estudar as possibilidades do discurso e, por conseguinte, do saber. Já Fairclough, tem por fim analisar, de forma tridimensional, o discurso, como importante instância de mudança social, como aliás sugere o título de seu trabalho "Discurso e Mudança Social". Nessa tridimensionalidade, Fairclough analisa o texto, a prática discursiva e a prática social, como logo mais adiante se exporá. Assim, entende-se que as pesquisas de ambos os autores são complementares, tendo Foucault, enquanto filósofo, dado a contribuição que dele poderia se esperar, tanto que suas ideias conduzem, do início ao fim, a pesquisa de Fairclough que, como linguista, acresceu importantíssimos elementos à análise do discurso. Será então que esses autores não se encontravam dentro de suas possibilidades discursivas, considerando-se o tempo e o contexto da criação e divulgação de suas ideias? A seguir, em avanço ao estudo, será apresentado o método/teoria de Norman Fairclough, adotado neste trabalho.

1.4.3 O método de Análise Crítica do Discurso Textualmente Orientada de Norman Fairclough.

Fairclough desenvolveu uma teoria de análise do discurso tridimensional. Trata do discurso como evento (seria o acontecimento para Foucault) que comporta três dimensões de análise: o texto, a prática discursiva e a prática social. Essas dimensões de análise apresentam pontos de contato e estão intimamente relacionadas, de modo que se influenciam reciprocamente. Há uma interferência de baixo para cima e de cima para baixo, como já foi aqui destacado. Assim, o método utilizado pretende perscrutar como as estruturas e práticas sociais repercutem e determinam a escolha dos elementos linguísticos utilizados em um texto, bem como os efeitos dessas escolhas nas estruturas e práticas sociais como um todo. Há uma simbiose (que ora pende para um lado, ora para o outro) entre linguagem e realidade e o método desenvolvido por Fairclough a leva em consideração. A seguir, a ilustração da concepção tridimensional do discurso:

Ilustração 1 - Concepção Tridimensional do Discurso

TEXTO

PRÁTICA DISCURSIVA

PRÁTICA SOCIAL

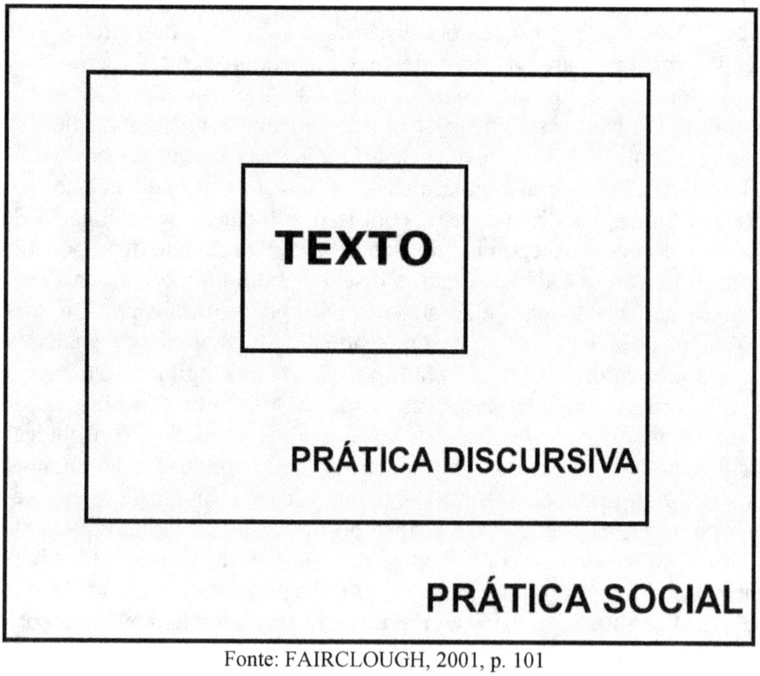

Fonte: FAIRCLOUGH, 2001, p. 101

Enquanto texto, Fairclough aponta quatro categorias de análise do discurso: *o vocabulário, a gramática, a coesão e a estrutura textual.* Essas categorias estão em escala ascendente. O vocabulário corresponde às palavras individuais (escolhas lexicais), a gramática consiste na combinação de palavras em orações e frases. A coesão reporta-se à ligação entre orações e frases. A estrutura textual diz respeito às propriedades organizacionais de larga escala dos textos.

Quanto ao vocabulário, Fairclough alerta para o fato de ser bastante limitado conceber uma língua como um vocabulário documentado no dicionário. "Há muitos vocabulários sobrepostos e em competição correspondendo aos diferentes domínios, instituições, práticas, valores e perspectivas". (FAIRCLOUGH, 2001, p.105). O autor, nesta categoria de análise textual, enfatiza a significância política e ideológica dos léxicos e, sobretudo, das relexicalizações. Dá o exemplo da substituição do vocábulo "terrorista" pela expressão "lutadores pela liberdade". Neste âmbito, desponta relevância também os processos de lexicalização ("wording") que ocorrem em tempos e épocas diferentes e para grupos de pessoas diferentes. Há ainda um destaque sobre as metáforas, sobretudo, quanto aos seus efeitos ideológicos (FAIRCLOUGH, 2001).

A coesão diz respeito à arquitetura retórica de um texto. Impende observar aqui como as frases e orações estão ligadas para formar unidades maiores de texto. Tal pode ocorrer de variadas maneiras como mediante o uso de vocabulário pertencente a um mesmo campo semântico, a repetição de palavras, o uso de sinônimos, mediante mecanismos de referência e substituição (como pronomes, artigos, demonstrativos, elipses etc), com a utilização de conjunções.

> Focalizar a coesão é um passo para o que Foucault refere como 'vários esquemas retóricos segundo os quais grupos de enunciados podem ser combinados (como são ligadas descrições, deduções, definições, cuja sucessão caracteriza a arquitetura de um texto'. [...] Esses esquemas e seus aspectos particulares, como a estrutura argumentativa dos textos, variam entre os tipos de discurso, e é interessante explorar tais variações como evidências de diferentes modos de racionalidade e modificações nos modos de racionalidade, à medida que mudam as práticas discursivas. (FAIRCLOUGH, 2001, p. 106).

Em matéria de coesão, os operadores argumentativos desempenham importante papel. Cuidam-se de palavras ou expressões voltados a construir o raciocínio pretendido pelo produtor de um dado texto.

Uma outra categoria de análise textual colocada por Fairclough, a estrutura textual, reporta-se também à arquitetura dos textos, aos aspectos superiores de planejamento de diferentes tipos de texto, onde se indaga como os elementos são combinados (a ordem em que são colocados).

A análise textual possui grande relevância e potencialidade para elucidar as funções da linguagem: identitária, relacional e ideacional. Sobre o tema, Fairclough apresenta algumas importantes considerações. Inicialmente, enfatiza as funções identitária e relacional da linguagem ao tratar da construção das relações sociais e do eu (*ethos*). Posteriormente, ao abordar a construção da realidade social, o autor concede maior centralidade à função ideacional da linguagem. (FAIRCLOUGH, 2001).

A respeito da construção das relações sociais e do eu, estudam-se algumas características de controle interacional (sistemas de tomada de turno, estruturas de troca, controle de tópicos, determinação e policiamento de agendas, formulação, modalidade, polidez). Sobre o controle interacional, também chamado de "manutenção do piso", é possível que seja exercido, em certa medida, de maneira colaborativa pelos participantes. Neste caso, no que se refere à tomada de turno, há uma tendência de seguir-se um conjunto simples de regras ordenadas: o falante atual escolhe o próximo falante, dirigindo-se a ele, nomeando-o etc ou, se isso não ocorrer, qualquer participante pode escolher a si mesmo como próximo falante ou, se tal não se der, o falante atual pode continuar. No modelo apresentado, há uma relativa equidade na interação. Todavia, na prática discursiva, sabe-se que prevalecem situações de assimetria, onde alguém ou muito poucos detém o controle interacional nas mais diversas práticas sociais. Assim, os sistemas de tomada de turno nem sempre agregam igualdade de direitos e obrigações entre os participantes. Desse modo, quem tem o poder está apto a interromper, a qualquer momento, a fala de outrem quando, segundo seus interesses, a considerar irrelevante. Pode também simplesmente permanecer em silêncio, "mantendo o piso" (o controle interacional) sem realmente nada falar (neste caso, o silêncio pode reafirmar o próprio controle ou se apresentar como uma crítica implícita).

No âmbito da prática forense, tem-se como exemplo o controle interacional das audiências, desempenhado pelo juiz. É tanto que prevalece, ainda hoje no Brasil, o sistema presidencialista no Processo Civil, segundo o qual as perguntas elaboradas pelos patronos das partes devem passar pelo "filtro" do magistrado antes de serem propriamente realizadas aos seus destinatários. O juiz pode também interromper a fala das partes quando a considerar irrelevante, impertinente ao objeto da causa. Essa prática, se não houver cautela, pode culminar no cerceio da ampla defesa, bem como ser utilizada tão-somente para conferir a aparência de devido processo legal, sendo que a concepção do julgador já estava pré-fixada antes mesmo da oitiva das partes e testemunhas em audiência. Mais uma vez, o dialogismo torna-se prejudicado.

O controle interacional pode ser estudado através da observação das estruturas de troca. Quando se utiliza o modelo pergunta-resposta-avaliação, alguém possivelmente está no controle. É o caso da estrutura das trocas em uma aula tradicional. O professor pergunta, o aluno responde e o primeiro avalia a resposta. (FAIRCLOUGH, 2001). Esse modelo também é comum nos atendimentos realizados no âmbito da Defensoria Pública[31], onde há uma grande quantidade de pessoas que nem mesmo consegue se expressar de modo compreensível. Neste âmbito, a realização da "filtragem" pelo defensor público, tal como ocorre com o magistrado, deve ser realizada com a devida cautela. Isso porque, de logo, faz-se imprescindível considerar a presumível condição de vulnerabilidade social daqueles que recorrem ao órgão. Muitas das vezes, os assistidos da Defensoria Pública não desfrutam nem do mínimo existencial. Assim, talvez seja mais interessante mesclar o sistema interacional pergunta-resposta-aceitação com o sistema alternativo que mais se aproxima de uma equivalência, onde os falantes estabelecem uma relação de confiança e sentem-se mais à vontade para relatar seus conflitos.

Além da tomada de turno, o controle interacional pode ser também estudado a partir da observação do controle de tópicos. Nas interações equitativas, alguém lança o tópico e o outro aceita e segue com esse tópico, introduzindo outros para desenvolvê-lo. Por outro lado, nas interações assimétricas os tópicos são introduzidos e modificados pelo participante dominante que pode ter uma agenda ou uma rotina já pré-fixada. Aliás, a determinação e o policiamento de agenda consistem em uma outra forma de manutenção do poder (FAIRCLOUGH, 2001).

O controle interacional pode ocorrer ainda pela utilização da estratégia da formulação, ou seja, da representação do discurso corrente[32]. Por meio dela, é possível policiar e controlar agendas, pois consubstancia uma eficaz maneira de forçar o interlocutor a explicitar algo. (FAIRCLOUGH, 2001). Neste ponto, o dia-a-dia forense possui

---

[31] O exemplo também poderia servir para um atendimento em escritório de advocacia. Optou-se por Defensoria Pública por ser a instituição onde a autora atua e está mais familiarizada. Também é um ambiente onde se lida com a parcela mais carente da população que, na maioria dos casos, goza de parca instrução. Assim, como há uma maior distância entre "mundos" (o do defensor e o da pessoa por ele assistida), também é possível e muito provável a assimetria interacional. O esforço em prol de um dialogismo deve ser aqui redobrado.

[32] Mais adiante, a representação do discurso será apresentada como uma forma de intertextualidade, categoria de análise inserida na dimensão da prática discursiva. Por enquanto, trata-se apenas da dimensão textual.

fartas amostras onde tal controle é empreendido, seja pelo juiz, seja pelos patronos das partes. Tal se dá, por exemplo, quando o patrono realiza uma pergunta a uma testemunha, ela responde e ele formula essa resposta, segundo a sua linha argumentativa, e provoca a testemunha a confirmar ou a negar algo.

Quanto à constituição do "eu" pelo discurso, faz-se salutar analisar a modalidade que diz respeito à afinidade do produtor com sua proposição. A modalidade pode ser extraída dos verbos modais (ex. dever, poder), dos tempos verbais (o uso de verbos no presente do indicativo traduz uma modalidade categórica, um alto grau de afinidade entre o autor e o dito), dos advérbios modais (ex. provavelmente, possivelmente, obviamente, definitivamente) e adjetivos equivalentes (ex. 'é provável', 'é possível'), do uso das indeterminações (como 'uma espécie de', 'um pouco', 'uma coisa assim'), de padrões de entonação (fala contínua, fala hesitante etc.). A modalidade pode ser subjetiva (quando o grau de afinidade é expresso ou pode ser explicitado – quando alguém utiliza, p.ex., os verbos em primeira pessoa, tais como, penso, suspeito, duvido, acho, considero etc.) ou objetiva, quando a base subjetiva está implícita e não se sabe ao certo que ponto de vista está sendo representado. O analista do discurso precisa ter toda a atenção à modalidade do tipo objetiva, pois é onde há maior margem para manipulação. O falante pode querer colocar seu ponto de vista, sua visão ideológica, seus valores, como universais. Ainda quanto à modalidade, sua forma pode resultar de exigência de uma prática social específica, a exemplo do discurso acadêmico onde se deve evitar a modalidade categórica para o fim de projetar-se um ethos de cautela para que precisa atentar o pesquisador. (FAIRCLOUGH, 2001).

Em continuidade à análise textual, Fairclough trata da polidez que pode configurar manifestação de poder no discurso. A polidez diz respeito a um conjunto universal do que se denomina de "desejos de face" humanos. Todos desejam que seja valorizada a face positiva (as pessoas querem ser amadas, reconhecidas, compreendidas) em detrimento da face negativa (as pessoas não desejam ser controladas ou impedidas pelos outros). Fairclough diz ser importante analisar a variedade de polidez nos mais diversos tipos de discurso em uma cultura para cotejar as práticas de polidez com as relações sociais. Segundo ele, as convenções de polidez incorporam relações sociais de poder. Essas convenções são passíveis de rearticulação e transformação. (FAIRCLOUGH, 2001). No meio jurídico, os exemplos de polidez são fartos e denotam as assimetrias de poder. Os advogados costumam, p.ex., elogiar a decisão do juiz mesmo quando contra ela recorrem. Os julgadores, em um tribunal, também, antes de divergirem de algum posicionamento de um determinado colega, têm o hábito de pronunciar palavras que protegem a face positiva, como é o caso da utilização do famoso "data vênia".

Após apresentar as categorias de análise textual relacionadas com as funções identitária e relacional da linguagem, Fairclough apresenta o papel do discurso na construção da realidade social e, nesse caso, enfatiza a função ideacional da linguagem. Neste passo, com grande influência de Foucault, Fairclough analisa a função do discurso em constituir, reproduzir, desafiar e reestruturar os sistemas de conhecimento e de crença. Para tanto, diz ser relevante o estudo de conectivos, do significado de palavra, da criação de palavra, da metáfora, do tema e da transitividade. (FAIRCLOUGH, 2001). A respeito dos conectivos, como já visto, "[...] os tipos de texto diferem nas formas de relação que são estabelecidas entre suas orações e nas formas de coesão que essas relações favorecem, e essas diferenças podem ter significação cultural ou ideológica". (FAIRCLOUGH, 2001, p.217). Segundo Halliday, as orações apresentam três tipos principais de relação: elaboração; extensão e realce. Na elaboração, uma oração elabora o sentido de outra mediante uma maior descrição ou especificação. Neste caso, costuma-se utilizar conectivos do tipo "Mais especificamente", "No particular" etc. Na extensão, uma oração expande o sentido de outra acrescentando-lhe algo novo que pode ser uma adição, uma relação adversativa, uma relação de variação. Aqui, são comuns conectivos do tipo "Além disso", "Porém", "Em vez de" etc. No realce, uma oração realça o significado de outra, qualificando-a. Neste caso, utilizam-se marcadores coesivos que expressam relações temporais, causais, condicionais, comparativas etc. (HALLIDAY apud FAIRCLOUGH, 2001).

Sobre o significado das palavras, a relação que se estabelece entre significado e palavra é de muitos-para-um, e não de um-para-um. Os produtores do texto colocam-se diante de escolhas sobre o modo de usar uma palavra e sobre como expressar um significado por meio dela. Preocupam-se então com a lexicalização de significados. Já os intérpretes têm de decidir sobre como interpretar, que significado extrair. Cuidam assim da busca dos significados das palavras. O interessante é observar que as escolhas e decisões, tanto dos produtores quanto dos intérpretes, não são puramente individuais. São variáveis socialmente e podem ser socialmente contestadas. (FAIRCLOUGH, 2001). Aqui, mais uma vez, observa-se a linha intermediária adotada por esse autor que agrega uma mescla de top-down e bottom-up, consoante já estudado. Em consonância com sua teoria de transformação social através do discurso, Fairclough alerta para o fato de que os significados potenciais das palavras (aqueles previstos em dicionário) são muito instáveis e podem ser contestados socialmente. (FAIRCLOUGH, 2001).

Quanto à criação de palavras (*wording*) decorre da multiplicidade de perspectivas sobre os domínios da experiência que ensejam formas diferentes de expressão. Com isso, há um processo de lexicalização alternativa. (FAIRCLOUGH, 2001).

A respeito da metáfora, estrutura o modo de pensar e de agir e os sistemas de conhecimento e de crença. Algumas metáforas já se encontram naturalizadas em uma cultura. (FAIRCLOUGH, 2001). Aqui, pode-se contextualizar essa análise com o discurso jurídico-processual onde se verifica uma militarização. Utilizam-se construções metafóricas próprias de uma guerra. Tem-se como exemplo bastante comum a expressão "derrubou a liminar". Sobre isso, pontua Fairclough: "[...] A militarização do discurso é também a militarização do pensamento e da prática social." (FAIRCLOUGH, 2001, p. 242). De fato, no âmbito jurídico, o uso de expressões bélicas muitas vezes contribui para o acirramento de ânimos e afasta a busca de formas alternativas e conciliadas de resolução dos conflitos de interesses.

O tema é a parte inicial e final da oração. Trata-se da "[...] dimensão textual da gramática da oração dedicada aos modos pelos quais os elementos da oração são posicionados de acordo com a sua proeminência informacional". (FAIRCLOUGH, 2001, p.221). Cuida-se do ponto de partida do produtor do texto e pode ser tido como informação já conhecida para produtores e intérpretes. A análise do tema pode esclarecer os pressupostos de senso comum a respeito da ordem social e as estratégias retóricas. (FAIRCLOUGH, 2001).

Por fim, quanto à transitividade, Fairclough baseia-se nas ideias da linguística sistêmico funcional de Halliday e Hassan. Inicialmente, para compreender a linguística sistêmico funcional (LSF), é salutar destacar a existência de dois paradigmas linguísticos, o formalista e o funcionalista. O paradigma formalista estuda a linguagem sob a perspectiva da forma, sendo a função um simples elemento secundário. Já o paradigma funcionalista, em consonância com o período que sucedeu à virada linguística, confere grande ênfase à função que a forma linguística desempenha na interação comunicativa. (FURTADO DA CUNHA; MEDIANEIRA DE SOUZA, 2011). Há, assim, uma simbiose entre língua e realidade que se influenciam reciprocamente.

De acordo com a LSF, todo texto consagra as denominadas metafunções da linguagem: ideacional, interpessoal e textual. Assim, o texto é multidimensional e realiza mais de um significado simultaneamente, segundo essas metafunções. A ideacional representa e constrói os significados da experiência do mundo exterior e do mundo interior (psicológico) através do sistema de transitividade. A interpessoal refere-se à interação comunicativa, mais especificamente, aos papeis assumidos pelos participantes. A textual relaciona-se ao fluxo de informação e estrutura a textualização por meio do sistema temático. (CUNHA; SOUZA, 2011).

A transitividade, como uma categoria gramatical relacionada à metafunção ideacional da linguagem, tem grande relevância para a transformação do/pelo discurso, pois se aproxima e traduz o sistema de crenças, as ideologias sociais. Em razão disso, Fairclough a ela confere relevância para sua ACDTO. O conceito de transitividade na LSF é diferente daquele utilizado pela gramática tradicional (formal), por ser mais amplo. De fato, a LSF não restringe o estudo da transitividade à análise do verbo, mas procura focalizar a oração como um todo, a relação entre os elementos oracionais. Cuida, portanto, da gramática da oração. (CUNHA; SOUZA, 2011).

O sistema de transitividade da LSF, além dos verbos – sintagmas verbais (processos), abrange os sintagmas nominais - substantivos (participantes) e os sintagmas adverbiais-advérbios (circunstâncias). Busca-se analisar "[...] quem faz o quê, a quem e em que circunstâncias". (CUNHA; SOUZA, 2011, p.68).

A LSF destaca seis tipos de processos (verbos): materiais, mentais, relacionais, verbais, comportamentais e existenciais. A cada processo associam-se participantes e circusntâncias. Todos, em seu conjunto, constroem um domínio particular da experiência. Os três primeiros processos (materiais, mentais e relacionais) são os mais relevantes em termos de construção de conteúdos. Os processos verbais, comportamentais e existenciais são secundários, segundo Halliday e Matthiessen. (HALLIDAY; MATTHIESSEN, 2004 apud CUNHA; SOUZA, 2011).

A seguir, a ilustração dos referidos processos:

Ilustração 2 - Processos

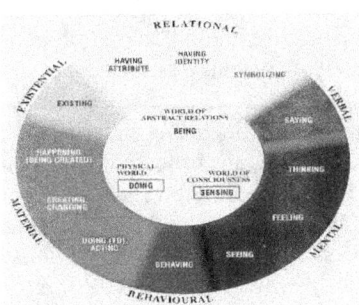

Fonte: HALLIDAY & MATTHIESSEN, 2004, p.172.

Quanto aos processos principais, *os materiais* são os que constituem ações de mudanças externas, físicas e perceptíveis. Tem-se como exemplos os verbos nadar, telefonar, ler, comprar etc. (CUNHA; SOUZA, 2011). Podem ter como participantes: Ator – aquele que realiza a ação; Meta – o participante a quem o processo é direcionado; Extensão – complementa a ação, especificando-a; Beneficiário – o participante que se beneficia da ação verbal. (HALLIDAY, 1985; EGGINS, 1995; HALLIDAY e MATTHIESSEN, 2004 *apud* CUNHA; SOUZA, 2011).

Os processos materiais podem ser de dois tipos: *criativos*, como aparecer, criar, compor, emergir, produzir, pintar, construir, estabelecer, abrir etc. e *transformativos*, como colorir, destruir, quebrar, cortar, dissolver etc. (HALLIDAY; MATHIESSEN, 2004 *apud* CUNHA; SOUZA, 2011).

Os processos *mentais* traduzem as crenças, os desejos, os valores, a visão de mundo. São os processos do sentir que incluem a percepção (ver, ouvir, perceber etc), a afeição (gostar, amar, odiar, assustar, agradar etc), a cognição (pensar, saber, compreender, perceber, imaginar etc). Os participantes nesses processos são o Experienciador (aquele que experimenta um sentir) e o Fenômeno (o fato que é sentido, percebido, compreendido). (HALLIDAY, 1985 *apud* CUNHA; SOUZA, 2011).

Os processos *relacionais* estabelecem uma conexão entre entidades, identificando-as, classificando-as. Podem ser atributivos (o participante denominado de Atributo é uma qualidade conferida ao participante classificado como Portador ou identificadores (quando se define ou se identifica uma entidade por meio de outra – há um participante Característica que é a entidade definida e o participante chamado de Valor que é o termo definidor ou identificador. (CUNHA; SOUZA, 2011).

Em relação ao tema da moradia, pode-se inserir na categoria de processo relacional a seguinte frase, utilizada como *slogan* de um famoso programa habitacional do governo federal: "Minha casa, minha vida". O processo encontra-se aí elíptico (ser no presente do indicativo – Minha casa *é* minha vida). Assim, a casa (Característica) é equiparada à vida (Valor).

Vistos os processos principais (materiais, mentais e relacionais), a seguir, trata-se, brevemente, dos processos secundários.

Os *processos verbais* referem-se aos verbos que traduzem o dizer. São processos do comunicar, do apontar. São relações simbólicas construídas mentalmente e expressas na linguagem. (HALLIDAY; MATHIESSEN, 2004 *apud* CUNHA; SOUZA, 2011). Os participantes são o Dizente (aquele que diz, que comunica algo); o Receptor (participante opcional a quem o processo se dirige) e Verbiagem (participante que codifica o que é dito ou comunicado). São exemplos de processos verbais: contar, falar, dizer, perguntar etc. (CUNHA; SOUZA, 2011).

Os *processos existenciais* expressam algo que existe ou acontece. Há apenas um participante, o Existente. Realizam-se com os verbos haver e existir.

Os *processos comportamentais* são em parte ação e em parte sentir. Traduzem/constroem comportamentos humanos. Têm um participante consciente, o Comportante e eventualmente um participante que estende o processo, o *Behaviour*. Exemplos de verbos que realizam esses processos: conversar, falar, respirar, dormir. (CUNHA; SOUZA, 2011).

Quanto à análise da prática discursiva (dimensão intermediária por situar-se entre o texto e a prática social), o analista irá debruçar-se sobre a produção, a distribuição e o consumo dos discursos. Nesta dimensão, Fairclough aponta três categorias de análise: *a força, a coerência e a intertextualidade*. Há uma grande ênfase do autor quanto à intertextualidade, posto ser uma categoria que considera a historicidade dos textos e a que apresenta uma maior potencialidade de transformação social.

A força de um texto é o seu componente acional. Como já foi estudado, todo dizer é também um fazer. A força então é a ação realizada pelo dizer podendo consubstanciar-se em "dar uma ordem", "fazer uma pergunta", "prometer" etc. Nem sempre a força de um dado enunciado ou grupo de enunciados se faz evidente. Nestes casos, é importante considerar o contexto (sequencial e situacional) para reduzir a ambivalência da força.

A coerência é propriedade relativa à interpretação. Um texto coerente é aquele cujas partes se relacionam com sentido, de modo que o texto como um todo tenha sentido, mesmo com poucos marcadores coesivos. É possível também várias leituras coerentes sobre um mesmo texto[33]. Esta categoria de análise pode elucidar as relações de poder e de ideologia de uma prática social. Isso porque uma leitura coerente depende de princípios interpretativos. Há de se ressaltar o fato de as conexões e inferências poderem fundar-se em pressupostos ideológicos. "Entretanto, existe a possibilidade não apenas de luta quanto a diferentes

---

[33] Sobre a distinção entre coesão e coerência, há um engenhoso texto de Machado de Assis que auxilia na compreensão com base na metáfora da agulha e da linha, onde a agulha pode ser visualizada como a coesão e a linha como a coerência. Cf.**"Machado de Assis: um Apólogo** (a agulha e a linha)". *Publicado originalmente em* Gazeta de Notícias, *1885.* Texto extraído do livro Para Gostar de Ler - Volume 9 - Contos, Editora Ática - São Paulo, 1984, p. 59.

leituras dos textos, mas também de resistência às posições estabelecidas nos textos." (FAIRCLOUGH, 2001, p.113).

A *intertextualidade* guarda relação com o que se viu sobre virada linguística, pois se refere à historicidade dos enunciados. A ideia central para compreender o que ela significa é a de Bakhtin no sentido de que todo enunciado é um elo na cadeia de comunicação. O enunciado responde a outro e antecipa o subsequente. (BAKHTIN, 2011). A criação de novos textos sempre recorre a textos precedentes, de modo que ninguém é livre pensador. O ser humano, ao nascer, já está inserido em uma linguagem que lhe é anterior. A intertextualidade aponta para o fato de que os textos são acréscimos às cadeias de comunicação verbal já existentes.

O termo intertextualidade foi cunhado por Kristeva no fim dos anos sessenta e baseou-se no trabalho de Bakhtin. Para Kristeva, a intertextualidade é a inserção da história (sociedade) em um texto e deste texto na história. (KRISTEVA *apud* FAIRCLOUGH, 2001). Quanto à primeira perspectiva, "o texto absorve e é construído de textos do passado". (FAIRCLOUGH, 2001, p.134). Já a inserção do texto na história traduz a ideia de que "[...] o texto responde, reacentua e retrabalha textos passados" (FAIRCLOUGH, 2001, p.134), de modo que ajuda a fazer história.

A intertextualidade pode classificar-se em manifesta ou constitutiva (neste caso, denomina-se de interdiscursividade). Quanto à manifesta, o produtor do texto faz expressa referência à fonte citada. Assim, outros textos fazem-se explicitamente presentes. No caso da interdiscursividade, diferentes discursos se imbricam para formar um novo texto. Diz respeito a como um tipo de discurso é constituído através da combinação de ordens de discurso. Essa última modalidade é a mais problemática, pois exige cautela redobrada do analista para tentar elucidar as convenções discursivas, carregadas ideologicamente. (FAURCLOUGH, 2001).

Como já se pontuou, Fairclough confere enorme importância a essa categoria de análise da prática discursiva, pois atribui a ela a prioridade para a mudança discursiva voltada à mudança social mais ampla. Segundo ele, é por meio dela que há a estruturação e a reestruturação das ordens do discurso (aspecto discursivo da ordem social). "A rápida transformação e reestruturação de tradições textuais e ordens de discurso é um extraordinário fenômeno contemporâneo, o qual sugere que a intertextualidade deve ser um foco principal na análise de discurso." (FAIRCLOUGH, 2001, p.135).

A intertextualidade pode ser expressa de algumas formas elencadas por Fairclough (representação do discurso, pressuposição, negação, metadiscurso, ironia).

Na representação do discurso, representa-se a escrita e a fala de outro texto. O interessante aqui é perceber as diferentes vozes presentes em um dado texto. Tem-se a voz do discurso representado e a do discurso representador. Neste campo, o analista deve atentar para a escolha do verbo representador, pois marca a força ilocucionária do discurso que está sendo representado, "[...] o que é uma questão de impor uma interpretação para o discurso representado". (FAIRCLOUGH, 2001, p.155). Quanto aos verbos utilizados pelo discurso representador, parece fazer toda a diferença, em termos interpretativos, a opção por um deles, tais como "assinalou", "alertou", "disse". Desses exemplos, o "disse" talvez é o que possua menor força ilocucionária. No âmbito jurídico da prática forense, é bastante comum verificar essa forma em que a intertextualidade é externada quando se analisa os relatórios das decisões judiciais. Nesses, o(a) julgador(a) faz uma breve (muitas vezes, brevíssima) representação do discurso constante em uma petição. Muitas vezes, observam-se distorções, a exemplo de foco apenas em uma tese do peticionante, como se apenas ela tivesse sido apresentada ao julgador. Esse tipo de conduta é bastante prejudicial em termos de dialogismo entre juiz e partes processuais. O que era para ser dialogado, contrastado, cotejado, estudado, acaba por transformar-se em monólogos judiciais.

Na pressuposição, a intertextualidade é expressa por proposições que são tomadas pelo produtor do texto como tácitas. Essas proposições podem ser manipulativas e contribuir para a constituição ideológica dos sujeitos. No âmbito da prática forense, é frequente o recurso a essa forma de expressão da intertextualidade quando conceitos (muitas das vezes pré-conceitos) são tidos como inquestionáveis. Como defensora pública, esta autora tem se deparado muito com esse tipo de intertextualidade no seu dia-a dia de trabalho. Muitos julgadores (há honrosas exceções) pressupõem corretos e tácitos posicionamentos de tribunais e não realizam o cotejo analítico dos precedentes jurisprudenciais com as situações concretas que lhes são apresentadas. Mais uma vez, a consequência é muito grave em termos de dialogismo e pode atingir até mesmo a qualidade (e em certos casos, comprometer a própria existência) da prestação estatal de jurisdição, segundo o modelo adotado pelo ordenamento jurídico brasileiro.

Uma outra maneira onde se expressa a intertextualidade é através da *negação*. As frases negativas funcionam intertextualmente, pois incorporam outros textos apenas para negá-los ou contestá-los.

Aqui, no âmbito do Judiciário, há também muitos exemplos quando a decisão praticamente reproduz tudo o que foi dito pela parte, mas ao final, sem maiores ponderações, nega sua tese jurídica. A argumentação judicial começa em um sentido e termina em outro totalmente diferente. Essa postura também parece não ser recomendável, pois além de criar uma expectativa de decisão em um sentido, conduz a um mecanismo de aparente dialogismo. O julgador menciona toda a tese da parte, como se com ela estivesse anuindo e dialogando, mas, ao final, com pouca argumentação para tanto, nega a pretensão jurídica[34]. O diálogo aí só pode ser concebido de maneira forjada, dissimulada.

A intertextualidade pode ser vislumbrada sob a forma de *metadiscurso* que ocorre quando o produtor do texto distingue níveis em seu texto e aproxima-se ou distancia-se dele como se estivesse em posição de controle sobre seu próprio discurso (algo pouco provável segundo a atual concepção de linguagem pós virada linguístico-pragmática). É como se o produtor estivesse acima ou fora de seu próprio texto e pudesse livremente manipulá-lo. Essa técnica é evidenciada com o uso de expressões evasivas como "uma espécie de", "um tipo de", "uma forma de". É muito comum o metadiscurso quando o eu se apresenta em uma posição de controle. Mais uma vez, é possível encontrar exemplos de metadiscurso no discurso jurídico, mais frequentemente no discurso dos tribunais. Nos mais elevados tribunais, onde a autoridade da decisão tem um maior grau, é bastante comum a utilização de metadiscurso que pode transmitir ao jurisdicionado a ideia de pouco compromisso com a função de julgar[35].

Por fim, Fairclough ainda aponta a intertextualidade sob a forma de *ironia* quando um enunciado ecoa, ironicamente, um outro. Para elucidar a ironia existem algumas pistas como a evidente falta de combinação entre o significado aparente e o contexto situacional; outra dica é o tom de voz do falante ou o uso de aspas em um texto escrito; o leitor intérprete pode ainda dar-se conta da ironia quando já tem conhecimento sobre as crenças e valores do produtor do texto. (FAIRCLOUGH, 2001).

Vista a dimensão da prática discursiva (com as três categorias de análise destacadas por Fairclough, quais sejam, a força, a coerência e a intertextualidade), passa-se a abordar a terceira dimensão da sua teoria tridimensional, a da *prática social (atividade cotidiana dos sujeitos).*

---

[34] Nestes casos, corrigir essa prática, sob o ponto de vista processual, torna-se uma árdua tarefa, já que não caberiam embargos de declaração para sanar uma provável contradição judicial, pois o julgador, ainda que de modo precário, fundamenta em poucas palavras seu veredicto.
[35] Essa questão é também relevante em termo de uso de modalizadores, o que será melhor estudado ainda neste capítulo.

Sobre a prática social, releva analisar as manifestações implícitas *da ideologia e da hegemonia.*

Quanto à ideologia, Fairclough prefere adotar as concepções desenvolvidas por Thompson, apesar de valer-se também de Altusser. Esse último elaborou três asserções de idologia que são úteis à ACDTO. A primeira delas pontua que a existência material da ideologia está nas práticas sociais. Como toda prática social apresenta, segundo Fairclough e como já comentado, um elemento semiótico, tem-se nas práticas discursivas as formas materiais de ideologia. A segunda asserção de Altusser é no sentido de que a ideologia interpela os sujeitos, tendo como consequência a constituição desses sujeitos. Neste ponto, há também uma grande utilidade dessa asserção para a ACDTO como será visto mais adiante. Na terceira asserção, Altusser concebe os aparelhos ideológicos do Estado (instituições como a educação, a mídia) como locais de luta. Essa última acepção é válida para a teoria de Fairclough por apontar para a luta "no" e "através do" discurso. (ALTUSSER *apud* FAIRCLOUGH, 2001).

Assim como o faz em relação a Foucault (apesar desta autora discordar em alguns pontos, como já colocado), Fairclough empreende críticas à concepção de ideologia de Altusser. Diz que ela apresenta limitações porque Altusser prioriza a estrutura em detrimento da transformação. Afirma que a ideologia em Altusser funciona como um "cimento social" universal. Não haveria, segundo Fairclough, um foco na luta, na contradição e na transformação. Para ele, o caso típico da teoria althusseriana é o do sujeito posicionado na ideologia com autonomia apenas imaginária. Fairclough critica essa visão por sustentar ser possível uma prática consciente e transformadora quando as convenções são problematizadas: "O equilíbrio entre o sujeito 'efeito' ideológico e o sujeito agente ativo é uma variável que depende das condições sociais tal como a estabilidade relativa das relações de dominação". (FARCLOUGH, 2001, p. 121). E arremata Fairclough:

> [...] nem todo discurso é irremediavelmente ideológico. As ideologias surgem nas sociedades caracterizadas por relações de dominação com base na classe, no gênero social, no grupo cultural, e assim por diante, e, à medida que os seres humanos são capazes de transcender tais sociedades, são capazes de transcender a ideologia. (FAIRCLOUGH, 2001, p.121).

Na linha de Thompson, Fairclough entende que as ideologias são significações e construções da realidade. Acredita que Thompson apresenta estudos que melhor se adaptam ao seu objetivo de transformação social através do discurso. (THOMPSON apud FAIRCLOUGH, 2001).

Thompson preocupa-se com a maneiras como as formas simbólicas se entrecruzam com relações de poder (dominação), ou seja, como o sentido é mobilizado no mundo social. "Estudar a ideologia é estudar as maneiras como o sentido serve para estabelecer e sustentar relações de dominação". (THOMPSON, 2011, p.76). Em sua concepção, fenômenos simbólicos são ideológicos quando servem para manter relações de dominação em circunstâncias particulares. É preciso, assim, considerar o contexto sócio-histórico onde o sentido é mobilizado, pelas formas simbólicas[36], para estabelecer ou sustentar relações de dominação. (THOMPSON, 2011).

Existem modos de operação da ideologia e estratégias de construção simbólica que estão a serviço desses modos. Essas estratégias facilitam a mobilização de sentido. A seguir, reproduz-se quadro com os modos de operação da ideologia segundo Thompson:

Tabela 1 – Modos de operação da ideologia

Modos Gerais	Algumas Estratégias Típicas de Construção Simbólica
Legitimação	Racionalização, Universalização e Narrativização
Dissimulação	Deslocamento, Eufemização e Tropo (sinédoque, metonímia, metáfora)
Unificação	Estandardização, Simbolização da Unidade
Fragmentação	Diferenciação, Expurgo do Outro
Reificação	Naturalização, Eternalização, Nominalização/Passivização

Fonte: Thompson, 2011, p.81

Por meio da legitimação, objetiva-se representar relações de dominação como legítimas.Para tanto, são utilizadas estratégias típicas de construção simbólica: a racionalização – por meio dela, o produtor de uma forma simbólica constrói uma cadeia de raciocínio para defender ou para justificar um conjunto de relações ou instituições sociais e, desse modo, persuadir uma audiência de que a mensagem é digna de apoio; a universalização – interesses de uns são apresentados como interesse de todos; a narrativização – trata-se de uma estratégia que se vale da apresentação de histórias que contam o passado e tratam o presente como parte de uma tradição eterna e aceitável.

Na dissimulação, as relações de dominação são estabelecidas e sustentadas pelo fato de serem ocultadas, obscurecidas ou representadas de forma a desviar a atenção ou a passar por cima de relações e

---

[36] As formas simbólicas abrangem um amplo conjunto de ações, falas, imagens, textos produzidos e entendidos como construtos significativos. "Falas linguísticas e expressões, sejam elas faladas ou escritas, são cruciais a esse respeito". (THOMPSON, 2011, p.79).

processos existentes. Para veicular a dissimulação, algumas estratégias são utilizadas, como: o deslocamento - um termo normalmente utilizado para se referir a um certo objeto ou pessoa é usado para reportar-se a um outro e, dessa forma, as conotações positivas ou negativas do termo são transferidas para outro objeto ou pessoa; a eufemização – há uma redescrição de ações, instituições ou relações sociais para despertar uma valoração positiva; tropo – cuida-se do uso figurado da linguagem ou das formas simbólicas, a exemplo da sinédoque (junção semântica da parte e do todo), da metonímia (uso de um termo que toma o lugar de um atributo, um adjunto, uma característica para se referir à própria coisa, embora inexista conexão necessária entre o termo e a coisa a que se refere), da metáfora (aplica-se um termo ou frase a um objeto ou ação a que literalmente não poderia ser utilizado). As expressões metafóricas "[...] levantam uma tensão dentro de uma sentença, através da combinação de termos de campos semânticos diferentes, tensão essa que, se bem-sucedida, gera um sentido novo e duradouro.". (THOMPSON, 2011, p.85).

Na unificação, os indivíduos são interligados em uma identidade coletiva, olvidando-se as suas distinções/divisões. Para conseguir tal objetivo, existem algumas estratégias de construção simbólica, como: a padronização – formas simbólicas adaptadas a um referencial padrão (ex. língua oficial em um contexto de diversos dialetos); a simbolização de unidade – construção de símbolos de identidade e de identificação coletivas. "Ao unir indivíduos de uma maneira que suprima as diferenças e divisões, a simbolização da unidade pode servir, em circunstâncias particulares, para estabelecer e sustentar relações de dominação." (THOMPSON, 2011, p.86).

Por meio da fragmentação, em oposição ao modo anteriormente visto, efetua-se a segmentação de indivíduos, de grupos, para que percam sua força. Algumas estratégias são utilizadas para atingir essa segmentação: a diferenciação – focaliza-se em características diferentes, que desunem; o expurgo do outro – diz respeito à construção de um inimigo que é retratado como perigoso, como mau e contra quem os indivíduos são chamados a resistir coletivamente ou a expurga-lo.

O último modo de operação da ideologia elencado por Thompson é a denominada reificação. Diz respeito à retratação de uma situação transitória, histórica, como permanente, natural, atemporal. "Processos são retratados como coisas, ou como acontecimentos de um tipo quase natural, de tal modo que o seu caráter social e histórico é eclipsado.". (THOMPSON, 2011, p.87). As estratégias de construção simbólica vinculadas a esse modo de operação da ideologia podem ser: a naturalização – um estado de coisas criado social e historicamente é tratado como acontecimento natural ou como resultado de características naturais; a eternalização - "Fenômenos sócio-históricos são esvaziados de seu caráter histórico ao serem apresentados como permanentes, imutáveis e recorrentes." (THOMPSON, 2011, p.88); a nominalização – descrições de ações e dos participantes nelas envolvidos são transformadas em nomes; passivização – verbos são colocados na voz passiva. Segundo Thompson: "A nominalização e a passivização concentram a atenção do ouvinte ou leitor em certos temas com prejuízo de outros. Elas apagam os atores e a ação e tendem a representar processos como coisas ou acontecimentos que ocorrem na ausência de um sujeito que produza essas coisas." (THOMPSON, 2011, p.88).

Fairclough considera como questão central visualizar a ideologia como produção dialética das estruturas e dos eventos. Considera a ideologia como orientação acumulada e naturalizada, construída nas normas e convenções, e também fruto do trabalho atual (do evento) de naturalização e de desnaturalização.

Nesta fase da análise, o analista deve atentar também para os sentidos ideológicos das palavras, os efeitos ideológicos das pressuposições, as ideologias presentes nas metáforas, sua influência na leitura coerente de um texto, os aspectos formais de um dado texto que também podem estar investidos ideologicamente, a exemplo da intransitividade.

Quanto à hegemonia, Fairclough baseia-se em Gramsci como sendo um poder em instável equilíbrio. A faceta discursiva da hegemonia consiste nas ordens de discurso caracterizadas por um equilíbrio contraditório e instável onde há a articulação e rearticulação de elementos.

Fairclough conclui essa abordagem da prática social ao dizer que uma mudança discursiva e social tem origem na problematização das convenções, pois geram dilemas que costumam ser resolvidos de forma criativa. (FAIRCLOUGH, 2001).

A seguir, para sistematização das categorias analisadas, seguem os quadros[37]:

---

[37] Esses quadros foram extraídos do material expositivo apresentado em aula proferida pela professora Virgínia Colares, na disciplina Análise Crítica do Discurso, no curso de Mestrado em Direito da Universidade Católica de Pernambuco.

Quadro 1 – Análise Do Texto

CATEGORIAS	TÓPICOS	OBJETIVOS
Controle Interacional	Geral	Descrever as características organizacionais gerais, o funcionamento e o controle das interações.
	Polidez	Determinar quais as estratégias de polidez são mais utilizadas na amostra e o que isso sugere sobre as relações sociais entre os participantes.
	Ethos	Identificar as características que contribuem para a construção do eu ou de identidades sociais.
Estrutura Textual Coesão	Geral	Mostrar de que forma as orações e os períodos estão interligados no texto.
	Argumentação	Verificar como os elementos linguísticos indicam a orientação argumentativa pretendida no texto.
Gramática Textual	Geral	Trabalhar com a transitividade (função ideacional da linguagem), tema (função textual da linguagem) e modalidade (função interpessoal da linguagem).
	Transitividade	"Verificar que tipos de processo [ação, evento...] e participantes estão favorecidos no texto, que escolhas de voz são feitas (ativa ou passiva) e quão significante é a nominalização dos processos" (FAIRCLOUGH, 2001, p. 287.)
Escolhas Lexicais	Tema	Observar se existe um padrão discernível na estrutura do tema do texto para as escolhas temáticas das orações.
	Modalidade	Determinar padrões por meio da modalidade, quanto ao grau de afinidade expressa com proposições.
Escolhas Lexicais	Significado de palavras	Verificar se elas funcionam como um modo de hegemonia e um foco de luta, ou seja, identificar as palavras-chave que apresentam significado cultural, as palavras com significado variável e mutável, e o significado potencial de uma palavra.
	Criação de palavras	Contrastar as formas de lexicalização dos sentidos com as formas de lexicalização desses mesmos sentidos em outros tipos de textos e verificar a perspectiva interpretativa por trás dessa.
	Metáfora	Caracterizar as metáforas utilizadas em contraste com metáforas usadas para sentidos semelhantes em outro lugar, verificar que fatores (cultural, ideológico, histórico etc) determinam a escolha dessa metáfora.

Fonte: COLARES, Virginia, 2013

Sobre a coesão, como se disse, são importantes os operadores argumentativos. A seguir, para facilitar a visualização, segue um quadro com a classificação desses operadores:

Quadro 1.1. Operadores Argumentativos

TIPO	FUNÇÃO	EXEMPLOS
INDICADORES DE CONTRAPOSIÇÃO	ESTABELECER RELAÇÕES DE CONTRASTE, DISJUNÇÃO, CONCESSÃO, OPOSIÇÃO	MAS / PORÉM / CONTUDO / TODAVIA / ENTRETANTO / EMBORA / NO ENTANTO / CONQUANTO / AINDA QUE / AO CONTRÁRIO DE / POR OUTRO LADO / SE BEM QUE / POSTO QUE / A SEU TURNO / POR SUA VEZ / APESAR DE / EM QUE PESE / A DESPEITO DE
INDICADORES DE TEMPO	PRESTAR INFORMAÇÕES RELATIVAS AO ASPECTO TEMPORAL	QUANDO / DEPOIS / ATÉ QUE / MAL / APENAS / LOGO QUE / ANTES QUE
INDICADORES DE LUGAR	PRESTAR INFORMAÇÕES RELATIVAS AO ASPECTO ESPACIAL	ONDE / EM FRENTE A / EM CIMA DE / EMBAIXO DE / ATRÁS / AQUI / DENTRO DE / EM QUE
INDICADORES DE CONSEQUÊNCIA OU CONCLUSÃO	APRESENTAR ILAÇÕES / RESULTADOS / DESFECHOS EM FACE DE ALGO EXPOSTO	LOGO / CONSEQÜENTEMENTE / POR ISSO / POR CONSEGUINTE / ,POIS, / PORTANTO / TAMANHO... QUE / TÃO... QUE / DE FORMA QUE / TANTO... QUE / DE MODO QUE / DE SORTE QUE
INDICADORES DE CONDIÇÃO	INTRODUZIR REQUISITOS OU CIRCUNSTÂNCIAS PARA DETERMINADO ATO / FATO OCORRER	SE / CASO / CONTANTO QUE / SEM QUE / UMA VEZ QUE / DESDE QUE / SOB A CONDIÇÃO DE
INDICADORES DE FINALIDADE	EXPRESSAR O FIM QUE SE PRETENDE ALCANÇAR	PARA QUE / A FIM DE QUE / PORQUE / QUE / COM O PROPÓSITO DE / OBJETIVANDO
INDICADORES DE CAUSA	APONTAR A RAZÃO / A CAUSA / O MOTIVO DA OCORRÊNCIA DE ALGO	QUE / PORQUE / COMO / JÁ QUE / UMA VEZ QUE / POR CAUSA DE
INDICADORES DE AUTORIDADE	ARGUMENTAR COM BASE EM CITAÇÃO DE UMA FONTE DOTADA DE PRESTÍGIO E CREDIBILIDADE	CONFORME / CONSOANTE / COMO DISSE / SEGUNDO / DE ACORDO COM / À LUZ DE
INDICADORES DE COMPARAÇÃO	ESTABELECER RELAÇÕES DE IGUALDADE, INFERIORIDADE OU SUPERIORIDADE ENTRE DETERMINADOS ELEMENTOS	MAIS... QUE / MENOS... QUE / MAIOR QUE / MENOR QUE / MELHOR QUE / TAL QUAL / TÃO... QUANTO / TANTO... COMO / COMO SE / COMO / EQUIVALENTE A / IGUALMENTE
INDICADORES DE PROPORÇÃO	APRESENTAR RELAÇÕES QUE SE ESTABELECEM ENTRE DIFERENTES ELEMENTOS NO QUE SE REFERE A DIMENSÃO, QUANTIDADE, QUALIDADE, ETC.	À MEDIDA QUE / AO PASSO QUE / À PROPORÇÃO QUE / CONFORME
INDICADORES DE EXEMPLIFICAÇÃO	APRESENTAR UM MODELO DAQUILO QUE FOI EXPOSTO	POR EXEMPLO / COMO
INDICADORES DE MODO	IDENTIFICAR A FORMA COMO	ASSIM/ DESSE MODO / DESSA FORMA

	ALGO OCORRE	/ EQÜITATIVAMENTE / OBRIGATORIAMENTE
INDICADORES DE ALTERNÂNCIA	COMBINAR A EXISTÊNCIA ALTERNADA OU AUTO-EXCLUDENTE DE DIFERENTES ELEMENTOS, PODENDO ATUAR COMO FOCO DE DESTAQUE DE ELEMENTOS CONSIDERADOS EM SEPARADO	OU / OU... OU / ORA... ORA / SEJA... SEJA / QUER... QUER
INDICADORES DE ADIÇÃO	INTRODUZIR INFORMAÇÕES ADICIONAIS ÀS JÁ APRESENTADAS	E / NEM / ALÉM DISSO / ADEMAIS / TAMBÉM / AINDA / MAIS AINDA / MAS TAMBÉM / BEM COMO
INDICADORES DE REFORMULAÇÃO	RETIFICAR OU APRIMORAR O ENUNCIADO	ISTO É / OU SEJA / OU MELHOR / MELHOR DIZENDO / QUERO DIZER / ISSO SIM
INDICADORES DE SÍNTESE	APRESENTAR AS IDÉIAS DE FORMA CONCISA	ENFIM / EM SUMA / EM SÍNTESE / RESUMIDAMENTE / TUDO
INDICADORES DE RESTRIÇÃO	DELIMITAR A EXTENSÃO DAQUILO QUE SE ENUNCIA	SOMENTE / TÃO-SOMENTE / APENAS / EXCLUSIVO / EXCLUSIVAMENTE
INDICADORES DE EXPLICAÇÃO	JUSTIFICAR CERTOS ATOS OU FATOS	PORQUE / POIS / UMA VEZ QUE / EIS QUE / POR / VISTO QUE
INDICADORES DE PARCIALIDADE	DESTACAR ALGO QUE FAZ PARTE DO TODO, MAS NÃO O ABRANGE TOTALMENTE	EM PARTE / PARCIALMENTE
INDICADORES DE INEXATIDÃO	APONTAR PARA UMA INFORMAÇÃO APROXIMADA	APROXIMADAMENTE / CERCA DE / MAIS OU MENOS / POR VOLTA DE / AO REDOR DE
INDICADORES DE ÊNFASE / DESTAQUE	RESSALTAR ALGUMA INFORMAÇÃO A QUE O ENUNCIADOR ATRIBUI IMPORTÂNCIA	REALMENTE / TOTALMENTE / PLENAMENTE / MESMO / EM ESPECIAL / INCLUSIVE / VALE RESSALTAR QUE / SALIENTO QUE / A PRÓPRIA / O PRÓPRIO /
INDICADORES DE ASSUNTO	INTRODUZIR NOVO TÓPICO OU NOVO DIRECIONAMENTO AO ENUNCIADO	QUANTO A / A RESPEITO DE / QUANDO SE TRATA DE / NO QUE CONCERNE A / NO TOCANTE A
INDICADORES DE ORDEM	ORGANIZAR AS IDÉIAS DE MODO SEQÜENCIAL	PRIMEIRO / EM SEGUIDA / POR ÚLTIMO / ANTERIORMENTE / POSTERIORMENTE
INDICADORES DO ÁPICE DE UMA ESCALA	APRESENTAR O ELEMENTO MAIS FORTE DE UMA ESCALA ARGUMENTATIVA (MESMO QUE ESTA ESTEJA IMPLÍCITA)	ATÉ / MESMO / ATÉ MESMO / NEM / INCLUSIVE
INDICADORES DE EXCEÇÃO / EXCLUSÃO	RETIRAR CERTOS ELEMENTOS DA CONSIDERAÇÃO	À EXCEÇÃO DE / EXCETO / SOB A RESSALVA DE
INDICADORES DE INCLUSÃO	INDICAR A INSERÇÃO OU O ABARCAMENTO DE CERTOS ELEMENTOS	INCLUSIVE / ATÉ / TAMBÉM / AINDA

INDICADORES DA CONVENIÊNCIA DO ENUNCIADO	APRESENTAR IDÉIAS / INFORMAÇÕES INTRODUZIDAS OPORTUNAMENTE	A PROPÓSITO / ALIÁS / DIGA-SE DE PASSAGEM / POR FALAR NISSO
INDICADORES DE NEGAÇÃO	REFUTAR IDÉIAS / INFORMAÇÕES	NÃO / NUNCA / NADA / JAMAIS / NEM PENSAR / NENHUM / DE MODO ALGUM
INDICADORES DE CORROBORAÇÃO	CONFIRMAR / FORTALECER UMA INFORMAÇÃO	DE FATO, EM VERDADE, COM EFEITO

Fonte: PINTO, Gláucia Soares Ferreira Pinto, 2013

Quadro 2 – Análise da prática discursiva

CATEGORIAS	TÓPICOS	OBJETIVOS
Produção do Texto (heterogeneidade enunciativa)	Interdiscursividade (heterogeneidade constitutiva)	Identificar as condições de produção a partir de critérios histórico-culturais.
	Intertextualidade (heterogeneidade mostrada)	Identificar as condições de produção a partir de critérios pragmáticos.
Distribuição do Texto	Cadeias intertextuais	Especificar a distribuição de uma amostra discursiva através da descrição das séries de textos nas quais ou das quais é transformada. (Quais os tipos de transformações, quais as audiências antecipadas pelo produtor?).
Consumo do Texto	Coerência	Considerar as implicações interpretativas das particularidades intertextuais e interdiscursivas da amostra. Como os textos são interpretados e quanto de trabalho inferencial é requerido.

Fonte: COLARES, Virginia, 2013

Quadro 3 – Análise da prática social

TÓPICOS	OBJETIVOS
Matriz social do discurso	"Especificar as relações e as estruturas sociais e hegemônicas que constituem a matriz dessa instância particular da prática social e discursiva; como essa instância aparece em relação a essas estruturas e relações [...]; e que efeitos ela traz, em termos de sua representação ou transformação?" (Fairclough, 2001: 289-290).
Ordens do discurso	Explicitar o relacionamento da instância da prática social e discursiva com as ordens de discurso que ela descreve e os efeitos de reprodução e transformação das ordens de discurso para as quais colaborou.
Efeitos Ideológicos e políticos do discurso	Focalizar os seguintes efeitos ideológicos e hegemônicos particulares: sistemas de conhecimento e crença, relações sociais, identidades sociais (eu).

Fonte: COLARES, Virginia, 2013

2 DIREITO À MORADIA. ANÁLISE DE SUA JUSFUNDAMENTALIDADE.

2.1 Estado Social: fruto de uma síntese dialética.

A concepção do modelo de Estado Social, atual configuração formal do Estado brasileiro, foi fruto de várias lutas hegemônicas[38] ao longo da história e sua concretização, como se verá, está imersa em uma rede de grandes antagonismos e contradições que precisam ser enfrentadas, sendo a problematização um primeiro passo para a tomada de consciência que engendra a mudança paulatina dos padrões ideológicos[39] de uma sociedade.

As formas de Estado, na história da humanidade, resultaram de processos revolucionários que, em si, são prenhes de ideologias. Assim, as bases de um novo modelo decorrem de lutas (sangrentas ou não) pela disputa do domínio, sempre instável, de uma ordem (*v.g* cultural, econômica, jurídica). Sobre esse processo, Paulo Bonavides destaca o papel das ideologias, comparando-o ao dos direitos naturais: "[...] enquanto não positivam seus valores, as ideologias guardam na essência uma dimensão encoberta de jusnaturalismo". (BONAVIDES, 2011, p.29).

Foi assim que as ideias liberais da Revolução Francesa e as ideias socialistas da Revolução Russa deram origem, respectivamente, ao Estado Liberal e ao Estado Socialista. Esses modelos, por serem extremos e incomunicáveis, não conseguem se manter por muito tempo, sobretudo, quando se considera a efervescência ideológica inerente a uma comunidade de pessoas, onde a mutabilidade de valores (o que não significa a celeridade das mudanças), é uma constante.

---

[38] Tal como exposta por Norman Fairclough, adota-se aqui a perspectiva de Gramsci sobre hegemonia como poder em instável equilíbrio (FAIRCLOUGH,2001).

[39] Utiliza-se ideologia na concepção de Thompson tal como exposta por Norman Fairclough, pois se entende que vai ao encontro dos objetivos de emancipação social. Assim, Fairclough não vislumbra a ideologia como um cimento social universal e intransponível. Entende que as ideologias estão no centro de uma dialética, pois ao tempo em que refletem as estruturas sociais consolidadas, podem contrariar essas estruturas e, com isso, exercerem um papel transformador, de modo a contribuir para a construção da realidade. (FAIRCLOUGH, 2001).

Em consonância com o conceito de hegemonia como poder em instável equilíbrio, Paulo Bonavides descreve o surgimento do Estado Social (do Constitucionalismo Democrático) como sendo uma síntese dialética entre os dois modelos extremados (liberal e socialista). (BONAVIDES, 2011). O caminho para essa síntese foi (e, poderia se dizer, ainda é) muito longo e marcado de percalços. É sobre ele que se tratará a partir de agora.

O Estado Liberal da Idade Moderna resultou das lutas contra a concentração de poder no soberano absoluto. A oposição entre liberdade e poder absoluto conduziram à primeira noção de Estado de Direito, ou seja, um Estado onde o poder (o político) é limitado pelo jurídico. Então, segundo essa motivação, era necessário criar uma base teórica para o controle jurídico do poder, o que conduziu ao surgimento da teoria da separação dos poderes formulada por Locke e Montesquieu.

Nesta primeira fase do Constitucionalismo, a separação dos poderes era tida como um dogma necessário para salvaguardar a liberdade da burguesia. Tratou-se de uma técnica, de um fechamento teórico para manter o político sob controle.

A separação de poderes, como técnica, não exige uma específica forma de Estado, sendo um instrumental do liberalismo. Tanto é assim que sua configuração convive, p.ex, com a monarquia constitucional. Esse entendimento é extraído da abordagem que Locke confere à mencionada teoria/técnica. Segundo ele, o rei deveria manter o poder Executivo, o Federativo (com atribuição para questões de ordem externa) e a denominada prerrogativa. Esta última é uma faceta bastante ampla do poder, pois permite que o soberano atue, na ausência de lei, para atender o bem comum (o interesse público). Paulo Bonavides resume bem a ideia de prerrogativa:

> A prerrogativa lockiana seria, a nosso ver, em suas consequências mais favoráveis à monarquia, quando muito, *o absolutismo do bom rei*, o que é uma concessão das mais largas e vantajosas ao exercício do poder real, um degrau intermediário na evolução para o liberalismo antes que este chegue a Montesquieu, a legitimação em nome do bem público, de ampla e indeterminada esfera de competência ao príncipe recém-saído do absolutismo. (BONAVIDES, 2011, p.49).

A ideia de prerrogativa, de certo modo e guardadas as devidas proporções, ainda hoje permanece, mesmo nos regimes republicanos, só mudando sua roupagem. É assim que se confere ao Executivo o denominado poder discricionário em certas situações, de modo a permitir-lhe a realização de escolhas fundadas em critérios de conveniência e oportunidade para atender ao interesse público quando a lei não é minuciosa quanto a esses aspectos. O problema é que, muitas vezes, sob o argumento da discricionariedade, são olvidados direitos fundamentais, como o direito à moradia (enfatizado neste estudo), consoante mais adiante se explicitará, e tudo em homenagem a um suposto interesse público. Caberia indagar: Que interesse? De quem? Para quem?[40]

Em prosseguimento à doutrina liberal, surge um outro pensador, mais prático do que teórico. Trata-se de Montesquieu que construiu sua teoria da separação dos poderes com a finalidade de combater o absolutismo, não se comprazendo com a ideia de monarquia constitucional. Seu comprometimento era com a burguesia. Em sua concepção, deveria haver uma rigorosa e efetiva divisão de poderes onde a titularidade de cada um deles não deveria confundir-se em um mesmo ente.

O interessante é observar que a soberania estatal, nesta primeira fase do constitucionalismo dos séculos XVII/XVIII, era constrangida unicamente pela ideia de primazia da liberdade. Assim, em vez de preponderância absoluta do rei, um ser inquestionável e infalível, o critério do inatingível foi transferido ao valor da liberdade. Nesta fase, não havia preocupação com o elemento popular na formação da vontade estatal e, muito menos, com a valorização da igualdade. Exemplo disso era a sobrevalorização conferida à propriedade que, na Constituição erigida após a Revolução Francesa foi concebida como um direito sagrado. (BONAVIDES, 2011).

O elemento igualitário só surge com as ideias contratualistas trazidas por Rosseau que questionou a liberdade, logo no início de seu "Contrato Social", do seguinte modo: "O Homem nasceu livre, e em toda parte vive acorrentado. O que se crê amo dos outros não deixa de ser mais escravo que eles. Como essa mudança se deu? Não sei. O que a pôde tornar legítima? Creio poder responder a essa questão." (ROSSEAU, p.55).

A ideia de contrato social, baseada por sua vez na concepção de vontade geral, conferiu um caráter jurídico ao poder, fundado no consentimento, de modo que os direitos naturais, após o contrato, tornam-se direitos civis.

Visto isso, chega-se a uma primeira contradição existente na teoria constitucional da Revolução Francesa, pois se baseou tanto nas ideias de Montesquieu (liberais) quanto nas de Rousseau (igualitárias). Como fruto desse antagonismo doutrinário, é formulada a teoria "liberal-

---

[40] Ao final, quando da análise, no último Capítulo, o interesse público aparece como estratégia simbólica de um dos modos de operação da ideologia.

democrática" que originou o modelo do Estado liberal-democrático, chamado de Estado Social, como fruto de uma conflituosa síntese dialética que persiste até os dias atuais e provavelmente sempre existirá. Afora essa contingência histórica e até como fruto dela, o Estado Social passa por grave crise de efetividade resultante de patologias presentes desde a sua criação.

2.2 Do Estado Social: Deficiências do modelo. Patologias e Propostas para uma possível transformação.

Desde o seu surgimento, o Estado Social apresenta tensões com o mercado, fazendo da expressão "democracia-liberal" a tradução linguística para um fenômeno social mais amplo e complexo. Gerardo Pisarello traz uma percuciente análise sobre as patologias iniciais do modelo, bem como sobre sua agudização com a investida neoliberal e sugere propostas para enfrentar o problema. (PISARELLO, 2001). A seguir, um resumo de suas principais ideias sobre a temática.

A primeira fase do Constitucionalismo (liberal) não é contemporânea à consolidação do Capitalismo. As contradições desse sistema econômico, na segunda metade do século XIX, levou à tona a reflexão a respeito da questão social concernente à exclusão dos setores empobrecidos da sociedade industrial. A partir daí, tem-se início uma progressiva constitucionalização dos direitos sociais mediante sua incorporação nos textos constitucionais, seja direta, seja indiretamente mediante a flexibilização do caráter absoluto e indisponível da propriedade e das liberdades contratuais.

O Estado Social tradicional (ou legislativo) caracteriza-se por intervenções fundadas na caridade, de forma que inexiste uma intenção de realmente fortalecer os mais fracos mediante a concretização de uma igualdade social. Os direitos sociais são previstos como cláusulas políticas de compromisso com o objetivo velado de desarticular os movimentos sociais e de neutralizar as crescentes demandas sociais. Esses direitos são dados e não conquistados. Decorrem de concessões feitas de cima para baixo sem que haja a participação dos próprios coletivos interessados. Isso faz com o que os destinatários desses direitos tornem-se clientes do Estado Social tradicional, sem espaço para se autodeterminarem. Tem-se aqui uma patologia de origem do modelo em questão.

Do mesmo modo que o faz Bonavides, Pisarello enfatiza a contradição, desde a origem, que permeia o Estado Social vinculado a uma "democracia-liberal". Diz que o modelo, consolidado no pós segunda guerra mundial, consistiu num acordo de classes, mais propriamente, num pacto assimétrico entre o capital e o trabalho, onde o trabalho aceitaria a lógica da ganância e do mercado como principais mecanismos de geração de recursos em um âmbito macro e, em troca, participaria da distribuição do excedente social no âmbito micro. (PISARELLO, 2001).

Neste modelo, o capitalismo é regulado, mas os conflitos não são eliminados. Há, assim, uma tensão dialética constante com propensão a satisfazer um dos antagônicos lados. A juridificação de direitos sociais aparece como uma aliada à reprodução sistemática, estável e pacificada dos interesses mercantis. Extrai-se daí uma contradição inerente ao modelo: o Estado Social tradicional, ao tempo em que juridiciza direitos sociais, favorece o processo de acumulação privada. (PISARELLO, 2001).

Segundo Pisarello, os direitos sociais que identificam o modelo do Estado Social foram previstos de maneira débil, como normas apenas programáticas, como mandamentos ao legislador e ao administrador, não sendo direitos subjetivos, pois sua concretização fica a mercê da interposição legislativa e administrativa. Não se consegue articular uma rede garantista similar à desenhada para proteger os direitos liberais clássicos. (PISARELLO, 2001). Tudo isso ocorre devido a uma prevalência do significado político-ideológico do texto legislativo em detrimento do sentido normativo jurídico. Com esta afirmação, Marcelo Neves sintetiza sua concepção a respeito da Constitucionalização simbólica[41] que, em certa medida, compartilha da mesma linha condutora dos estudos de Pisarello.

---

[41] Sob o viés da Ciência da Linguagem, não se pode deixar de realizar ressalvas quanto ao termo "simbólica" de que se valeu Marcelo Neves para compor o título de uma de suas importantes obras. A questão é compreender, de modo contextualizado, a expressão Constitucionalização simbólica. Isso porque, sobretudo após a denominada "virada linguística", sabe-se que há uma relação dinâmica entre língua e realidade, de modo que o símbolo, como signo linguístico, interfere na realidade assim como recebe seus influxos. A bem de um melhor esclarecimento, pode-se apontar três categorias de signo: o índice, o ícone e o símbolo. Essa distinção, concebida por Pierce, é identificada por Marcelo Neves em sua obra. *O índice* consiste em um fragmento retirado da coisa, sendo realmente por ela afetado. Trata-se de um signo degenerado, pois não realiza nenhum corte semiótico. Serve para estabelecer contato, vínculos diretos nas relações de comunicação. Manifesta a coisa em sua vivacidade própria (por isso, não há um corte semiótico). Como exemplo, um olhar de repreensão é um índice, pois encaminha diretamente o conteúdo da comunicação. *O ícone* traduz-se de uma imagem e extrai seu potencial significante da semelhança com a coisa significada. Não corresponde à imagem externa propriamente dita, mas à imagem mental. Como exemplo de ícone pode-se remeter a uma placa de trânsito onde conste o desenho, em forma de seta, dando a ideia de uma curva em uma estrada. *O símbolo,* por sua vez, refere-se ao objeto representado por uma convenção, uma associação de ideias. A relação entre o símbolo e a coisa referida é estabelecida de modo arbitrário. Assim, quando se diz "C-A-S-A", a imagem mental correspondente decorre de pura convenção. (ARAÚJO, 2011).

De acordo com Marcelo Neves, em reprodução dos ensinamentos de Kindermann, existem basicamente três tipos de legislação simbólica: a destinada a confirmar valores sociais; a voltada a demonstrar a capacidade de ação do Estado (legislação álibi) e a direcionada ao adiamento da solução de conflitos sociais por meio de compromissos dilatórios. (NEVES, 2011).

A legislação simbólica voltada à confirmação de valores sociais é meio para diferenciar grupos e seus respectivos valores ou interesses (glorifica-se um em detrimento de outros), podendo também ser meio de coesão, quando incorpora valores nacionais. Neves dá o exemplo da lei seca nos EUA que representou a consagração dos interesses dos protestantes nativos em detrimento dos defendidos por católicos imigrantes.

A legislação álibi tem por objetivo demonstrar a capacidade de ação do Estado, onde as normas são elaboradas para minimizar as pressões sobre o poder público, com o objetivo aparente de atender aos anseios sociais. Todavia, inexistem condições reais mínimas para a efetivação dessas normas. O importante, neste caso, é que o cidadão mantenha a confiança no Estado. Neves dá o exemplo das discussões no Brasil a respeito do Direito Penal em torno de uma legislação penal mais rigorosa, sendo que o problema não seria a falta de legislação tipificadora de delitos, mas sim a inexistência de pressupostos socioeconômicos e políticos para efetivar a lei em vigor. Neves alerta para o fato de que quanto mais for empregada a legislação simbólica do tipo álibi, menos normatividade terá, o que conduzirá a uma descrença no sistema jurídico.

Como forma de compromisso dilatório, a legislação simbólica serve para adiar a solução de conflitos sociais mediante a assunção de compromissos dilatórios. Neste caso, partidos políticos de diferentes ideologias entram em acordo para aprovar um texto legal por saberem, de antemão, que inexistirá qualquer normatividade. Neves dá o exemplo de uma lei norueguesa sobre empregados domésticos, de 1948, que pretensamente destinava-se à regulamentação de relações de trabalho em âmbito doméstico para melhorar as condições de trabalho dos empregados. O fato é que as brandas sanções cominadas para o seu descumprimento, aliada à subserviência dos empregados em face à forte dependência de seus patrões, ensejava a impossibilidade de seu

---

O importante aqui é compreender que Marcelo Neves não aparenta ignorar essas distinções, tanto que ele mesmo aponta para elas em seu livro "A Constitucionalização simbólica". Neves, apesar de não abordar a virada linguística acima apontada, apenas intenta com a expressão enfatizar a patologia do Estado Social aqui discutida, dando a ideia de que a normatividade (a aptidão para produzir efeitos jurídicos concretos) é quase por completo menoscabada para fazer sobressair o aspecto linguístico, o aspecto do símbolo textual de muitas expressões constitucionais.

cumprimento na prática. Exatamente por anteverem a inaplicabilidade da lei, os partidos opostos (progressistas e conservadores) acordaram em aprovar a referida lei, já que os progressistas apareceriam para a sociedade como sensíveis aos problemas dos empregados, enquanto que os conservadores contentaram-se com a falta de perspectiva sobre a eficácia da lei. Assim, um acordo político foi firmado no intuito apenas de adiar a solução do problema social. (NEVES, 2011).

Visto isso, tem-se que o Estado Social foi, desde a origem, como explicita Pisarello, acometido de uma grave patologia que perdura até hoje, pois a farta previsão de normas consagradoras de direitos sociais não refletem, em mesmo grau, sua normatividade concreta. Como consequências, Pisarello aponta três sintomas dessa patologia de raiz.

A primeira delas reflete a contradição entre valores liberais e igualitários e diz respeito a apresentar-se o Estado social tradicional como includente e, ao mesmo tempo, excludente. Apenas os grupos organizados, como os trabalhadores formais, conseguem ser incluídos e ter voz nas políticas públicas sociais. Como segunda consequência do modelo, há uma progressiva despolitização da esfera não estatal e privada, de modo a debilitar os mecanismos de controle institucional e social do poder. Há, assim, uma diminuição da participação direta dos cidadãos na proteção dos direitos sociais, bem como de sua capacidade de pressão sobre os aparatos institucionais de controle. Por fim, como terceiro sintoma, tem-se que, apesar de seu impacto inclusivo, a prestação dos direitos sociais integra um componente paternalista e clientelista. Diante desse quadro, o modelo favorece os privilégios e a corrupção. (PISARELLO, 2001).

A crise do Estado Social propicia o surgimento, ou melhor, o fortalecimento das ideias liberais. O ambiente é favorável ao aparecimento de um discurso pautado em argumentos oportunistas no sentido de que os direitos sociais custariam caro, de que prejudicariam a eficiência (a ordem do discurso volta a embevecer-se da ideologia liberal). Daí em diante deflagra-se um embate neoconservador, como o denomina Pisarello, que segundo afirma, representa uma regressão política e jurídica. Há um aprofundamento das patologias iniciais que acometem o Estado Social, "liberal-democrático".

Nesse novo contexto sócio-político, as grandes crises econômicas engendram as bases materiais e ideológicas para um forte questionamento sobre o modelo do Estado Social tradicional. Alie-se a isso a nefasta consequência gerada pela expansão dos mercados financeiros, de modo a arrefecer o capitalismo industrial fordista e a fortalecer o capitalismo financeiro, deslocalizado e internacionalizado. Com essa dispersão, opera-se uma fragmentação da base de apoio onde se sustentava o contrato constitucional do Estado Social. Isso porque o trabalho torna-se fragmentário, disperso e descontínuo, de modo a reduzir o poder articulatório dos coletivos vulneráveis que ficam privados da solidariedade horizontal própria do processo produtivo baseado na grande fábrica fordista. Como consequência, a flexibilização das relações laborais acarreta a diminuição das prestações sociais.

Como se disse, o cenário dá azo à formação de argumentos oportunistas que, além dos já apontados (o alto custo dos direitos sociais, o seu efeito deletério para a eficiência do Estado), apontam para a ideia de que não seria possível reivindicar direitos sem cumprir deveres (e muitos deveres). Assim, em vez do Estado do "welfare", preconiza-se um Estado do "workfare", ou seja, um Estado contributivo, um Estado que deve valorizar mais os deveres do que os direitos. Desse modo, "ganha corpo" uma retórica discursiva no sentido de que no Estado Social tradicional havia direitos sem deveres. Os neoconservadores passaram a propugnar um modelo pragmatista de Estado caracterizado pelo controle dos gastos sociais e pela obrigatoriedade da busca e da adaptação ao emprego, independentemente de sua qualidade e estabilidade. (PISARELLO, 2001).

A grande questão advertida por Pisarello é a de que essa retórica dos deveres se volta aos estratos mais fracos, e quase nunca aos mais fortes da sociedade. Os fracos são obrigados a renunciar a direitos básicos enquanto que os fortes devem ser incentivados e liberados das incômodas amarras dos controles jurídicos. (PISARELLO, 2001).

Os neoconservadores sustentam que a excessiva redistribuição impediria a produção e o crescimento. Aplicam a máxima: "há que enriquecer o bom samaritano antes de pedir-lhe solidariedade". Um interessantíssimo contraponto a essa máxima é defendido pelo economista Nuhammad Yunus, ganhador do prêmio Nobel da Paz em 2006, através da difusão de suas ideias sobre o que nomeou de "negócio social".

Em inteligente entrevista concedida ao Programa "Milênio" da GloboNews (GLOBO, 2013a) Nuhammad esclarece que toda a sua ideia está voltada a retirar pessoas de situações de vulnerabilidade social a fim de dar-lhes condições de conduzirem, por si sós, suas vidas. Segundo ele, o negócio social consiste em empresas que não objetivam o lucro, mas sim o resgate de pessoas em situação de dificuldade. A finalidade é apenas a de manter a empresa em equilíbrio financeiro, de modo que o dinheiro investido é posteriormente retirado, mas sem gerar lucro para os investidores. Ele relatou o exemplo da empresa Danonne instalada em Bangladesh, sua terra natal. Para solucionar o problema da desnutrição das crianças desse país, a Danonne abriu um negócio social para vender, a preços acessíveis, iogurtes fortificados para retirá-las daquela situação, sem obter qualquer lucro. O trabalho de Muhammad ganhou repercussão na Alemanha e vem sendo aceito em vários outros países como uma possível solução para os problemas decorrentes das patologias do modelo de bem estar social (*welfare state*). Diversamente do propugnado pelos neoconservadores e em paródia à máxima já mencionada, pode-se dizer que "é preciso, antes de tudo, resgatar pessoas da pobreza para que possam se autodeterminarem e, por conseguinte, se tornarem também boas samaritanas, e não culpadas de sua situação".

No Brasil e em diversos locais do mundo, tem-se um setor público mais assistencialista do que distributivo. O Estado Social, segundo Pisarello, acaba tornando-se um "Estado-prisão", onde os indivíduos tornam-se dependentes da sua suposta caridade. (PISARELLO, 2001). Nuhammad também traduz essa ideia valendo-se da metáfora do pássaro criado na gaiola desde o início de sua vida que não consegue voar quando a gaiola é aberta.

A investida neoconservadora vai de encontro a um projeto coletivo de construção social e representa uma degradação ostensiva das condições de existência e subsistência da democracia política e social. (PISARELLO, 2001). Pisarello atenta para o fato de que o discurso conservador tem atingido, com muita naturalidade, até mesmo os órgãos jurisdicionais que deveriam voltar-se à concretização do conteúdo normativo do Constitucionalismo do Estado Social:

> Em sua nova adequação funcional a este cenário, os próprios órgãos jurisdicionais se desobrigam, de forma mais ou menos evidente, de sua obrigação de aplicar o conteúdo normativo do Constitucionalismo do Estado Social e passam a converter-se em instrumento de garantia dos direitos patrimoniais e das exigências de uma nova *lex mercatória* pactuada por poderes privados, cuja funcionalidade depende de transações seguras e previsíveis protegidas contra os riscos de descumprimentos unilaterais. (PISARELLO, 2001)[42] [43]

A ideologia neoconservadora (neoliberal) realiza uma reformulação, restritiva e autoritária, do Estado Social que conduz,

---

[42] "En su nueva adecuación funcional a este escenario , los propios órganos jurisdiccionales resignam, de forma más o menos aberta, su obligación de aplicar el contenido normativo del constitucionalismo del estado social y pasan a convertirse en instrumento de garantia de los derechos patrimoniales y de las exigências de una nueva *lex mercatória* pactada por poderes privados, cuya funcionalidade depende de transaciones seguras y previsibles protegidas contra los riesgos de incumplimientos unilaterales." (PISARELLO, 2001).
[43] Como exemplo de captura do Poder Judiciário pelo movimento neoconservador, cf. análise de julgado do STJ no último Capítulo.

segundo a metáfora utilizada por Pisarello, a uma espécie de "ladeira escorregadia" para o "estado de natureza" que se caracteriza por um desgoverno das expectativas cidadãs, por intervenções arbitrárias e por um caos quanto aos atos mais elementares de sobrevivência ou convivência. "A governabilidade neoconservadora, no lugar da suposta ingovernabilidade das democracias, supõe a estabilidade do absolutismo das maiorias políticas e do mercado, mas não das pessoas." (PISARELLO, 2001)[44]. E conlcui Pisarello sua análise a respeito da agudização das patologias do Estado Social tradicional (legislativo):

> A esse terreno movediço, sempre ameaçado, são progressivamente desprezados os direitos sociais, mas também, mais uma vez, os clássicos direitos civis e políticos, o direito a um ambiente equilibrado e inclusivo, e nas relações internacionais, o direito dos povos ao desenvolvimento e à paz. (PISARELLO, 2001)[45].

Vistas as patologias (e sua agudização neoconservadora) que acometem o denominado Estado Social tradicional ou legislativo, Pisarello apresenta algumas sugestões para transpor a crise do modelo, o que segundo ele se dará mediante o fortalecimento de três tipos de garantias, as político constitucionais, as jurídico constitucionais e as sociais que, em sua concepção, devem sobressair. Essas garantias expressam a finalidade de auto-contenção política, econômica, ecológica, do Constitucionalismo voltada a proporcionar a solidariedade entre os membros mais vulneráveis da sociedade.

Quanto ao papel a ser desempenhado pelas garantias político constitucionais, frisa-se a necessidade de reconstrução de um espaço público democrático. Em seu âmbito destacam-se as chamadas garantias primárias consubstanciadas nas garantias políticas dos direitos sociais. Elas estabelecem um complexo de obrigações positivas e negativas ao legislador e à administração. Quanto às negativas, há a obrigação de não regressividade (seria o que comumente se denomina de proibição do retrocesso social). Assim, o que já tiver sido implementado pelo Estado Social não pode ser abolido em prol de outro interesse, sobretudo, em tempos de colonização dos direitos e de "desmantelamento" dos direitos sociais. Quanto às obrigações políticas positivas, reporta-se ao dever

---

[44] "La governabilidad neoconservadora, esgrimida de forma recurrente contra la supuesta ingobernabilidad de las democracias, supone la estabilidad del absolutismo de las mayorías políticas y del mercado, pero no la de las personas." (PISARELLO, 2001).

[45] "A esse terreno movedizo, siempre amenazado, son progressivamente desplazados los derechos sociales, pero también, una vez más, los clássicos derechos civiles y políticos, el derecho a un ambiente sano e incluso, en las relaciones internacionales, el derecho de los pueblos al desarrollo y a la paz." (PISARELLO, 2001).

positivo de progressividade, como sendo a obrigação de promover a satisfação positiva e gradual dos direitos sociais, mediante a implementação de políticas de igualdade substancial (PISARELLO, 2001). Essas obrigações, positivas e negativas, pressupõem o cumprimento do dever de transparência através da garantia de informação. Sobre esse ponto, é interessante analisar o que pontificou o Comitê dos Direitos Econômicos, Sociais e Culturais (DESC) das Nações Unidas em seu Comentário Geral n° 3. (ONU, 1990)[46]

Em interpretação ao Art. 2° do Pacto (ONU, 1996)[47], o Comitê entendeu que o dispositivo deve ser interpretado em uma relação dinâmica com os demais preceptivos do referido Tratado. Daí extrai-se que o texto normativo estabelece obrigações de comportamento e de resultado. Ele denota que, paralelamente à progressiva realização dos direitos, há o compromisso de agir em tal sentido através da utilização de meios apropriados que não se restringem a medidas legislativas. Segundo o Comitê, em respeito ao dever de transparência, o Estado deve justificar perante a sociedade a escolha de uma medida por sua adequação (em um dado contexto e momento histórico). Dentre essas medidas, o Comitê considera apropriado oferecer recursos judiciais para a concretização de direitos que, de acordo com o sistema jurídico nacional, possam considerar-se judicializáveis.

O Comitê entende que, mesmo levando-se em conta os estágios de desenvolvimento de cada país, exige-se a concretização dos níveis essenciais de cada um dos direitos previstos no Pacto. Segundo esse órgão da ONU, se o pacto houvesse de ser interpretado de maneira tal que não estabelecesse uma obrigação mínima, careceria de sua razão de ser. Em percuciente análise do item 1 do Art. 2° do Pacto, o Comitê

---

[46] Em 1966, foram promulgados dois grandes pactos internacionais no intuito de desenvolver o conteúdo da Declaração Universal dos Direitos Humanos de 1948: o Pacto dos Direitos Civis e Políticos e o Pacto dos Direitos Econômicos, Sociais e Culturais. O importante aqui é esclarecer que o Comitê de DESC da ONU foi criado para conferir efetividade a Pacto dos Direitos Sociais, Econômicos e Culturais, como uma instância internacional especializada em promover a sua interpretação e aplicação.

[47] Artigo 2.°
1.   Cada um dos Estados Partes no presente Pacto compromete-se a agir, quer com o seu próprio esforço, quer com a assistência e cooperação internacionais, especialmente nos planos económico e técnico, **no máximo dos seus recursos disponíveis**, de modo a assegurar progressivamente o pleno exercício dos direitos reconhecidos no presente Pacto por todos os meios apropriados, incluindo em particular por meio de medidas legislativas.
2.   Os Estados Partes no presente Pacto comprometem-se a garantir que os direitos nele enunciados serão exercidos sem discriminação alguma baseada em motivos de raça, cor, sexo, língua, religião, opinião política ou qualquer outra opinião, origem nacional ou social, fortuna, nascimento, ou qualquer outra situação.
3.   Os países em vias de desenvolvimento, tendo em devida conta os direitos do homem e a respectiva economia nacional, podem determinar em que medida garantirão os direitos económicos no presente Pacto a não nacionais.

interpreta a expressão "no máximo dos recursos disponíveis" no sentido de que o Estado só pode atribuir a falta de cumprimento das obrigações mínimas à inexistência de recursos disponíveis, se demonstrar que realizou todo o esforço para utilizar os seus recursos na satisfação dessas obrigações essenciais[48].

Quanto às garantias jurídico-constitucionais, também denominadas de garantias secundárias, podem ser de natureza jurisdicional (Poder Judiciário) e semi-jurisdicional (órgãos de defesa do consumidor, comitês de direitos humanos – a exemplo do DESC aqui mencionado, dentre outros). O objetivo dessas garantias é o de dirimir as antinomias e o de suprir lacunas jurídicas decorrentes da violação das garantias primárias (político constitucionais). Neste ponto, Pisarello atenta para um fator de grande importância para a concretização dos direitos sociais quando diz que a redação vaga e indeterminada das normas que os preveem não é motivo para denegá-los. Pondera que os direitos civis também padecem dessa dificuldade, a exemplo do alcance do direito à vida, à liberdade, à expressão. A vagueza, segundo Pisarello, é apenas relativa, e não equivale à ininteligibilidade.

> Constitui, em suma, uma vagueza apenas relativa, que não equivale à ininteligibilidade e que é dever dos operadores jurídicos colmatar, seja mediante uma hermenêutica controlada e devidamente motivada, seja mediante o aperfeiçoamento do próprio linguajar constitucional. Para esse objetivo, pode-se recorrer à formação técnica dos órgãos jurisdicionais encarregados de lidar com a informação necessária para precisar o conteúdo contingente das obrigações em uma situação determinada em matéria de direitos sociais, ou mesmo, à criação de organismos especializados em dita tarefa. Algo similar ao que já realizam, no âmbito internacional, os Comitês de especialistas em direitos sociais das Nações Unidas, a Organização Internacional do trabalho

---

[48] Essa questão traduz-se no princípio da reserva do financeiramente possível. A expressão *reserva do possível* surgiu pela primeira vez em um julgamento proferido pelo Tribunal Constitucional Federal Alemão, em 1972, no qual se analisava a constitucionalidade de restrições absolutas às admissões nos cursos de Medicina das Universidades de Hamburgo e Munique. A instância judiciária máxima da Alemanha reconheceu que tais limitações de acesso ao ensino superior seriam constitucionais, uma vez que "os direitos sociais de participação em benefícios estatais não são desde o início restringidos àquilo existente em cada caso, *eles se encontram sob a reserva do possível, no sentido de estabelecer o que pode o indivíduo, racionalmente falando, exigir da coletividade* (grifos nossos). Ademais, o Tribunal ainda relacionou a ideia da reserva do possível ao fato de o Estado dispor de recursos limitados para concretizar alguns direitos. Conclui, enfim, "que o indivíduo deve, por isso, tolerar aqueles limites à sua liberdade de ação que o legislador prescrever para o cuidado e fomento da vida social coletiva *nos limites do geralmente exigível, contanto que permaneça protegida a individualidade da pessoa* (Grifo nosso)". (SCHWABE, 2005).

ou, mais recentemente, a União Européia. (PISARELLO, 2001)[49].

O Comitê de DESC, por exemplo, na linha de possibilitar a concretização do direito previsto no Art. 11 do Pacto dos Direitos Sociais, Econômicos e Culturais, qual seja, o direito à "moradia adequada", entendeu que a expressão em destaque corresponde à garantia de um adequado padrão de vida, não bastando assegurar ao ser humano o direito a um simples alojamento, mas sim à moradia com acessibilidade aos equipamentos urbanos essenciais (saneamento básico, luz, transporte público, serviços públicos em geral).(ONU, 1991)

Por fim, Pisarello destaca que a concretização do Estado Social Constitucional depende, primordialmente, do fortalecimento de um terceiro tipo de garantia, as garantias sociais, cujo foco é viabilizar o exercício da cidadania como sendo a guardiã dos direitos sociais. É preciso criar um espaço público onde uma pluralidade de atores, com seus direitos e deveres, possam pressionar e participar diretamente da formulação e ativação das garantias dos direitos sociais, e isso por razões de legitimação e de eficácia. Haverá maior legitimação quando os direitos sociais não sejam apenas "para" os mais fracos, mas sim "com" os mais fracos. Para tanto, o processo deliberativo deve ocorrer desde baixo, pelos próprios coletivos interessados. Com isso, afasta-se a patologia de origem do Estado Social tradicional que se refere às concessões paternalistas e que concebe os destinatários dos direitos como objetos, e não como sujeitos das políticas sociais. Quanto à maior eficácia, decorre da constatação de que o voto (democracia representativa) não basta para controlar e gerir a aplicação das leis. (PISARELLO, 2001).

Sobre esse último tipo de garantia, considerado por Pisarello como essencial para a desejada transformação do Estado Social tradicional em um Estado Social Constitucional, não se pode deixar de abordar, ainda que brevemente, os recentíssimos e generalizados protestos ocorridos no Brasil e organizados através das redes sociais da internet. Para tanto, remete-se aos lúcidos comentários de Marilena Chaui em entrevista concedida à Revista Cult na edição do mês de

---

[49] "Constituye, en suma, una vaguedad sólo relativa, que no equivale a ininteligibilidad y que es deber de los operadores jurídicos colmar, bien mediante una hermenêutica controlada y debidamente motivada, bien mediante el perfeccionamiento del próprio linguaje constitucional. A esos efectos, podría recurrirse a la formación técnica de los órganos jurisdiccionales encargados de lidiar con la información necessária para precisar el contenido contingente de las obligaciones de un estado determinado en matéria de derechos sociales o incluso a la creación de organismos especializados en dicha tarea. Un cometido similar al que por otro lado ya realizan, en el ámbito internacional, los Comités de expertos en derechos sociales de Naciones Unidas, la Organización Internacional del Trabajo o, más recientemente, la Unión Europea." (PISARELLO, 2001).

agosto de 2013. Nessa entrevista, a grande preocupação da estudiosa é o desprezo pelos manifestantes às relações institucionais que caracterizam a democracia, e ainda, a ausência de uma luta contínua com objetivos claros a serem perseguidos, o que, segundo sua visão, favorece a manipulação pela direita e pela mídia:

> [...] As manifestações, por enquanto, estão sem rumo; têm palavras de ordem as mais variadas, mas não um rumo, o que as torna frágeis e apropriáveis pela mídia e pela direita. O segundo elemento é o que eu chamo de pensamento mágico: os manifestantes usaram as redes sociais, ou seja, um instrumento do qual são apenas usuários e de que não têm conhecimento técnico aprofundado nem qualquer controle econômico. As redes estão inseridas numa gigantesca estrutura técnico-científica, econômica e com vigilância e controle geopolíticos (o caso que acaba de ser revelado da espionagem norte-americana sobre todo o planeta não pode ser minimizado), de maneira que, sob a aparência de ser uma alternativa libertária, ela também insere os usuários no mundo do controle e da vigilância. [...] Há ainda um outro aspecto das redes sociais que me pareceu muito claro nas manifestações brasileiras, ou seja, como o usuário não conhece bem o modo de funcionamento das redes, e como para ele basta apertar o botão para que coisas aconteçam, passa-se a ter com a realidade uma relação do mesmo tipo: eu quero, então acontece. Como num ato mágico. [...] Sem mediação. Essa relação mágica com a realidade está diretamente relacionada com um elemento poderosíssimo da sociedade de consumo e muito usado pelos meios de comunicação: a satisfação imediata do desejo. É uma das raízes da violência, porque anula a mediação, quando, na verdade, o desejo precisa de mediação. No âmbito das manifestações, isso se expressa pela recusa da mediação política. [...] Ora, quando se tira a mediação institucional, o que se pede é a ditadura. (SAVIAN FILHO, 2013).

Também no sentido da imprescindibilidade do respeito às instituições em um regime democrático, Francis Fukuyama, cientista político americano, autor da famosa obra "O Fim da História e o Último Homem", em entrevista concedida à Revista "Istoé", ressalta a necessidade do caráter duradouro das lutas por mudança:

> A verdadeira mudança política envolve mais do que protestar. As redes sociais são muito boas para mobilizar, para se opor a algo, como ocorreu nos protestos no Brasil e na Turquia. Mas, para isso levar a duradouras mudanças no funcionamento da sociedade, esta energia

tem de ser convertida em algo mais duradouro. E, numa democracia, você precisa de um partido político. [...] Os protestos são bons para capturar a atenção dos políticos para uma gama de assuntos e força-los a responder de alguma forma. Mas conseguir efetivar a pauta de reivindicações requer leis. E, para isso, é preciso ter maioria no Congresso, é preciso ter políticos organizados que possam desenvolver essa pauta. [...] Há muitos assuntos caros às pessoas, mas não tão caros a ponto de elas se envolverem politicamente. Há grupos muito atuantes. Por exemplo, os bancos nos EUA se interessam muito pelo tema regulamentação bancária. Eles têm muito dinheiro e podem pagar lobistas poderosos. E essas pessoas influenciam o Congresso. Provavelmente, 80% dos americanos têm raiva desses bancos por causa da crise financeira, mas não são organizados o suficiente para demandar um novo tipo de regulamentação, não concordam sobre que tipo de regulamentação é necessário, é um assunto técnico. Acho que é aí que nasce a crise de representatividade. Algumas minorias bem organizadas na sociedade usam o sistema político em benefício próprio e a grande maioria tende a ser ignorada. (MENDES, 2013).

Após as análises acima sobre as recentes manifestações ocorridas no Brasil, resta contextualizá-las com as propostas de mudança apresentadas por Pisarello a respeito do terceiro grupo de garantias, as denominadas "garantias sociais". Os protestos de rua teriam representado um primeiro passo para uma mudança institucional mais ampla? Acredita-se que sim. Apesar das críticas a eles formuladas, no sentido sobretudo de seu caráter difuso e, até por isso, destituído de um diálogo duradouro com as instituições, é preciso também analisar a questão sob a perspectiva da grave crise de representatividade existente no Brasil. Caberia questionar: como dialogar em um cenário generalizado de crise institucional (ainda que não se tenha declarado Estado de Sítio ou de Defesa)? Parece ser salutar identificar nas manifestações, mesmo que sem centralidade, difusas, uma mensagem de transformação institucional destinada a consagrar o que Pisarello denomina de "Estado Social Constitucional". Será que a pauta não poderia ser essa? A de uma alteração profunda no quadro institucional do país? Parece não ser irrazoável essa posição, sobretudo quando se considera ter sido cogitada a convocação de uma nova Constituinte, proposta alvo de grandes questionamentos e divergências entre os juristas e os diversos setores da sociedade.

Sob esse ponto de vista, sinaliza-se no sentido de ter havido um "despertar" para a necessidade de participação ativa da população voltada à implementação de mudanças em uma democracia. Todavia, ainda é possível indagar se esse "acordar" poderia ser atribuído aos "coletivos mais vulneráveis" da sociedade brasileira. A resposta aparentemente é negativa. Isso porque os recentes protestos de rua não lograram a participação dos mais fracos, tendo sido manifestações da classe média. Apesar disso, não se pode obter, como uma "solução mágica", nas palavras de Chauí, a participação dessa coletividade sem que se aumente o seu poder de interferência, o que passa por uma conscientização sobre seus direitos e deveres, cuidando-se para que esses últimos não façam parte da retórica oportunista do grupo neoliberal como já foi apontado. "Numa comunidade pobre as pessoas estão tão preocupadas com a sobrevivência, em colocar comida na mesa, que não têm muito tempo para se preocupar com a participação política." (FUKUYAMA, 2013). Não obstante, a repercussão dada pela mídia às manifestações, mesmo sob risco de configurarem uma poderosa força de manipulação de massas, contribuem para esse papel de levar a informação aos mais carentes.

O panorama, então, possivelmente é o de construir-se um caminho para a transformação, o que já ressoa como uma consequência muito positiva dos recentes movimentos de rua ocorridos no Brasil. A mudança é lenta, o que é fruto das contingências de uma época (são as possibilidades arqueológicas, como diria Foucault), sobretudo quando se considera a pluralidade de interesses que permeiam as sociedades complexas da atualidade, onde as lutas são muito mais hegemônicas do que dicotômicas, onde o equilíbrio do poder é caracterizado, paradoxalmente, pela sua constante instabilidade. O importante é observar que os movimentos em prol de uma transformação parecem ter, ao menos, começado.

Visto isso, como um desdobramento das propostas de Pisarello, é interessante aprofundar um instigante debate doutrinário a respeito das relações existentes entre democracia e direitos humanos fundamentais. É o que se passará a tratar nas próximas linhas.

2.3 A Relação da Democracia com os Direitos Humanos.

A análise deste tópico é baseada nas ideias de Michelangelo Bovero e, para os objetivos do presente estudo, terá sua maior relevância quando da abordagem do direito à moradia no contexto do direito à cidade. Desde logo, é preciso acautelar que não se desconhece a postura procedimentalista de Bovero, o que poderia entrever-se como contraditório para uma obra que se propõe a contribuir para a concretização substancial do direito fundamental à moradia. Mas é exatamente esse paradoxo que chama a atenção, pois, mesmo sendo formalista, Bovero não consegue afastar a relação existente entre direitos fundamentais e democracia, o que soa como um qualificado argumento para a garantia efetiva dos direitos essenciais em um Estado Social de Direito que se pretenda democrático.

Para tratar do tema, há a necessidade de delimitar a visão de Bovero a respeito do conceito de Democracia. Sua teoria, diversamente da de Luigi Ferrajoli, é fundamentalmente política, e não jurídica. Trata a democracia como um procedimento, e não como substância. (BOVERO, 2002).

Condizente com sua concepção procedimental de democracia, Bovero elabora o que denomina de "Gramática da Democracia" e o faz para enfatizar a natureza prescritiva, normativa, das regras que regulam o "jogo democrático". Assim como ocorre com a utilização da linguagem, sindicada pela Gramática (de modo que existem usos válidos e inválidos da língua), haveria também modos corretos e incorretos de falar e de escrever sobre a Democracia. Os esforços de Bovero voltam-se à reconstrução do conceito de democracia em busca de um "tipo ideal" sem caráter axiomático.

O método utilizado por Bovero é o de colher e analisar as palavras mais utilizadas no que denomina de "discurso da Democracia". Dentre esses vocábulos, existem os substantivos, os verbos e os adjetivos. Sua pesquisa analítica sobre os substantivos mais frequentes volta-se à redefinição da natureza e do fundamento da Democracia. A análise dos verbos serve para reconstruir o funcionamento típico e a função própria da forma de governo democrática. A pesquisa em torno dos adjetivos tem por finalidade reconsiderar a tipologia das espécies ou subespécies de democracia e auxilia a precisar suas condições e pré-condições.

Quanto aos substantivos, a natureza da Democracia é, implicitamente extraída de seu próprio nome ("governo do povo), mas, de modo explícito, frequentemente se recorre à palavra isonomia e liberdade. Quanto à isonomia, é bastante comum utilizá-la até como sinônimo de Democracia. Mesmo neste trabalho, já se destacou a contradição inerente ao termo Estado Liberal-Democrático que integra os valores consagrados pelo Estado Social, onde o termo "democrático" se aproxima mais do ideal de "igualdade", sendo, no caso, utilizado como sinônimo. A igualdade associada à Democracia, segundo Bovero, significa isonomia na forma de participação na sujeição às decisões políticas. Quanto à liberdade (ainda que seja mais comum, no denominado "discurso democrático", o uso do substantivo igualdade), diz respeito à capacidade subjetiva e a oportunidade objetiva de decisão racional em matéria política. "[...] uma liberdade como autonomia, que subsiste quando o indivíduo não sofre condicionamentos tais que determinem desde o exterior a sua vontade, tornando-a heterônoma"[50]. (BOVERO, 2002).

No que se refere aos verbos, Bovero identifica eleger, representar, deliberar e decidir, como sendo os mais utilizados no "discurso democrático". Sobre o verbo "eleger", chama-se a atenção para a qualidade dos sistemas eleitorais. Afirma Bovero que o ato de eleger deve corresponder à expressão regular de uma ativa opinião pública. (BOVERO, 2002). Há aqui uma aproximação com a ideia de Garantias Sociais de Pisarello, já analisadas e que serão retomadas ao final. Quanto ao verbo "representar", Bovero destaca que a representação será democrática se os órgãos representativos acolherem as diversas tendências políticas dos cidadãos, nas respectivas proporções. A respeito do verbo "deliberar", em uma Democracia deve haver iguais oportunidades de avaliar as teses e os diversos pontos de vista. Por fim, sobre o verbo "decidir", afirma Bovero que a decisão deve ser precedida de discussão pública e transparente. Neste sentido, afirma Bovero que a função da Democracia é a de produzir decisões coletivas com o máximo de consenso e com o mínimo de imposição, sob pena de desnaturá-la em uma autocracia. (BOVERO. 2002).

Em análise dos adjetivos mais presentes no "discurso democrático", deles é possível extrair as espécies ou variantes institucionais da Democracia. Desse modo, existe a divisão da Democracia em direta e representativa. Bovero critica a utilização de alguns dos adjetivos comumente associados à Democracia (democracia substancial em oposição à democracia formal; democracia liberal em oposição à democracia socialista). Critica ainda Ferrajoli no que diz respeito às dimensões política, civil, liberal, social da Democracia.

Bovero argumenta, em consonância com sua visão procedimental, que a Democracia é apenas formal, de modo que independe de considerações valorativas a respeito do conteúdo das decisões, sendo assim inapropriada a distinção entre democracia formal e substancial. Ele entende que a Democracia é formal por definição, sendo composta por regras procedimentais que estabelecem "o como" e "o quem" da decisão coletiva, mas não "o quê" dessa decisão.

Quanto aos adjetivos liberal, social (ou socialista), civil, Bovero entende que não integram o conceito de Democracia, sendo relacionados aos modelos de Estado (Estado Liberal, Socialista, Social etc). Para ele a

---

[50] "[...] una libertad como autonomia, que subsiste cuando el individuo no sufre condicionamentos tales que determinen desde el exterior a su vontade, volviéndola heterônoma." (BOVERO, 2002).

Democracia é política, sendo inadequado referir-se aos outros adjetivos. Neste ponto, interessa destacar uma importante distinção que facilita a compreensão do pensamento de Bovero a respeito da Democracia. O autor não a concebe como sinônimo de Estado Constitucional de Direito. Diz que esse tipo de Estado pode ou não ser democrático. Segundo ele, a Democracia "pode" ser o aspecto político do Estado Constitucional de Direito, mas não necessariamente estaria presente. Apesar disso, Bovero aceita a fórmula "democracia constitucional", mas tão-somente no sentido de que designa a forma histórica da Democracia política, instituída e limitada por uma Constituição rígida. (BOVERO, 2002).

Coerente com sua postura formal (procedimental) de Democracia, Bovero considera plausível a existência de uma lei democrática, mas ilegítima. "Uma decisão política pode reconhecer-se como decisão democrática com base em sua forma, não a seu conteúdo. Com isso, não digo que uma decisão democrática possa sempre, e de maneira legítima, assumir qualquer conteúdo"[51]. (BOVERO, 2002). E continua seu raciocínio: "Em outras palavras, e para simplificar, o respeito dos direitos fundamentais como tal, não é [...] uma condição de democraticidade das decisões políticas, mas, e simplesmente, de sua constitucionalidade.[52]" (BOVERO, 2002). A conclusão a que chega Bovero é a de que os direitos fundamentais não estão articulados internamente à noção de Democracia, sendo, na realidade, seus limites externos.

Aos estudos de Bovero, traz-se uma engenhosa questão intitulada "É possível justificar um direito humano à democracia?", colocada por Tetsu Sakurai, professor da Universidade de Kobe no Japão. A abordagem de Sakurai é mais voltada para o atual contexto internacional e busca focalizar e colocar em debate as denominadas "intervenções humanitárias" levadas a cabo para concretizar valores universais, tal como o seria a democracia. Pergunta-se: a democracia, como direito humano, justificaria a utilização da força militar interventiva? (SAKURAI, 2013).

Inicialmente, Sakurai faz uma interessante comparação entre as grandes navegações europeias do século XVI voltadas a desbravar o Novo Mundo e as atuais intervenções humanitárias, destinadas a difundir a democracia nos países que ainda não a adotam como forma de governo. As invasões em terras indígenas foram justificadas pela alegada

---

[51] "Una decisión política puede reconocerse como decisión democrática con base en su forma, no a su contenido. Con ello no he dicho que una decisión democrática pueda siempre, y de manera legítima, assumir cualquier contenido." (BOVERO, 2002).

[52] En otras palavras, y para simplificar, el respeto de los derechos fundamentales como tal, no es [...] una condición de demo-craticidad de las decisiones políticas, sino más bien, y sencillamente, de su constitucionalidad." (BOVERO, 2002).

necessidade de evangelizar povos que viveriam em estado de barbárie e a quem eram atribuídas práticas de idolatria e de sacrifício humano que infringiriam valores tidos como universais. Da mesma maneira, recentemente, líderes dos EUA e do Reino Unido justificaram "intervenções humanitárias" com fundamento na existência de um direito, para não dizer um dever, de difundir a democracia. (SAKURAI, 2013).

Contrariamente à existência de um direito humano à democracia, John Rawls sustenta que deve existir o dever de tolerância dos povos liberais para com os povos "decentes" (decent peoples, expressão cunhada por ele para fazer referência a uma sociedade hierárquica ideal onde existiriam direitos humanos mais urgentes, como o direito à liberdade contra a escravidão, à segurança, mas sem democracia). Sakurai esclarece o conceito teórico e ideal de Rawls de hierarquia decente:

> [...] um tipo de sociedade associacionista que não possui objetivos agressivos e que assegura direitos humanos de acordo com uma ideia comum de justiça. A hierarquia decente é uma sociedade associacionista no sentido de que cada membro dessa sociedade é considerado na vida pública como um membro de algum grupo, onde cada grupo é representado no sistema jurídico por um grupo superior em uma hierarquia consultiva. Muito embora nem todo cidadão em uma hierarquia decente seja considerado como livre e igual, a hierarquia consultiva decente autoriza ouvir diferentes vozes, não democraticamente mas sob a diretriz dos valores religiosos e filosóficos tidos, nessa hierarquia, como bem comum. (RAWLS, 1999, *apud* SAKURAI, 2013)[53].

O substancial para a presente abordagem é compreender que Rawls considera ser viável a proteção de direitos humanos em uma "hierarquia consultiva", em uma sociedade decente, independentemente de ser assegurada a democracia. Segundo a leitura de Sakurai, essa concepção é fruto do relativismo jurídico adotado por Rawls em prol de

---

[53] "[...] a sort of associationist society that has no aggressive aims and secures human rights in accordance with a common good idea of justice. A decent hierarchy is an associacionist society in the sense that each member of that society is regarded in public life as a member of some group, with each group being represented in the legal system by a super-ordinate group in a consultation hierarchy. Even though not every citizen in a decent hierarchy is regarded as free and equal, a decent consultation hierarchy allows opportunities for different voices to be heard, not democratically but in the light of the religious and philosophical values inherent in that hierarchy´s idea of common good [...]. (RAWLS, 1999, *apud* SAKURAI, 2013).

sua convicção a respeito da necessidade de tolerância intergovernamental. (SAKURAI, 2013).

Como contraponto a Rawls, Thomas Christiano, em recente artigo científico, apresentou uma elaborada argumentação em defesa de um direito humano à democracia que pode ser resumida a três argumentos: o primeiro é um argumento do tipo instrumental por advogar que a Democracia é um importante fator de proteção dos direitos humanos. Essa conclusão é extraída dos dados empíricos que denotam a incompatibilidade entre a Democracia e a violação de direitos humanos básicos. Neste ponto, Sakurai elogia o argumento de Christiano porque para justificar a existência do direito humano à Democracia, ele não precisou se valer simplesmente de uma visão maximalista de direitos humanos, o que o levaria a tão-somente enquadrar o direito humano à Democracia em uma das categorias da vertente maximalista. Ao revés, Christiano desenvolve toda a sua argumentação a partir da adoção de uma visão minimalista de direitos humanos, reduzindo-os a uma pequena categoria de direitos à integridade pessoal, como o direito de não ser torturado, de não ser submetido, arbitrariamente, à prisão, de não ser assassinado; O segundo argumento é extraído da significância internacional em se reconhecer um direito humano à Democracia. Segundo ele, a disseminação da Democracia figura como um bem coletivo global, pois as democracias são mais consentâneas aos acordos internacionais do que os governos não democráticos e representam uma boa estratégia para proteção dos direitos humanos, muito embora, de fato, os membros da comunidade internacional não tenham interesse em proteger direitos humanos fora de suas fronteiras. O terceiro argumento baseia-se na contribuição da Democracia para assegurar o direito à autodeterminação. (CHRISTIANO, 2011 apud SAKURAI, 2013).

Apesar de defender um direito humano à democracia, Christiano considera que a transição para o regime democrático não deve ser imposta por intervenções externas, pois são contrárias a um processo espontâneo de autodeterminação, bem como porque os interesses dos invasores nem sempre coincidem totalmente com os interesses dos supostos beneficiários. "É por essa razão que as instituições democráticas desenvolvidas internamente são bem mais promissoras." (SAKURAI, 2013)[54]. Christiano advoga a existência de outras maneiras de promover o direito humano à Democracia diversos da intervenção militar. Cita como exemplos a limitação da cooperação com as sociedades não democráticas, ao menos no que diz respeito ao provimento de bens não essenciais, o oferecimento de assistência às

---

[54] "It is for that reason that 'homegrown democratic institutions' appear much more promising."(SAKURAI, 2013).

sociedades que lutam pela transição democrática. Em alguns casos, diz que a comunidade internacional não deve adotar qualquer medida até que sejam obtidas condições para a transição (CHRISTIANO, 2011 apud SAKURAI, 2013).

Sakurai, por sua vez, defende a Democracia como um direito humano de ordem superior não para afirmar sua superioridade em relação aos demais direitos, mas para considera-la como candidata potencial a ser assumida como um valor universal: "Considerando-se que valores universais não são dados a nós, mas, na realidade, decorrem de nossa criação (Wallerstein 2006, 28), particularmente acredito que instituições minimamente democráticas para a tomada de decisões políticas é uma primeira candidata a um valor universal." (SAKURAI, 2013)[55].

Para finalizar este tópico e tendo em vista as teorias de Democracia apresentadas, defende-se aqui a existência de uma instrumentalidade recíproca entre a Democracia e os direitos humanos (fundamentais), no sentido de que ambos servem de condição para o fortalecimento e para o desenvolvimento, com solidez, do outro. Em retorno a Pisarello, parece não ser possível a autodeterminação, expressão de um regime democrático, sem a garantia de direitos sociais.[56] Por seu turno, a garantia dos direitos sociais (e de outros direitos humanos) requer a possibilidade de participação popular na tomada de decisão para que vejam seus anseios acolhidos, de modo que não se tornem apenas clientes do Estado, mas sujeitos ativos da vida política de uma sociedade. Conclui-se com uma citação de Bovero que, mesmo adotando uma concepção formal de Democracia, não consegue negar a simbiose que esse regime estabelece com os direitos humanos que, segundo ele, são precondições liberais e sociais para a Democracia:

> "São como os fatores climáticos, e por isso mesmo externos: em uma determinada estação do ano, dentro de um determinado jardim pode nascer uma rosa, mas pode também não nascer se não se semeou um rosal; mas é certo, pelo contrário, que não pode nascer em uma estação adversa, como as geladas: e se em um ambiente climático totalmente adverso encontramos uma rosa, devemos suspeitar que se trata de uma rosa 'aparente', de plástico. Muitos regimes históricos concretos que estamos acostumados a denominar 'democracias' (mas, uns mais que outros) devem considerar-se, justamente

---

[55] "Considering that global universal values are not given to us, but are, in fact, our own creation (Wallerstein 2006, 28), I personally believe that minimal democratic institutions for political decision-making is a prime candidate as a universal value."(SAKURAI, 2013).

[56] Essa ideia será corroborada mais adiante com os ensinamentos de Axel Honnet sobre a teoria do reconhecimento.

pela falta de precondições liberais e sociais, democracias de plástico.[57]" (BOVERO, 2002, p.38).

Assim, a transformação para um Estado Social Constitucional e Democrático de Direito exige a garantia de direitos sociais (dentre eles, o direito à moradia) por meio de instituições democráticas, bem como da viabilidade de participação direta dos mais vulneráveis na tomada de decisões políticas.

2.4 O Direito Humano (fundamental) à Moradia. Disciplina Internacional, Regional e Nacional.

A função utópica do Direito consiste em traduzir a personalidade real em personalidade jurídica, ou seja, o sistema de normas serve como um espelho, sempre embassado, onde o ser humano busca reconhecer-se, fazer valer suas intermináveis necessidades.

Na perspectiva de Costas Douzinas, a identidade jurídica é a somatória do conjunto de direitos. O sujeito jurídico é o ponto intermediário entre a natureza humana abstrata e eus concretos. (DOUZINAS, 2009).

Desde os tempos mais remotos, o homem manifesta a necessidade de um abrigo, inicialmente para proteger-se das intempéries e dos predadores, posteriormente, como uma dimensão inafastável de sua vida com um mínimo de dignidade. Assim, há uma inegável relação do direito fundamental à moradia com a dignidade humana.

Em interessante metáfora, a casa foi analisada a partir da relação entre tempo e espaço:

> A existência do homem se dá, em boa parte, dentro do espaço habitacional. Tempo e espaço são relacionados. Se não há mais tempo, o espaço se esvazia e se não há mais espaço o tempo passa dolorosamente [...]. A falta de uma habitação por vezes é fruto da escolha pessoal de quem deseja uma vida errante; em outros casos, em vez disso, decorre da ausência de meios para suportar os relativos custos e o tempo do sujeito torna-se precário e

---

[57] "Son como los factores climáticos, y por ello mismo externos: en una determinada estación del año, dentro de un determinado jardín puede nacer una rosa, pero es certo, por el contrario, que no puede nacer en una estación adversa, con las heladas: y si en un ambiente climático totalmente adverso encontramos una rosa, debemos sospechar que se trata de una rosa 'aparente', de plástico. Muchos regímenes históricos concretos que estamos acostumbrados a denominar 'democracias' (pero, por supuesto, unos más que otros) deben considerarse, justamente por la falta de precondiciones liberales y sociales, democracias de plástico." (BOVERO, 2002, p.38).

se transforma em algo em que se corre o risco de não apreciar o valor, porque viver é algo para o amanhã, quando se terá a possibilidade, e a vida aparece, então, em outro lugar. (CHIARELLA, Paola, 2010).[58]

Assim, segundo o excerto acima, pode-se pensar que para alguém privado de moradia, o tempo presente praticamente não será vivenciado, pois, em face da indispensabilidade do lar, o indivíduo estará constantemente a desejar seu espaço, sem que possa, até alcançá-lo, desenvolver seus projetos de vida.

Pisarello estabelece o estreito vínculo entre o direito à moradia e o direito à participação (e portanto, à democracia), o que será mais adiante aprofundado com o auxílio da teoria do reconhecimento de Axel Honnet:[59]

> A ausência de uma moradia digna afeta a saúde e o meio ambiente, tanto em termos individuais como coletivos, e menoscaba o direito ao trabalho, à educação e inclusive à participação. Não é estranho, por isso, que a garantia do direito à moradia apareça vinculada, cada vez mais, ao direito mais amplo a um entorno urbano inclusivo, sustentável e democraticamente gerido ou, se preferir, ao direito à cidade.[60] (PISARELLO, 2009).

No âmbito internacional, a moradia foi inicialmente positivada em 1948, na Declaração Universal dos Direitos Humanos da ONU, onde, pela primeira vez, após as atrocidades da segunda guerra mundial, com grande carga simbólica, a ordem internacional previu expressamente o direito à moradia como integrante dos direitos econômicos, sociais e culturais. Assim está positivado no Art. XXV da Declaração:

> Todos têm direito ao repouso e ao lazer, bem como a um padrão de vida capaz de assegurar a si e a sua família

---

[58] Lésistenza dellúomo si consuma, per buona parte, entro lo spazio abitativo. Tempo e spazio sono legati. Se non c´è più il tempo, lo spazio si svuota e se non c'è più lo spazio il tempo scorre faticosamente [...]. La mancanza di un'abitazione a volte è frutto dela scelta personale di chi desidera una vita erribonda; in altri casi, invence, dipende dall'assenza dei mezzi necessari per affrontare i relativi costi ed allora il tempo del soggeto diventa precário e si transforma in qualcosa di cui si rischia di non apprezzare il valore perqué vivere è qualcosa da fare domani, quando si ne avrà la possibilità e la vita appare, dunque, *altrove*. (CHIARELLA, 2010).

[59] Cf. a abordagem anteriormente realizada a respeito da relação entre direitos fundamentais e democracia.

[60] "La ausência de una vivenda digna afecta a la salud y al médio ambiente, tanto en términos individuales como colectivos, y menoscaba el derecho al trabajo, a la educación e incluso a la participación. No es extraño, por ello, que la garantia del derecho a la vivenda aparezca vinculada, cada vez más, a la del derecho más amplio a un entorno urbano inclusivo, sostenible y democraticamente gestionado o, so se prefere, al derecho a la ciudad." (PISARELLO, 2009).

> saúde e bem-estar, inclusive alimentação, vestuário, **habitação**, cuidados médicos, e serviços sociais indispensáveis, o direito à segurança em caso de desemprego, doença, invalidez, viuvez, velhice, ou outros casos de perda dos meios de subsistência em circunstâncias fora de seu controle. (ONU, 2000) (Grifo nosso).

Posteriormente, como expressão da Guerra Fria, que gerou a divisibilidade de pactos em 1966, quais sejam, o dos direitos civis e políticos, de um lado, e o dos direitos econômicos, sociais e culturais de outro, consagrou-se neste último, ratificado pelo Brasil e em vigor no país desde 24.04.1992, o direito à moradia, desta vez, adjetivada pelo termo "adequada". Consta no artigo 11 do Pacto dos Direitos Econômicos, Sociais e Culturais (PDESC) que:

> Os Estados signatários do presente pacto reconhecem o direito de toda pessoa a *um nível de vida adequado* para si próprio e para sua família, inclusive alimentação, vestimenta e *moradia adequada*, assim como a uma contínua melhoria de suas condições de vida. (ONU, 1996)(Grifo nosso)

A adjetivação do termo tem por função, mais uma vez, reconhecer, ao nível da norma, que não basta ao ser humano o direito a um simples alojamento, mas sim a uma moradia adequada, de modo a proporcionar um adequado padrão de vida com acessibilidade aos equipamentos urbanos essenciais (saneamento básico, luz, transporte público, serviços públicos em geral).[61]

Mencionam-se ainda, devido à grande relevância, dois importantes pactos internacionais resultantes de duas conferências das Nações Unidas sobre assentamentos humanos: a Declaração de Vancouver (Canadá) de 1976 e a Declaração de Istambul (Turquia) de 1996. Esses instrumentos internacionais deram ensejo a duas agendas, a Habitat I e a Habitat II, respectivamente, no intuito de detalhar as responsabilidades gerais e específicas dos Estados signatários, dentre eles, mais uma vez, o Estado brasileiro.

No âmbito regional, a proteção ao direito em questão não é tão ampla. Na Europa, o Convênio Europeu de Direitos Humanos, p.ex, não contempla o direito à moradia, nem, em geral, direitos sociais. Todavia, consoante estudo desenvolvido por Pisarello, o Tribunal Europeu de Direitos Humanos tem promovido a proteção do direito à moradia pelo

---

[61] Mais adiante o direito à moradia adequada será melhor abordado sob o ponto de vista das obrigações estatais e de acordo com relatório especial de representante da ONU.

critério da conexidade com outros direitos civis clássicos. (PISARELLO, 2009). Na União Europeia, há também uma carência protetiva justificada, dentre outros motivos, no fato de consistir a moradia e o urbanismo matérias de competência fundamentalmente dos Estados-membros. Todavia, a União Europeia possui competências indiretas, tais como em matéria relativa à coesão social e territorial, à renovação urbana, à melhora da eficiência energética, à proteção dos consumidores e do meio ambiente e à luta contra a discriminação. Com base nessa competência indireta, a União Europeia tem editado documentos sobre política habitacional e diretivas voltadas à tutela de direitos habitacionais. Tem-se como exemplo a Diretiva 2000/43/CE do Conselho Europeu que prevê a incidência do princípio da igualdade de tratamento entre as pessoas, o que tem contribuído para aplicar ao setor de moradia diferentes técnicas de luta contra a discriminação, direta ou indireta. Uma dessas técnicas é a inversão do ônus da prova nos casos em que se possa razoavelmente presumir a existência de discriminação. Segundo Pisarello, "Este princípio [...] adquire especial relevância na luta contra práticas como a perseguição ou *mobbing* imobiliário, isto é, o exercício de coações ou moléstias aos arrendatários ou proprietários de um imóvel com o objetivo de forçá-lo a abandoná-lo."(PISARELLO, 2009)[62]. Segundo a análise de Pisarello, a União Europeia, ao desenvolver competências ligadas à coesão ou à inclusão social, tem sido impulsionada pelo objetivo da livre circulação de serviços, capitais e mercadorias, mas não propriamente pela necessidade de garantia efetiva dos direitos habitacionais. Tal modo de proceder se reflete na interpretação restritiva que tem sido conferida à Carta de Direitos Fundamentais da União Europeia, proclamada em Nice, em 2000. A Carta, no art. 34.3, não consagra o direito à moradia digna e adequada, mas um auxílio à moradia para garantir uma existência digna às pessoas que não disponham de recursos suficientes. O alcance desse auxílio fica à mercê das formas estabelecidas pelo Direito Comunitário e pelas legislações e práticas nacionais (PISARELLO, 2009).

No sistema interamericano de proteção dos direitos humanos, segundo Odoné Serrano Junior, dois dispositivos reportam-se ao direito à moradia: o art. 11 da Convenção Americana de Direitos Humanos (Pacto de San José da Costa Rica) e o art. 34, k, da Carta da Organização dos Estados Americanos (OEA). Prevêem os dispositivos:

---

[62] "Este principio, como se dirá luego, adquiere especial relevancia en la lucha contra prácticas como el acoso o *mobbing* imobiliário, esto es, el ejercicio de coacciones o molestias a los arrendatarios o propietarios de un inmueble con el objeto de forzarlos a abandonarlo."(PISARELO, 2009).

> Art. 11. 1. Toda pessoa tem direito ao respeito de sua honra e ao reconhecimento da sua dignidade. 2. Ninguém pode ser objeto de *ingerências arbitrárias ou abusivas* em sua vida privada, em sua família, *em seu domicílio* ou em sua correspondência, nem de ofensas ilegais à sua honra ou reputação. 3. Toda pessoa tem direito à proteção da lei contra tais ingerências ou tais ofensas.
> Art. 34. Os Estados membros convêm em que a igualdade de oportunidades, a eliminação da pobreza crítica e a distribuição equitativa da riqueza e da renda, bem como a plena participação de seus povos nas decisões relativas a seu próprio desenvolvimento, são, entre outros, objetivos básicos do desenvolvimento integral. Para alcançá-los convém da mesma forma em dedicar maiores esforços à consecução das seguintes metas básicas: (...) k) *habitação adequada para todos os setores da população* (...). (SERRANO JUNIOR, 2012, p.69) (Grifo nosso).

Em âmbito nacional, o reconhecimento constitucional do direito à moradia remonta à Constituição Mexicana de 1917 que previa em seu art. 123 o dever das empresas de proporcionar a seus trabalhadores habitações cômodas e higiênicas e à Constituição de Weimar de 1919 que previa em seu art. 153 que a propriedade obriga que seu uso esteja voltado ao bem comum e, em seu art. 155, o direito à moradia. Consoante Pisarello, a partir da Constituição de Weimar de 1919, todo o ordenamento europeu consagra, implícita – como derivado do princípio do Estado Social e da dignidade da pessoa ou como contrapartida do reconhecimento da função social da propriedade - ou explicitamente, direitos habitacionais. Cita como exemplos, o art. 65 da Constituição portuguesa, o art. 22.2 da Constituição holandesa, o art. 23 da Constituição belga (pós reforma de 1994), o art. 47.2 da Constituição italiana que se relaciona com o art. 422, consagrador da função social da propriedade. A Constituição italiana apenas estipula o dever da República de favorecer o acesso dos mais pobres à moradia própria. A Constituição alemã (Lei Fundamental de Bonn de 1949) não reconhece expressamente o direito à moradia nem, em geral, direitos sociais, mas o tribunal constitucional reconhece direitos habitacionais como decorrentes do princípio do Estado Social, da igualdade material e da dignidade da pessoa. A Constituição francesa não contempla o direito à moradia, mas o Conselho Constitucional tem entendido que é um objetivo de valor constitucional fundado no preâmbulo da Constituição de 1946. (PISARELLO, 2009).

A Constituição espanhola de 1978, objeto principal dos estudos de Pisarello, prevê em seu art. 47 o direito à moradia digna e adequada, sendo um dos princípios reitores da política econômica e social. Esse autor aponta a necessidade de análise do direito à moradia em cotejo com os direitos civis clássicos. Fundamenta seu ponto de vista na Convenção de Viena de 1993 que destaca a interdependência e indivisibilidade entre todos os direitos humanos. Segundo ele, as reformas promovidas nos Estatutos Autônomos deixam clara essa relação. O Estatuto Autônomo da Catalunha, p.ex., trata o direito à moradia como um direito de âmbito civil e social. (PISARELLO, 2009).

A respeito da exigibilidade do direito à moradia, pondera Pisarello de modo bastante salutar:

> Que não seja possível – como quer a *reductio ad absurdum* – reclamar judicialmente uma moradia gratuita de maneira incondicional, não quer dizer que não existam elementos do direito que possam alegar-se ante um tribunal. As jurisdições contencioso-administrativa, civil ou penal, de fato, recorrem com frequência a medidas cautelares e a outros instrumentos processuais em casos que poderiam considerar-se relacionados ao exercício do direito à moradia. Assim sucede, por exemplo, quando da aplicação discriminatória ou da falta de informação adequada em auxílios ou programas habitacionais, da realização de despejos arbitrários ou da existência de abusos de proprietários cometidos contra arrendatários em situações de vulnerabilidade. (PISARELLO, 2009).[63]

Pisarello informa e conclui que, na Espanha, inexiste uma autêntica política social em matéria de moradia e aponta dois fatores: a falta de moradia e a ausência de limites à livre iniciativa e ao direito de propriedade privada. Esses fatores estão relacionados à especulação imobiliária e urbanística que gera a segregação e discriminação residencial.[64] Arremata que se tem consolidado um modelo imobiliário e urbanístico economicamente especulativo, ambientalmente insustentável e socialmente excludente onde ampla camada da população encontra-se em situação de vulnerabilidade. (PISARELLO, 2009).

No Brasil, muito embora o direito à moradia só tenha sido positivado no capítulo dos direitos sociais com a Emenda Constitucional

---

[63] "Que no sea posible – como quiere *la reductio ad absurdum* al uso – reclamar judicialmente una vivenda gratuita de manera incondicional, no quiere decir que no existan elementos del derecho que puedan alegarse ante un tribunal. Las jurisdicciones contencioso-administrativa, civil o penal, de hecho, recurren con frecuencia a medidas cautelares y otros instrumentos procesales en casos que podrían considerarse ligados al ejercicio del derecho a la vivienda, Así sucede, por ejemplo, cuando deben resolver la aplicación discriminatória o la falta de información adecuada en ayudas o programas habitacionales, la realización de desalojos arbitrários o la existência de abusos de propietarios cometidos contra arrendatarios en situación de vulnerabilidad." (PISARELLO, 2009).

[64] Essa questão será retomada mais adiante quando se tratar da moradia no contexto do direito à cidade.

n°26 de 2000, a sua garantia já decorria diretamente, como visto, do princípio da dignidade humana, previsto como sustentáculo da República Federativa do Brasil.

Ademais disso, o direito social em questão já constava da Declaração Universal dos Direitos Humanos de 1948. A promulgação da EC n° 26/00, resultante da Proposta de Emenda Constitucional n° 601/98, foi fruto da implementação gradual pelo Brasil da Agenda Habitat II. (SARLET, 2008).

Não obstante a tardia inserção do direito à moradia no rol dos direitos sociais no Brasil, algumas normas constitucionais originárias já o resguardavam expressamente, como é o caso do artigo 7°, inciso IV, que definiu o salário mínimo como aquele capaz de atender às necessidades vitais básicas do trabalhador e de sua família, incluindo-se a moradia. Refere-se ainda ao artigo 24, inciso IX, ao preceituar ser competência comum da União, dos Estados, do Distrito Federal e dos Municípios promover programas de construção de moradia e a melhoria das condições de habitação e de saneamento básico. Além disso, Ingo Sarlet lembra que a vinculação social da propriedade (art. 5°, XXIII e arts 170, III e 182, p.2°), bem como a previsão constitucional da usucapião especial (art. 183 e art. 191), ambas condicionadas à utilização do imóvel para moradia, já apontavam, ao menos de modo implícito, para um direito fundamental à moradia. (SARLET, 2002).

Observa-se assim a consagração de "antigo-novo" direito fundamental, a exemplificar o grande capital simbólico dos direitos humanos, como sustenta Costas Douzinas na mesma linha de Rorty para quem os direitos são estratégias simbólicas da comunidade linguística e legal com importantes efeitos políticos. (RORTY apud DOUZINAS, 2009).

2.5 Conteúdo do direito à moradia adequada segundo relatório da ONU.

No intuito de densificar o conteúdo jurídico do direito à moradia adequada, em 1992, o então relator especial da Subcomissão de Prevenção da Discriminação e Proteção das Minorias da ONU, Sr. Rajindar Sachar, apresentou seu estudo sobre o tema, o que resultou na edição da Resolução 1992/26 cujo título é "Promovendo a realização do direito à moradia adequada". Esse instrumento, elaborado pela referida Subcomissão, enfatiza a obrigação dos Estados em adotar políticas efetivas voltadas à criação de condições que assegurem a realização do direito à moradia adequada para todos, principalmente para os mais vulneráveis (os sem-moradia e os inadequadamente abrigados). (ONU, 1993).

Com relação ao conteúdo do direito à moradia adequada, o relator tomou por parâmetro as diretrizes constantes do Comentário Geral n°4 do Comitê de Direitos Econômicos, Sociais e Culturais (CDESC) da ONU, sobretudo o que consta em seu tópico 8 (ONU, 1991).

Segundo o Comitê, a moradia adequada exige a presença de sete componentes essenciais: a segurança jurídica da posse, disponibilidade de serviços, materiais e infraestrutura, custos suportáveis, habitabilidade, acessibilidade, localização e adequação cultural. Devido à importância desses componentes, transcreve-se a seguir o tópico 8 do Comentário Geral n° 4 do CDESC:

> 8.[...] o conceito de adequação é particularmente significativo em relação ao direito à moradia pois serve para destacar fatores que precisam ser levados em conta quando se avalia se formas particulares de moradia podem ser consideradas como 'moradia-adequada' para os objetivos do Convênio. Embora a adequação seja determinada, em parte, por fatores sociais, econômicos, culturais, climáticos, ecológicos, dentre outros, o Comitê acredita ser possível identificar certos aspectos do direito que precisam ser considerados em qualquer contexto. São os seguintes:
>
> (a) segurança jurídica da posse – a posse admite uma variedade de formas, incluindo acomodação por aluguel (público ou privado), cooperativa habitacional, arrendamento, ocupação pelo proprietário, moradias emergenciais e assentamentos informais, incluindo-se ocupação de terra ou de propriedade. Independente do tipo de posse, toda pessoa deve gozar de um grau de segurança da posse que garanta proteção jurídica contra despejo forçado, perseguição e outras ameaças. Os Estados-parte devem, consequentemente, adotar medidas imediatas voltadas a conferir segurança jurídica da posse àquelas pessoas e famílias que estão sem proteção, em consulta às pessoas e grupos afetados;
>
> (b) disponibilidade de serviços, materiais, facilidades e infraestrutura. Uma moradia adequada deve conter facilidades essenciais à saúde, segurança, conforto e nutrição. Todos os beneficiários do direito à moradia adequada devem ter acesso sustentável aos recursos naturais e comuns, água potável, energia para cozinhar, aquecimento e iluminação, instalações sanitárias e de água, meios de armazenamento de comida, coleta de lixo, drenagem e serviços de emergência;

(c) Custos acessíveis. Os gastos pessoais ou familiares associados com a moradia devem ser em um nível tal o atendimento e satisfação de outras necessidades básicas não fiquem ameaçadas ou comprometidas. Os Estados devem adotar medidas para assegurar que o percentual de gastos com a moradia seja compatível com os níveis de renda. Os Estados-parte devem estabelecer subsídios habitacionais para aqueles incapazes de suportar os custos de moradia, assim como formas e níveis de financiamento habitacional que reflita, adequadamente, as necessidades de moradia. De acordo com o princípio dos custos acessíveis, possuidores devem ser protegidos por meios apropriados contra níveis irrazoáveis de aluguel ou aumento da rentabilidade. Em sociedades onde os materiais naturais constituem os principais recursos de construção da moradia, medidas devem ser adotadas pelos Estados-parte para assegurar a acessibilidade a esses materiais;

(d) Habitabilidade. Moradia adequada precisa ser habitável, em termos de prover os habitantes de espaço adequado e protege-los do frio, da névoa, do calor, da chuva, do vento e de outras ameaças à saúde, riscos estruturais e fatores de doenças. A segurança física dos ocupantes deve também ser garantida. O Comitê invoca os Estados-parte a aplicar amplamente os princípios para uma moradia saudável elaborados por aqueles que enxergam a moradia como fator ambiental mais frequentemente associado com causas de doenças em análises epidemiológicas; ex. condições de moradia e de vida inadequadas e deficientes são invariavelmente associadas com altas taxas de mortalidade e morbidade;

(e) Acessibilidade. Moradia adequada deve ser acessível àqueles que a ela fazem jus. Aos grupos vulneráveis devem ser concedidos pleno e sustentável acesso aos recursos para uma moradia adequada. Assim, a esses grupos, tais como os idosos, crianças, deficientes físicos, doentes terminais, indivíduos HIV positivos, pessoas com persistentes problemas de saúde, doentes mentais, vítimas de desastres naturais, pessoas que moram em áreas de risco e outros grupos, deve ser conferida prioridade na esfera habitacional. A legislação e a política habitacional devem ter em conta as necessidades especiais de habitação desses grupos. O aumento de acesso à terra pelos sem-terra ou pelos segmentos mais carentes da sociedade deve constituir um objetivo político central. Certas obrigações governamentais precisam ser desenvolvidas em prol da concretização do direito de todos a um lugar seguro para viver em paz e com dignidade, incluindo o acesso à terra como um direito;

(f) Localização. Moradia adequada deve está em um local que permita acesso às opções de emprego, serviços de saúde, escolas, creches e outras facilidades sociais. Isso se aplica às cidades maiores e às áreas rurais onde os gastos de tempo e de recursos para chegar e sair do local de trabalho podem ser significativos no orçamento das famílias pobres. Da mesma forma, a moradia não deve ser construída em áreas poluídas, nem próximas a fontes de poluição que ameacem o direito à saúde dos habitantes;

(g) Adequação cultural. O modo de construção da moradia, os materiais utilizados e as políticas devem apropriadamente permitir a expressão da identidade cultural e da diversidade de moradias. Atividades voltadas para o desenvolvimento ou modernização no âmbito habitacional deve assegurar que as dimensões culturais da moradia não sejam sacrificadas e que, inter alia, facilidades tecnológicas, enquanto apropriadas, sejam também asseguradas. (ONU, 1991)[65]

---

[65] "8. Thus the concept of adequacy is particularly significant in relation to the right to housing since it serves to underline a number of factors which must be taken into account in determining whether particular forms of shelter can be considered to constitute "adequate housing" for the purposes of the Covenant. While adequacy is determined in part by social, economic, cultural, climatic, ecological and other factors, the Committee believes that it is nevertheless possible to identify certain aspects of the right that must be taken into account for this purpose in any particular context. They include the following:

(a) Legal security of tenure. Tenure takes a variety of forms, including rental (public and private) accommodation, cooperative housing, lease, owner-occupation, emergency housing and informal settlements, including occupation of land or property. Notwithstanding the type of tenure, all persons should possess a degree of security of tenure which guarantees legal protection against forced eviction, harassment and other threats. States parties should consequently take immediate measures aimed at conferring legal security of tenure upon those persons and households currently lacking such protection, in genuine consultation with affected persons and groups;

(b) Availability of services, materials, facilities and infrastructure. An adequate house must contain certain facilities essential for health, security, comfort and nutrition. All beneficiaries of the right to adequate housing should have sustainable access to natural and common resources, safe drinking water, energy for cooking, heating and lighting, sanitation and washing facilities, means of food storage, refuse disposal, site drainage and emergency services;

(c) Affordability. Personal or household financial costs associated with housing should be at such a level that the attainment and satisfaction of other basic needs are not threatened or compromised. Steps should be taken by States parties to ensure that the percentage of housing-related costs is, in general, commensurate with income levels. States parties should establish housing subsidies for those unable to obtain affordable housing, as well as forms and levels of housing finance which adequately reflect housing needs. In accordance with the principle of affordability, tenants should be protected by appropriate means against unreasonable rent levels or rent increases. In societies where natural materials constitute the chief sources of building materials for housing, steps should be taken by States parties to ensure the availability of such materials;

(d) Habitability. Adequate housing must be habitable, in terms of providing the inhabitants with adequate space and protecting them from cold, damp, heat, rain, wind or other threats to health, structural hazards, and disease vectors. The physical safety of occupants must be guaranteed as well. The Committee encourages States parties to comprehensively apply the Health Principles of Housing [5] prepared by WHO which view housing as the environmental factor most frequently associated with conditions for disease in epidemiological analyses; i.e. inadequate and deficient housing and living conditions are invariably associated with higher mortality and morbidity rates;

(e) Accessibility. Adequate housing must be accessible to those entitled to it. Disadvantaged groups must be accorded full and sustainable access to adequate housing resources. Thus, such disadvantaged groups as the elderly, children, the physically disabled, the terminally ill, HIV-positive individuals, persons with persistent medical problems, the mentally ill, victims of natural

---

A respeito das obrigações estatais em atender ao direito à moradia adequada, o relator analisou a matéria a partir de dois níveis: obrigações gerais previstas no art. 2.1 do PIDESC[66] e obrigações específicas de reconhecer, respeitar, proteger, promover e executar esse direito fundamental. Quantos às obrigações gerais, o relator destacou três frases principais constantes no PIDESC: o compromisso de adotar medidas por meios adequados; com utilização do máximo de recursos possíveis e alcance progressivo.

Como uma primeira medida adequada a ser adotada pelos Estados – parte, Sachar destacou a ampla revisão legislativa no intuito de tornar a legislação nacional compatível com as obrigações legais internacionais.[67] Ainda alertou Sachar que não bastam medidas legislativas, fazendo-se imprescindível a adoção de medidas administrativas, judiciais[68], econômicas, sociais e educativas. O relator também considerou como medida adequada o monitoramento das

disasters, people living in disaster-prone areas and other groups should be ensured some degree of priority consideration in the housing sphere. Both housing law and policy should take fully into account the special housing needs of these groups. Within many States parties increasing access to land by landless or impoverished segments of the society should constitute a central policy goal. Discernible governmental obligations need to be developed aiming to substantiate the right of all to a secure place to live in peace and dignity, including access to land as an entitlement; (f) Location. Adequate housing must be in a location which allows access to employment options, health-care services, schools, child-care centres and other social facilities. This is true both in large cities and in rural areas where the temporal and financial costs of getting to and from the place of work can place excessive demands upon the budgets of poor households. Similarly, housing should not be built on polluted sites nor in immediate proximity to pollution sources that threaten the right to health of the inhabitants; (g) Cultural adequacy. The way housing is constructed, the building materials used and the policies supporting these must appropriately enable the expression of cultural identity and diversity of housing. Activities geared towards development or modernization in the housing sphere should ensure that the cultural dimensions of housing are not sacrificed, and that, inter alia, modern technological facilities, as appropriate are also ensured."

[66] "ARTIGO 2º
1. Cada Estados Partes do presente Pacto comprometem-se a adotar medidas, tanto por esforço próprio como pela assistência e cooperação internacionais, principalmente nos planos econômico e técnico, até o máximo de seus recursos disponíveis, que visem assegurar, progressivamente, por todos os meios apropriados, o pleno exercício dos direitos reconhecidos no presente Pacto, incluindo, em particular, a adoção de medidas legislativas.
2. Os Estados Partes do presente pacto comprometem-se a garantir que os direitos nele enunciados se exercerão sem discriminação alguma por motivo de raça, cor, sexo, língua, religião, opinião política ou de outra natureza, origem nacional ou social, situação econômica, nascimento ou qualquer outra situação.
3. Os países em desenvolvimento, levando devidamente em consideração os direitos humanos e a situação econômica nacional, poderão determinar em que medida garantirão os direitos econômicos reconhecidos no presente Pacto àqueles que não sejam seus nacionais." (BRASIL, 1992)
[67] No Brasil, por exemplo, será necessário alterar alguns dispositivos legais que se referem à matéria possessória e a despejos forçados. A disciplina processual das ações possessórias parece merecer uma acurada reforma para adequar-se à legislação internacional, consoante será aprofundado no próximo capítulo.
[68] No Brasil, observa-se a necessidade de evolução jurisprudencial, consoante mais à frente será trabalhado.

condutas adotadas. Apontou ainda para a necessidade de uma estratégia nacional para a moradia onde sejam definidos objetivos para melhoria das condições habitacionais, sejam identificados recursos que deverão ter uso racional, fixados prazos de implementação das medidas e previstas as responsabilidades. Levou em consideração a necessidade de participação dos diversos setores sociais envolvidos, incluindo os sem-moradia e os em moradia inadequada. Por fim, destacou como medida adequada a coordenação nacional, regional e local entre as autoridades envolvidas para conciliar as políticas adotadas com o art. 11 do PIDESC. (ONU, 1993).

Em consonância com essa última medida, Odoné Serrano Júnior sugere a criação no Brasil de um Sistema Único de Habitação, à semelhança do que ocorre com a saúde onde há o Sistema Único de Saúde:

> [...] tomando como exemplo o Sistema Único de Saúde, previsto no art. 198 da Constituição Federal e regulamentado principalmente pelas Leis 8.080/90 e 8.142/90, apesar de todas as suas vicissitudes, é produtivo pensar na criação de um sistema de gestão integrada e pleno das políticas habitacionais, reunindo e aprimorando os arcabouços normativos do Sistema Financeiro de Habitação de Interesse Social e Sistema Financeiro de Habitação e demais programas avulsos, constituindo o Sistema Único de Habitação (o nome pouco importa), com imprescindível vinculação de receitas nos três níveis da federação para serem aplicadas nas necessárias ações de integração urbana e regularização fundiária dos assentamentos precários, melhoria de habitações precárias e provisão de habitações de interesse social, de modo realmente a incluir e assegurar o direito à moradia digna também às faixas mais pobres da população brasileira. (SERRANO JÚNIOR, 2012, p.159-160).

Sobre a obrigação geral de aplicação do máximo de recursos possíveis, Sachar afirma que, mesmo quando não haja recursos disponíveis, os governos devem empenhar-se e assegurar o mais amplo possível desfrute dos relevantes direitos, de modo a atender às necessidades mais urgentes. O Comitê de Direitos Econômicos Sociais e Culturais (responsável por monitorar o cumprimento do PIDESC) entende que, ainda nos casos de crise econômica, os membros mais vulneráveis da sociedade podem e devem ser protegidos mediante a adoção de programas de baixo custo.[69] Assim, não basta ao Estado invocar, genericamente, como escusa para o não atendimento do direito à moradia adequada a ausência de recursos, já que, segundo o Comitê de DESC, é necessário demonstrar que se está valendo de todos os recursos disponíveis.

Com relação ao alcance progressivo, o relator enfatizou que essa obrigação deve ser lida em consonância com o art. 11.1 do PIDESC no sentido de que os Estados devem garantir, progressivamente, um adequado padrão de vida, a melhoria contínua das condições de vida. Destacou, como densificação da progressividade, a proibição do retrocesso.[70]

Com relação às medidas específicas, os Estados-parte deverão: reconhecer o direito à moradia adequada como fundamental e adotar políticas apropriadas. Como fruto do reconhecimento, a legislação ou política contrária aos direitos habitacionais deve ser revogada ou reformada. Uma outra obrigação específica de extrema relevância é expressa pelo verbo "respeitar". O relator entendeu que o Estado deve evitar ingerências indevidas na esfera particular. Segundo Sachar, em muitos casos, a única medida requerida é a abstenção do Estado. Assim, por exemplo, o Estado deve abster-se de levar adiante ou advogar despejos forçados ou arbitrários ou ações que resultem no desabrigo de pessoas e de comunidades[71]. Estados devem ainda proteger o direito à moradia adequada, de modo a proibir violações (motivadas, p.ex., por interesses econômicos, a exemplo do aumento excessivo dos custos habitacionais), a garantir meios legais de defesa da moradia e de reparo às vítimas (judiciais e extrajudiciais).[72] Um importante ponto dessa obrigação é, segundo ressaltado por Sachar, o dever de proteção contra despejos forçados. Com relação a essa temática, Sachar mencionou a resolução 1993/77 sobre despejos forçados da Comissão de Direitos Humanos segundo a qual, "[...] 'a prática de despejo forçado constitui uma brutal violação aos direitos humanos, em particular, ao direito à moradia adequada. [...] insta os governos a conferirem segurança

---

[69] Sobre esse tema, remete-se o leitor a outra parte deste capítulo onde foi abordado o princípio da reserva do possível, no item 2.2, nota de rodapé nº50.

[70] Nesse contexto, os despejos forçados podem constituir um retrocesso social, sendo, assim, contrários ao PIDESC.

[71] Como se viu mais acima, o despejo pode consubstanciar uma violação ao Princípio da Progressividade previsto no PIDESC. Veja-se ainda a amplitude da interpretação conferida pela ONU ao condenar **qualquer ação** que resulte no desabrigo de pessoas.

[72] Quanto aos instrumentos extrajudiciais de defesa, destaca-se o importante potencial da Defensoria Pública (em âmbito estadual e federal), posto ser função essencial do defensor público priorizar a resolução administrativa de conflitos, segundo se depreende do art. 4º, II da LC nº 80/94. Para uma ampla abordagem a respeito da atuação extrajudicial da Defensoria Pública recomenda-se a leitura da dissertação de mestrado de Ricardo Russell disponível no acervo da biblioteca da Universidade Católica de Pernambuco.

jurídica à posse a todas as pessoas que estejam ameaçadas de despejo forçado." (ONU, 1993). Outra obrigação específica dos Estados-parte é a de promover o direito à moradia adequada, o que inclui a adoção de medidas adequadas. Por fim, Sachar aponta a obrigação específica de executar obrigações positivas como medidas de redistribuição de renda, regulação da economia, oferta de serviços públicos, disponibilização de subsídios em caso de desemprego, dentre outras. (ONU, 1993).

Além das obrigações estatais, Sachar destacou as responsabilidades da comunidade internacional, a exemplo da cooperação internacional na realização dos direitos sociais, econômicos e culturais, a disponibilização de ajuda financeira em casos de desastres que destroem casas, conflitos civis, seca, fome. Ao final, registra a relevante obrigação da comunidade internacional em dar resposta às violações do direito. (ONU, 1993).

2.6 O direito à moradia adequada: diagnóstico segundo relatório especial da ONU para o Brasil.

Em 2005, como resultado da visita ao Brasil do então relator da ONU para moradia adequada, Sr. Miloon Kothari, foi produzido por ele um relatório onde apresenta um panorama geral sobre a situação da moradia no país. Esse documento foi dividido em onze tópicos que serão resumidos a seguir. (KOTHARI, 2005).

Inicialmente, Kothari realiza uma análise do contexto histórico e sócio-econômico brasileiro. Neste ponto, destaca os grandes contrastes existentes no país como fator relacionado à deficiente realização do direito à moradia adequada. Relatou o processo de intensa migração da zona rural para os centros urbanos ocorrido entre 1960 e 1996 e o despreparo das cidades para suportá-la. Como decorrência desse processo, vários problemas urbanísticos surgiram, dentre eles, o crescimento de assentamentos informais.

Posteriormente, o relator defendeu que para lidar com o legado histórico de décadas de discriminação racial e de negligência quanto aos pobres, deve ser adotada uma visão holística no sentido de promover a integração entre os projetos existentes, evitando-se uma postura fragmentária e a adoção de soluções temporárias. Ele criticou a falta de coordenação entre os atuais programas habitacionais. Como exemplo positivo dessa abordagem holística, o relator fez menção ao programa "Viva o Morro" em Recife-PE, voltado a estabilizar a situação de pessoas que vivem em áreas de alto risco e assegurar-lhes serviços essenciais, sendo tudo realizado mediante consulta às comunidades envolvidas. Quanto às soluções temporárias que se tornam permanentes, o relator criticou a situação da construção de casas improvisadas na favela de Heliópolis em São Paulo e do Vale da Esperança em Formosa onde, após seis anos do Programa de Reassentamento Rural, a população ainda precisa de transporte adequado, água e cuidados de saúde.

Kothari elogiou o Estatuto das Cidades e o papel conferido ao Conselho Nacional das Cidades pela Medida Provisória n° 2.220/01 e Decreto 5.031/2004 por ser um instrumento de integração entre os níveis federal, estadual e municipal. Também enalteceu a aprovação na Câmara dos Deputados do projeto que criou o Sistema Nacional de Habitação de Interesse Social.[73]

Em outro tópico, o relator destacou a extrema pobreza e o significante nível de desigualdade sócio-econômica com impacto na moradia. Registrou um grande déficit de moradia adequada. Compartilhou a preocupação do Comitê de DESC expressa em 2003 com a falha em prover acesso e provisão adequada ao crédito habitacional e subsídios a famílias de baixa renda, especialmente para os grupos marginalizados.

Apontou ainda a privatização de serviços básicos (saúde, educação, eletricidade, água, saneamento etc.), sem controle estatal, como causadora de um aumento dos gastos dos usuários desses serviços.

Quanto à reforma agrária, Kothari verificou uma desigualdade na distribuição de terras como herança do período colonial. Afirmou que o Estatuto da Terra de 1964 e a Constituição Federal ainda não foram devidamente implementados. Com relação às áreas urbanas, registrou o grande número de ocupações informais de áreas ociosas, objeto de especulação imobiliária e de outras finalidades. Visitou a Vila Imperial, em Recife-PE, onde 154 famílias ocupavam área privada e viviam em condições desumanas. Concluiu que, na ausência de medidas efetivas, as ocupações tendem a continuar.

Sobre a moradia urbana, o relator registrou que a sua falta faz com que muitos se alojem em barracos, cortiços, casas de um só cômodo, de 8m² em geral. O número de sem-teto, segundo ele, está aumentando. Ao tempo de sua visita, calculou que por volta de dez mil pessoas dormiam nas ruas de São Paulo e duas mil e quinhentas não dispõem de moradia no Rio de Janeiro. Criticou a operação "cata-tralha" no Rio de Janeiro utilizada para implementar o projeto "zona sul legal" onde os mendigos eram retirados e colocados em abrigos públicos sem a necessária infraestrutura.

---

[73] Esse projeto resultou na Lei n° 11.124/05.

Um outro tópico de extrema relevância abordado no relatório diz respeito à fragilidade do sistema judicial brasileiro para lidar com questões relacionadas ao direito à moradia. Neste sentido, Kothari apontou a inexistência de Cortes especializadas em resolver o aumento dos conflitos relativos à terra (urbana e rural), à propriedade e à moradia. Segundo relatos por ele colhidos, a estrutura do Poder Judiciário brasileiro não é adequada para tratar de problemas relacionados à moradia adequada: "Problemas complexos envolvendo posse e moradia para grupos socialmente vulneráveis são, geralmente, resolvidos de modo insatisfatório, particularmente quando o direito das pessoas conflita com projetos de desenvolvimento de larga escala, tais como a construção de hidroelétricas, a expansão de aeroportos ou a revitalização de centros históricos "[74] (KOTHARI, 2005).

Ainda sobre o Sistema de Justiça no Brasil (que não se resume ao Poder Judiciário, sendo uma concepção bem mais ampla), para combater a falta de acesso, o relator da ONU destacou a grande importância da Defensoria Pública e do Ministério Público. Sugeriu também o desenvolvimento de soluções alternativas de conflitos. (KOTHARI, 2005).

Em outro ponto de sua análise, o relator identificou a necessidade de intensificar a participação popular no planejamento e desenvolvimento de projetos habitacionais.

A respeito dos despejos forçados, Kothari relatou que:

> Com relação aos despejos em geral – incluindo os que afetam os sem-terra e as comunidades quilombolas que moram em terras ancestrais, e despejos motivados pelo desenvolvimento do turismo – há necessidade de medidas governamentais e legislação nacional para assegurar proteção contra despejos forçados e para assegurar que o despejo seja levado a cabo em estrita conformidade com as obrigações internacionais existentes. (KOTHARI, 2005).[75]

Ainda sobre os despejos forçados, o relator mencionou o Comentário Geral n° 4 (já analisado) e n° 7 do Comitê de Direitos

---

[74] "Complex matters involving rights of possession and house for socially vulnerable groups are also often settled unsatisfactorily or not at all, particularly where people's rights conflict with large-scale development projects, such as the construction of hydroelectric power stations, the extension of airports or the revitalization of run-down historic centres." (KOTHARI, 2005).

[75] "With respect to forced evictions more generally – including those affecting landless peasants and Quilombo communities living on ancestral lands, and evictions motivated by development for tourist resorts – there is na urgente need for the Government to adopt measures and national legislation to ensure protection against forced evictions and to ensure that any evictions are carried out in strict conformity with existing international obligations." (KOTHARI, 2005).

Econômicos, Sociais e Culturais da ONU (ONU, 1997). Esse último preceitua, dentre outros aspectos, que:

> 16. Despejos não devem resultar em desabrigo de indivíduos ou torná-los vulneráveis à violação de outros direitos humanos. Quando os afetados forem incapazes de se sustentarem, o Estado-parte deve adotar todas as medidas adequadas, com o máximo dos recursos disponíveis, para assegurar uma alternativa de moradia adequada, reassentamento ou acesso à terra produtiva, conforme o caso.
> 17. O Comitê está ciente de que vários projetos de desenvolvimento financiados por agências internacionais no território dos Estados-parte tem resultado em despejos forçados. A esse respeito, o Comitê recorda seu Comentário Geral n°2 (1990) que estabelece, *inter alia*, que 'agências internacionais devem, escrupulosamente, evitar envolver-se em projetos que, por exemplo [...] promovam ou fortaleçam discriminação contra indivíduos ou grupos em contradição às previsões do Convênio, ou envolvam despejos de larga escala ou desalojamento de pessoas sem a provisão de toda a proteção e compensação adequadas. Todo esforço deve ser feito, a cada fase de um projeto de desenvolvimento, para assegurar que os direitos contidos no Convênio sejam devidamente levados em consideração'. (ONU, 1997)

A respeito das obrigações requeridas dos Estados-parte do PIDESC, preceitua o Comentário Geral n° 7 do Comitê de DESC:

> 9. O artigo 2.1 do Convênio requer que os Estados-parte utilizem 'todos os meios adequados', incluindo a adoção de medidas legislativas, para proteger todos os direitos contidos no Convênio. Embora o Comitê tenha indicado em seu Comentário Geral n°3 (1990) que essas medidas podem não ser indispensáveis em relação a todos os direitos, está claro que a legislação contra despejos forçados é uma base essencial para construir um sistema de proteção efetiva. Essa legislação deve incluir medidas que (a) provejam a mais ampla segurança da posse dos ocupantes de casas e de terras, (b) sejam conforme ao Convênio e (c) estejam projetadas para controlar estritamente as circunstâncias sob as quais despejos podem ser realizados. A legislação deve também ser aplicada a todos os agentes sob a autoridade do Estado ou que a ele devem prestar contas. Além disso, tendo em vista a tendência de alguns Estados em reduzir suas responsabilidades no setor habitacional, os Estados-parte devem assegurar que a legislação e outras medidas são adequadas para prevenir e, se apropriado, punir despejos

forçados realizados, sem as garantias adequadas por pessoas privadas. Os Estados-parte devem assim rever legislação e políticas para assegurar que elas estão compatíveis com as obrigações surgidas do direito à moradia adequada e revogar ou reformar qualquer legislação ou políticas que forem inconsistentes com as exigências do Convênio.[76] (ONU, 1997)

Por fim, o relator, após abordar a situação de vulnerabilidade dos indígenas e dos quilombolas, realizou algumas recomendações ao Brasil para assegurar o direito à moradia adequada, dentre elas: a adoção de uma política nacional de habitação que reflita os direitos humanos internacionais e os Comentários Gerais; a necessidade de simplificar a emissão de títulos de propriedade; que as políticas e programas habitacionais priorizem os mais pobres e vulneráveis da população; que se tenha cautela com a privatização de serviços relacionados à moradia adequada; a expansão de programas de subsídio para habitação de interesse social; a elaboração de uma política nacional de regularização fundiária.

2.7 O direito à moradia no contexto do direito à cidade.

O morar estabelece uma íntima relação com a apropriação de um espaço. Essa última, por sua vez, corresponde ao conteúdo do direito à cidade, ou seja, o direito à apropriação da dimensão humana, social, econômica e cultural do espaço urbano. Nesse contexto, a moradia insere-se em uma trama de técnicas possibilitadas pela vida social na cidade. (OLIVEIRA, 2009).

O vínculo existente entre o direito à moradia e o direito à cidade pode ser extraído da expressão moradia adequada já bastante estudada.

---

[76] 9. Article 2.1 of the Covenant requires States parties to use "all appropriate means", including the adoption of legislative measures, to promote all the rights protected under the Covenant. Although the Committee has indicated in its General Comment No. 3 (1990) that such measures may not be indispensable in relation to all rights, it is clear that legislation against forced evictions is an essential basis upon which to build a system of effective protection. Such legislation should include measures which (a) provide the greatest possible security of tenure to occupiers of houses and land, (b) conform to the Covenant and (c) are designed to control strictly the circumstances under which evictions may be carried out. The legislation must also apply to all agents acting under the authority of the State or who are accountable to it. Moreover, in view of the increasing trend in some States towards the Government greatly reducing its responsibilities in the housing sector, States parties must ensure that legislative and other measures are adequate to prevent and, if appropriate, punish forced evictions carried out, without appropriate safeguards, by private persons or bodies. States parties should therefore review relevant legislation and policies to ensure that they are compatible with the obligations arising from the right to adequate housing and repeal or amend any legislation or policies that are inconsistent with the requirements of the Covenant. (ONU, 1997)

Neste sentido, rememore-se o Comentário Geral nº4 do Comitê de Direitos Econômicos, Sociais e Culturais (CDESC) da ONU, sobretudo o que consta em seu tópico 8, onde o conteúdo do direito bem reflete as exigências do acesso ao urbano[77]. Assim, o direito à moradia adequada, de acordo com a normativa internacional, pressupõe a existência de condições que proporcionem a concretização da ideia original de habitat que não se confunde com o simples habitar. O habitat abrange uma integração com o ambiente, onde trocas possam ser realizadas. Essas trocas, ressalve-se, não se reduzem ao seu aspecto mercadológico. Muito mais que isso! As trocas aqui reportam-se ao diálogo, às técnicas, aos conhecimentos e, sobretudo, às relações de re-conhecimento cujo suporte teórico será oferecido um pouco mais adiante.

A relação do direito à moradia com o direito à cidade decorre ainda diretamente da Constituição Federal de 1988, onde foi disciplinado um capítulo sobre a política urbana. Restou expressamente prevista no texto a necessidade de garantir-se a função social da cidade e da propriedade. Ainda, a Constituição prevê como decorrência da posse consolidada de uma área a possibilidade de usucapião, ou seja, de aquisição da propriedade especialmente para fim de moradia. Há ainda a base normativa superior para a disciplina do direito real de uso especial para fim de moradia, detalhado no próximo tópico.

Na cidade, prevalece o valor de uso no lugar do valor de troca. Ademais disso e por isso, a cidade é o lugar da obra, da criação, e não apenas do produto. A obra é caracterizada pelo valor de uso enquanto que o produto se insere na semântica do valor de troca. (LEFEBVRE, 2008). "A vida urbana pressupõe encontros, confrontos das diferenças, conhecimentos e reconhecimentos recíprocos (inclusive no confronto ideológico e político) dos modos de viver, dos 'padrões' que coexistem na cidade. ". (LEFEBVRE, 2008).

O processo de industrialização inverte a ordem de valores acima e consome o urbano, instrumentalizando-o em prol de um crescimento economicista sustentado pelo ideal racionalista. Tem-se um crescimento sem desenvolvimento. Quantidade sem qualidade. Sobre essa implosão da cidade pela lógica capitalista, descreveu Lefebvre:

> [...] Lá onde preexistir uma rede de cidades antigas, a indústria a toma de assalto. Apodera-se da rede, remaneja-a segundo suas necessidades. Ela ataca também a cidade (cada cidade), assalta-a, toma-a, assola-a. Tende a romper os antigos núcleos, apoderando-se destes. O que não impede a extensão do fenômeno urbano, cidades e aglomerações, cidades operárias, subúrbios (com a

---

[77] Cf. tópico 2.5 mais acima.

anexação de favelas lá onde a industrialização não consegue ocupar e fixar a mão-de-obra disponível. (LEFEBVRE, 2008, p. 16).

Assim, entremostra-se o paradoxo traduzido em um par de vocábulos opostos do seguinte modo: "implosão-explosão" da cidade. (LEFEBVRE, 2008). Na realidade, o processo de industrialização apenas implode a cidade, pois o que explode é a desordem urbana, e não a cidade no que tem de específico.

A cidade, em sua especialidade, medeia duas ordens. Está no meio termo entre uma ordem próxima e uma ordem distante. A ordem próxima refere-se ao imediato, ao que está aí, às relações entre indivíduos e grupos. Já a ordem distante é onde se encontram as grandes e poderosas instituições, ideologias, conjuntos significantes. (LEFEBVRE, 2008). Essa ordem distante projeta-se na realidade prático-sensível e pode ser também por ela influenciada, em um mecanismo de mutualismo. Todavia, não é isso que ocorre na práxis. De fato, a ordem distante, em vez de um diálogo, prefere impor-se à ordem próxima que, desse modo, torna-se um código fraco, colonizado, sem muita resistência.

No estudo da especificidade do urbano, é preciso distinguir três níveis: os processos globais (ordem distante), a cidade como especificidade e as relações de imediaticidade ligadas a uma maneira de viver, de habitar, de modular o cotidiano (ordem próxima). O mais interessante em questão de efetividade do direito à moradia adequada é observar, em cada um desses níveis, as isotopias e as heterotopias. E ainda mais instigante e promissor para o estudo é analisar as hereterotopias dentro das isotopias. É disso que se passará a tratar a partir de agora.

Como o nome está a indicar, a isotopia corresponde a um mesmo espaço. Assim, é possível uma isotopia política, religiosoa, cultural, comercial etc. Pois bem. O que não estiver inserido em um desses espaços iguais, é denominado de heterotopia.[78] Visto isso e adentrando no que mais interessa a este livro, constata-se na morfologia do quadro urbanístico atual muito mais heterotopias do que isotopias no que se refere ao espaço habitacional. Isso decorre da imposição daquela ordem distante sobre o prático-sensível. A ordem distante prescreve e se inscreve na ordem próxima. (LEFEBVRE, 2008).

---

[78] Sabe-se que, na Ciência Jurídica, houve um deslocamento metafórico desses termos para significar se a norma referida é isotópica ou heterotópica. Assim, toma-se por parâmetro o "espaço", p.ex., de um determinado código (Código Civil, Código de Processo Civil etc.). As normas que não estão inseridas na disciplina própria àquele código são denominadas de heterotópicas.

A soberania do mercado imobiliário, com seu altíssimo nível de especulação, que conta não só com a complacência, mas com um grande incentivo estatal, culmina por realizar, no espaço urbano habitacional, um "processo de gentrificação" (de enobrecimento) acompanhado por um "processo de favelização". (OLIVEIRA, 2009). Na realidade brasileira, p.ex., tem-se, de um lado, as habitações popularmente conhecidas como "arranha-céus", destinadas à "nobreza", e, de outro, a desordem total, expressa pelos aglomerados informais, tecnicamente denominados de subnormais, destinados aos excluídos, aos vulneráveis, aos mais pobres da sociedade, ou seja, à maioria da população no Brasil.

O mais curioso é notar que, quase sempre, esses grupos, expulsos do urbano, são tidos como responsáveis por sua própria miséria. São frequentemente culpados de sua situação, muitas vezes sob o rótulo de "invasores", de "possuidores de má-fé".[79] Mas, caberia indagar: a miséria não estaria inscrita nos atos dos que ocupam a ordem distante, "os de lá", a quem, "os de cá" (povo do morro, das encostas, das beiras de estradas e ferrovias, dos viadutos), em termos religiosos, precisariam exercitar uma grande misericórdia para não perderem seu resquício de esperança? Mas, a misericórdia, tão-somente, pode curar as fissuras do espírito, mas não consegue mudar, materialmente, a realidade urbana. Para tanto, é preciso lutar! E lutar muito, com todas as forças! Deflagram-se, assim, lutas por reconhecimento que ora se passará a estudar.

A partir dos estudos de Hegel, Axel Honneth elabora sua teoria social do reconhecimento, de caráter normativo. Sustenta que os conflitos sociais são motivados por uma gramática moral do reconhecimento.

Segundo essa teoria, o desenvolvimento bem-sucedido da individualidade humana perpassa uma sequência de formas de reconhecimento, cuja ausência configura uma experiência de desrespeito que, por sua vez, pode ensejar uma luta por reconhecimento. As etapas de reconhecimento são: o amor, o reconhecimento jurídico e o reconhecimento solidário baseado na estima social.

As relações amorosas consubstanciam a primeira etapa de reconhecimento recíproco que ocorre, inicialmente, entre mãe e filho. Os sujeitos se reconhecem como seres carentes, mas, ao mesmo tempo, com suporte na confiança no outro, eles conseguem a autonomia. O padrão elementar de todas as formas maduras de amor está fundado na possibilidade de ser-si-mesmo em um outro. O sucesso dessa relação de reconhecimento depende da manutenção de um equilíbrio precário entre

---

[79] O que será melhor abordado no último capítulo quando se promoverá a dimensão empírica do livro.

a ligação e a autonomia (simbiose e autoafirmação). Assim, o reconhecimento no amor designa o duplo processo de uma ligação emotiva e de uma liberação simultâneas da outra pessoa. (HONNETH, 2003).

O reconhecimento jurídico se dá sob a perspectiva normativa de um outro generalizado. Na sociedade (e pode-se aqui dizer, na cidade), há uma expectativa de comportamento normativo que permite aos indivíduos se conceberem como pessoa de direito. A relação jurídica funda-se em um reconhecimento recíproco porque: "[...] apenas da perspectiva normativa de um 'outro generalizado', que já nos ensina a reconhecer os outros membros da coletividade como portadores de direitos, no sentido de que podemos estar seguros do cumprimento social de algumas de nossas pretensões. " (HONNETH, 2003, p.179).

Com a passagem para a Modernidade, o sistema jurídico passa a ser concebido como expressão de interesses universalizáveis de todos os membros da sociedade. "[...] Obedecendo à mesma lei, os sujeitos de direito se reconhecem reciprocamente como pessoas capazes de decidir com autonomia individual sobre normas morais.". (HONNETH, 2003, p.182). Só que aqui surge o problema da abstração da lei, para o propósito da teoria social de Honneth, que busca extrair seu objeto das relações concretas entre sujeitos historicamente situados.

Para enfrenta-lo, Honneth descreve a estrutura do reconhecimento jurídico a partir de uma dupla operação da consciência: a relação jurídica, inicialmente, pressupõe um saber moral sobre as obrigações jurídicas que temos de observar perante pessoas autônomas; em segundo lugar, propõe que, só mediante uma interpretação empírica da situação, é que se pode saber se no sujeito se faz presente a propriedade que faz aplicar aquelas obrigações. Neste sentido, diz Honneth:

> Por isso, na estrutura do reconhecimento jurídico, justamente porque está constituída de maneira universalista sob as condições modernas, está infrangivelmente inserida a tarefa de uma aplicação específica à situação. [...]. Um direito universalmente válido deve ser questionado, à luz das descrições empíricas da situação, no sentido de saber a que círculo de sujeitos ele deve se aplicar, visto que eles pertencem à classe das pessoas moralmente imputáveis. (HONNETH, 2003, p.186).

De acordo com Honneth, a zona de interpretação é um dos lugares onde se faz possível suceder uma luta por reconhecimento. (HONNETH, 2003). E, na linha desta obra, entende-se que essa luta é também discursiva e perpassa o discurso em todas as suas dimensões (texto, prática discursiva e prática social), consoante estudado no primeiro Capítulo.

Como decorrência do princípio da igualdade (resultado de uma evolução na relação jurídica, onde as questões relativas ao status social foram formalmente substituídas pela universalidade dos direitos), os direitos fundamentais expressam uma pressão ampliativa. É assim porque constantemente os sujeitos desejam ver reconhecidas novas esferas de sua individualidade. Daí as gerações de direitos. Sobre isso esclarece Honneth:

> [...] Para poder agir como uma pessoa moralmente imputável, o indivíduo não precisa somente da proteção jurídica contra interferências em sua esfera de liberdade, mas também da possibilidade juridicamente assegurada de participação no processo público de formação da vontade, da qual ele faz uso, porém, somente quando lhe compete ao mesmo tempo um certo nível de vida. (HONNETH, 2003, p.192/193).

Assim, para integrar a formação da vontade política, de maneira moralmente ativa e consciente, para além de direitos de liberdade se faz necessária a garantia de direitos sociais, dentre eles, insere-se a moradia. Esse excerto de Honneth, inclusive, ao condicionar a participação política à garantia de "um certo nível de vida", bem reflete também o Comentário Geral nº 4 do CDESC sobre o direito à moradia adequada, como visto em tópico anterior deste Capítulo, onde esse padrão mínimo de vida é exigido pela normativa internacional.[80] Além disso, relaciona-se ainda com o que já se abordou sobre o estreito vínculo existente entre a efetivação de direitos fundamentais e a democracia real (aquela que não é simplesmente "de plástico").[81] A História se encarregou, assim, de mostrar que não havia sido dada a todos a condição necessária para a igual participação em um acordo racional (o contrato social). (HONNETH, 2003).

Por fim, além do amor e do reconhecimento jurídico, existe a relação de reconhecimento baseada na estima social. Enquanto o reconhecimento jurídico refere-se à propriedade universal que faz do homem uma pessoa, a estima social diz respeito ao reconhecimento das propriedades particulares (capacidades, habilidades) que o distinguem de outra pessoa. Tem-se como pressuposto dessa relação de reconhecimento um horizonte de valores intersubjetivamente partilhado,

---

[80] Cf. tópico 2.5.
[81] Cf. tópico 2.3.

tal como um quadro simbólico onde são formulados os objetivos éticos cujo todo constitui a autocompreensão cultural de uma sociedade. (HONNETH, 2003).

A relação de reconhecimento fundada na estima, com esse horizonte de valores, orienta a visualização das finalidades sociais. Em uma Democracia, é preciso que esse referencial axiológico não esteja hermeticamente fechado à mudança, pois se espera que haja, nesse regime, uma abertura a distintas formas de autorrealização. Aqui, tal como se dá no reconhecimento jurídico, há uma luta constante por reconhecimento de novas qualidades, de novas necessidades, de modo que os critérios de estima são extraídos das interpretações que predominam historicamente sobre as finalidades sociais. Esse conflito é, portanto, hegemônico. O conteúdo daquelas interpretações valorativas é fruto de um conflito cultural de longa duração e depende "[...] de qual grupo social consegue interpretar de maneira pública as próprias realizações e formas de vida como particularmente valiosas.". (HONNETH, 2003, p.207). Nesse ponto, Honneth destaca a importância da inserção dos movimentos sociais na esfera pública como uma condicionante para fazerem prevalecer seus valores: "[...] quanto mais os movimentos sociais conseguem chamar a atenção da esfera pública para a importância negligenciada das propriedades e das capacidades representadas por eles de modo coletivo, tanto mais existe a possibilidade de elevar na sociedade o valor social ou, mais precisamente, a reputação de seus membros.". (HONNETH, 2003, p.207-208). Em uma perspectiva de evolução da sociedade quanto à estima social, segundo Honneth, almeja-se atingir uma solidariedade consistente em uma relação interativa onde os sujeitos têm interesse recíproco por seus modos distintos de vida, pois se estimam entre si, de modo simétrico. (HONNETH, 2003).

No particular a este livro, no contexto das relações de estima social, é interessante rapidamente problematizar a utilização, muitas das vezes retórica, da expressão "interesse público". Segundo o que até aqui exposto sobre a estima social, parametrizada por um horizonte de valores dominantes em uma sociedade, a definição do conteúdo do que vem a ser interesse público também está imiscuída nessa luta interpretativa. O que se observa é a imposição de valores que decorre de uma exitosa estratégia de manipulação de sentido. Aquilo que é do interesse de alguns é invariavelmente traduzido como sendo da estima de todos. Para essa construção simbólica, utiliza-se da estratégia de universalização.[82]

---

[82] Cf. Capítulo 1, onde os modos de operação da ideologia foram detalhados.

Vistas as relações de reconhecimento (o amor, a relação jurídica e a estima social), tem-se que a cada uma delas (e como fruto de seu resultado exitoso) corresponde uma autorrelação positiva. No amor, a autoconfiança. Na relação jurídica, o autorrespeito, onde o sujeito concebe sua ação como manifestação da própria autonomia, respeitada por todos. Assim, os direitos serão traduzidos como signos anonimizados de um respeito social e a pessoa partilha com todos os membros de sua coletividade as propriedades que a capacitam à participação na formação discursiva da vontade política. A relação de estima, quando bem-sucedida, por sua vez, gera a autoestima.

Ao revés, quando as relações de reconhecimento restam inexitosas, tem-se a configuração do desrespeito, situação em que as pessoas são feridas na compreensão positiva de si mesmas. Existem tipos de desrespeito: a violação – corresponde ao desrespeito à integridade corporal. Fere-se a confiança apreendida por meio da relação amorosa que foi quebrada pela perda do equilíbrio intersubjetivo entre fusão e delimitação. Gera a perda da autoconfiança; a privação de direitos – o sujeito permanece estruturalmente excluído da posse de determinados direitos no interior de uma sociedade. Gera o sentimento de não possuir o status de um parceiro da interação com igual valor. Traz como consequência a perda do autorrespeito (do respeito cognitivo de uma imputabilidade moral); a degradação – retira dos sujeitos atingidos a possibilidade de atribuir um valor social às suas próprias capacidades. Gera a perda de autoestima. (HONNETH, 2003).

A luta por reconhecimento extrai sua base motivacional das situações de desrespeito. Segundo Honneth, a experiência de luta traz uma prospecção de mudança, de modo que serve de estímulo contra a paralisação, contra a aceitação. Assim, para ele: "[...] As reações negativas que acompanham no plano psíquico a experiência de desrespeito podem representar de maneira exata a base motivacional afetiva na qual está ancorada a luta por reconhecimento. " (HONNETH, 2003, p.220).

É preciso agora contextualizar a análise da teoria do reconhecimento com o direito à moradia e com o direito à cidade.

Já se viu que a relação de reconhecimento (sobretudo a jurídica e a de estima) ocorrem no plano da intersubjetividade social. Tem-se de um lado um sujeito individualizável e, como seu interlocutor, um outro generalizado. Apesar da abstração desse outro, as expectativas normativas do sujeito individual só são formadas a partir das relações concretas. E onde se dão essas interações? Precisamente no âmbito da cidade, no espetáculo do urbano, na grande beleza das trocas, dos encantos dos locais de encontro (LEFEBRVE, 2008).

Nesse plano do urbano, como se antecipou, insere-se o direito à moradia adequada. A moradia que não está isolada, mas sim inserida em um lugar de intercâmbio de técnicas e de sentidos. Para tanto, segundo o Comitê de DESC exige-se a presença de sete componentes essenciais: a segurança jurídica da posse, disponibilidade de serviços, materiais e infraestrutura, custos suportáveis, habitabilidade, acessibilidade, localização e adequação cultural.[83]

Todavia, no Brasil e em grande parte dos países, em era de império da globalização econômica, o entrosamento entre as ordens distante e próxima não ocorre sob a forma de uma práxis fundada em um dialogismo. A relação é quase unilateral, de lá para cá, sendo o imediato praticamente teleguiado pelos comandos superiores da ordem distante. O projeto de Copa do Mundo no Brasil, dentre tantos outros disparatados megaeventos, que o diga. Em prol de conferir-se uma visibilidade ao país no exterior, organiza-se muito bem a vitrine, mas o conteúdo é formatado sob a lógica da desordem. Em matéria de habitação, a estratégia capitalista redunda na segregação espacial, nas heterotopias resultantes do processo de gentrificação frequentemente acompanhado de uma guetização (mais apropriadamente, no contexto social brasileiro, de uma favelização)[84].

Especificamente sobre a repercussão dos megaeventos no direito à moradia adequada, traz-se importante observação da relatora da ONU para esse direito, Raquel Rolnik, em seu Informe de 2009, onde a questão restou estudada em profundidade. Após abordar os aspectos positivos de um megaevento para a urbanização, a exemplo do ocorrido nos jogos olímpicos de Barcelona, de 1992, a Relatora concluiu que tal não costuma ocorrer na maioria dos casos:

> 6.Porém, as repercussões dos megaeventos no gozo do direito à moradia adequada para todos resultam menos evidentes. Uma vasta experiência demonstrou que os projetos de reabilitação adotados para os jogos frequentemente dão lugar a violações generalizadas dos direitos humanos, particularmente do direito à moradia adequada. Nas cidades que organizam os eventos, são frequentes as denúncias de expulsões e despejos forçados massivos para ceder espaço ao desenvolvimento da infraestrutura e à renovação urbana, de redução do acesso à moradia como resultado de gentrificação, de operações de grande envergadura contra as pessoas sem teto, e de

---

[83] Cf. tópico 2.5 mais acima.

[84] Os conjuntos advindos dessa segregação recebem os mais diferentes nomes no mundo, *v.g:* Favelas (no Brasil), Kampungs (na Indonésia), Bidonvilles (na França e na África), Tugurios (na América Latina), Gueto, Katchi abadi (no Paquistão), Masseque (na Angola).

punição e discriminação dos grupos marginalizados. (ONU, 2009).

Sobre a prática de despejos nesses megaeventos, observou Rolnik:

> 16. As expulsões e despejos forçados são características comuns dos preparativos dos megaeventos. O aumento da demanda por espaço para construir locais esportivos, alojamento e vias públicas se canaliza mediante projetos de reabilitação urbana que frequentemente tornam necessária a demolição de moradias existentes e a abertura de espaços para novas obras. A importância que se concede à criação de uma nova imagem internacional da cidade, como parte integrante da preparação dos jogos, supõe amiúde a eliminação de manifestações de pobreza e subdesenvolvimento, por meio de projetos de reurbanização que dão prioridade ao embelezamento urbano em relação às necessidades dos moradores locais. Posto que as autoridades públicas utilizam a organização dos megaeventos como catalizador para a regenração (sic.) da cidade, os moradores de áreas afetadas podem enfrentar deslocamentos massivos, despejos forçados e a demolição de suas casas. Também podem ocorrer deslocamentos em razão das medidas adotadas pelas autoridades para eliminar rapidamente favelas consideradas esteticamente negativas das áreas frequentadas pelos visitantes, ainda que não o façam no marco de projetos gerais de reabilitação. (ONU, 2009).

Como exemplos de despejos decorrentes das construções destinadas aos megaeventos ao redor do mundo, Rolnik constatou, p.ex., que: em Seul, 15% da população foi despejada e foram demolidos 48 mil edifícios antes dos Jogos Olímpicos de 1988; em Nova Delhi, 35 mil famílias foram desalojadas de terras públicas para preparar os jogos da CommonWealth de 2010; na África do Sul, a construção de moradias de aluguel, fruto do projeto de moradias N2 Gateway, para a Copa do Mundo de 2010, resultou na remoção de mais de 20 mil moradores do assentamento informal de Joe Slovo e realocou os moradores em áreas pobres nos limites da cidade. No Brasil, em ano de Copa do Mundo, os exemplos de violações, e mais apropriadamente segundo a teoria do reconhecimento aqui adotada, de desrespeito sob a modalidade "privação de direitos", são fartos. Cita-se, p.ex., a ameaça de despejo dos moradores da "Vila Autódromo" no Rio de Janeiro, bem como a ameaça de expulsão de comunidades indígenas ao redor do Estádio do Maracanã, também no Rio de Janeiro. No Recife, em 2013, como caso emblemático, pode-se mencionar a ameaça de despejo de diversas famílias da "Comunidade do Coque", área central da cidade e objeto de especulação imobiliária, com o objetivo de construir um terminal integrado de passageiros.

A segregação sócio-espacial, responsável pela configuração heterotópica do urbano, ao privar os mais vulneráveis do direito à cidade, por meio da negativa de uma moradia adequada, é também geradora de um grave déficit democrático nos moldes como discorreu Lefebvre: "[...] O caráter democrático de um regime é discernido em relação à sua atitude para com a cidade, para com as 'liberdades urbanas', para com a realidade urbana, e por conseguinte para com a segregação. [...]". (LEFEBVRE, 2008).

Na realidade do Brasil, como estudou Raquel Rolnik, a conduta do Estado tem sido a de indutor, incentivador da segregação espacial, ação decorrente da especialidade da política urbana do país, marcada por uma ambiguidade constitutiva entre o público e o privado, entre o real e o legal. (ROLNIK, 2009).

O legal representaria o âmbito do formal, do racional, da técnica burocrática estatal, enquanto que o real corresponde à informalidade/ilegalidade relacionada sobretudo à autoprodução da cidade popular, com suas moradias (inadequadas) e descontextualizadas, separadas do urbano. O fato é que a conduta dos agentes estatais, nesse particular, é caracterizada por uma instrumentalidade egoística. A ação é um meio para atingir um fim pessoal, angariar votos ou recursos para a sua manutenção no poder.

A conduta do Estado, tanto para o setor empresarial quanto para a marginalização dos mais pobres tem sido decisiva. No primeiro caso, existe a mobilização de um vasto aparato normativo formal como parte de uma estratégia de 'privatização' do controle da cidade pelo capital. Tem-se como exemplo a linguagem do planejamento urbano, caracterizada não só por uma técnica, mas por um tecnicismo excludente. Nesse sentido, a legislação sobre uso e ocupação do solo urbano, p.ex, chega muitas vezes a ser ininteligível mesmo para os juristas, de modo que apenas arquitetos e especialistas poderiam compreendê-la. E é aí, nessa seara discursiva, não permeável a todos (lembre-se aqui de Foucault), onde reside a grande rede de influências, de articulações políticas, cuja "moeda de troca" pode está baseada na garantia do financiamento privado de campanhas. Sobre o tema da legislação urbanística, pontuou Rolnik:

> Sua opacidade, por si mesma, já seria suficiente para 'privatizar' o espaço de interlocução para 'técnicos' diretamente envolvidos nas redes de influência do aparato político-burocrático. Considerando que a

> regulação do uso e ocupação do solo é justamente a norma de atribuição do território a determinados segmentos econômico-sociais, a mobilização desta semântica específica tem como uma das principais funções resguardar valores imobiliários, garantindo-os mesmo no contexto de cidades habitadas majoritariamente por pobres. [...] Nas áreas aptas a urbanizar são as normas de uso e ocupação do solo que definem o tipo de 'produto imobiliário' que ali pode ser produzido. As tipologias previstas pela regulação urbanística e edilícia correspondem integralmente a produtos disponíveis neste mercado (multifamiliar vertical, condomínio, unifamiliar horizontal etc.), sendo que para estes empreendimentos são destinadas as melhores localizações e os maiores potenciais de aproveitamento nos planos diretores e leis de uso e ocupação do solo. (ROLNIK, 2009).

Por sua vez, no âmbito do território popular, o espaço que está fora do urbano conta com a complacência intencional do Estado. Assim, a desordem, a informalidade, a precarização de moradias, se dá onde o Estado se faz presente, sobretudo, com a intenção de mediar, politicamente, a distribuição de bens públicos como integrante de uma eficiente estratégia eleitoreira. "[...] é comum uma abordagem que atribui a 'desordem' nas cidades à 'falta de Estado', sobretudo nos territórios populares. A nosso ver, esta assertiva é falsa na medida em que, se é verdade que faltam bens, serviços e espaços públicos nos territórios populares, esses só se constituem com e a partir da presença do Estado.". (ROLNIK, 2009).

A segregação que culmina na privação do direito à moradia adequada, por outro lado, é uma potente força motivacional para a luta por transformação da realidade. São lutas por reconhecimento, como visto linhas atrás. Trata-se da gramática moral dos conflitos sociais, na visão de Honneth, que propiciam o atingimento, sempre utópico, de uma eticidade cujo fim é a solidariedade entre os membros de um conjunto social.

Uma das formas de luta por moradia segue o modelo similar ao do *occupy* (WIKIPEDIA, 2014a)[85] praticado inicialmente nos EUA como modo de protesto à hegemonia do capital financeiro que culminou na grande crise econômica de 2008, onde o mercado imobiliário

---

[85] *Occupy Wall Street* ('Ocupe Wall Street'), **OWS**, é um movimento de protesto contra a desigualdade econômica e social, a ganância, a corrupção e a indevida influência das empresas - sobretudo do setor financeiro - no governo dos Estados Unidos. Iniciado em 17 de setembro de 2011, no Zuccotti Park, no distrito financeiro de Manhattan, na cidade de Nova York, o movimento ainda continua, denunciando a impunidade dos responsáveis e beneficiários da crise financeira mundial. Posteriormente surgiram outros movimentos *Occupy* por todo o mundo.

despontou como inegável protagonista. Esse tipo de protesto ocorre, p.ex., na cidade de São Paulo (e em outros municípios do Brasil) onde é comum aos movimentos sociais, representativos dos indivíduos sem-moradia, dirigirem suas ações a ocupações de prédios públicos ou particulares abandonados, como uma forma de irresignação e de obterem visibilidade em uma esfera pública.(GLOBO, 2013b)[86] Além dessas ocupações de imóveis já construídos, o occupy pode também se dá sob a forma de protestos de rua, onde grupos de moradores ameaçados de despejo, p.ex., resolvem, normalmente sob as orientações de lideranças locais, ocupar ruas e avenidas para demonstrarem sua insatisfação e clamar por providências. Tem-se ainda as ocupações de áreas não acessíveis ao mercado formal (encostas, margens de rodovias e de ferrovias, áreas de preservação ambiental, áreas públicas, dentre outras) onde são autoconstruídas moradias por aqueles que sofreram o processo de guetização, mais acima comentado.

Como decorrência dos movimentos sociais, foram criados mecanismos de regularização fundiária, alguns deles expressamente previstos na Constituição Federal de 1988. Esses instrumentos, a serem utilizados pelos gestores da política urbana, tem importância crucial para resgatar ou mesmo para inaugurar a relação de reconhecimento jurídica, aqui presentificada pela garantia do direito à moradia adequada. Para este livro, focalizam-se as ocupações informais de áreas públicas para moradia, sendo o direito real de uso especial um dos mais relevantes institutos de regularização, a ser logo mais estudado.

Conclui-se este tópico com a impressão de que, em matéria de moradia, as lutas por reconhecimento são essenciais para se alcançar a dignidade humana como êxtase de um processo de individualização que ocorre no urbano.

2.8 O direito real de uso especial para fim de moradia.

Na linha de promover a regularização fundiária, nos termos preconizados pelo Comitê de DESC, no Brasil, ao longo dos anos, são criados e aperfeiçoados mecanismos para assegurar a proteção jurídica da posse, tais como, a antiga concessão de direito real de uso (Decreto-Lei nº 271, de 1967), a recente previsão do instituto da legitimação da posse pela Lei nº 11.977 de 2009, que criou o Programa "Minha Casa, Minha Vida", a usucapião especial (urbana e rural) para fins de moradia,

---

[86] Cf. matéria do "Profissão Repórter" bastante elucidativa do que ora se colocou.

no caso de imóveis particulares, a concessão do direito real de uso especial para fins de moradia, no caso de imóveis públicos. Esses dois últimos mecanismos, usucapião e direito real de uso especial para fins de moradia, possuem previsão constitucional no âmbito do art.183 da Constituição Federal de 1988.

Assim como a usucapião visa a regularização fundiária de imóveis privados, o direito real de uso especial para fim de moradia objetiva assegurar a posse em imóveis públicos. Os dois institutos destinam-se a garantir a função social da propriedade. No caso dos imóveis públicos, ainda mais se exige o respeito à aludida função social, tendo em vista a ausência, em princípio, de interesses egoísticos na esfera da Administração Pública.

O direito real de uso especial para fim de moradia foi inicialmente previsto pela Lei n° 10.257/01 (Estatuto da Cidade) nos artigos 15 a 20. Esses dispositivos, apesar do reconhecimento de sua relevância pelo Chefe do Executivo da época, foram vetados sob o fundamento, dentre outros, da ausência de um marco temporal para a fruição do direito, o que, segundo se argumentou, serviria de estímulo à multiplicação das ocupações clandestinas de imóveis públicos, de modo a operar conseqüências contraproducentes ao objetivo primordial de regularização fundiária.

Para sanar os problemas aventados no veto presidencial, foi editada, dois meses depois, a Medida Provisória n° 2.220/01 (anterior à EC n° 32 e, portanto, plenamente em vigor) com o seguinte propósito, segundo se dessume de sua ementa: dispor sobre a concessão de uso especial de que trata o § 1o do art. 183 da Constituição e criar o Conselho Nacional de Desenvolvimento Urbano – CNDU, dando outras providências.

Segundo a norma de relevância e urgência, o direito real de uso especial em questão é conferido àquele que, até 30 de junho de 2001, possuiu como seu, por cinco anos, ininterruptamente e sem oposição, até duzentos e cinqüenta metros quadrados de imóvel público situado em área urbana, utilizando-o para sua moradia ou de sua família, desde que não seja proprietário ou concessionário, a qualquer título, de outro imóvel urbano ou rural.

Outra importante previsão foi no sentido da possibilidade de exercício do direito em outra localidade no caso de áreas impróprias à moradia, como, por exemplo, áreas sob proteção ambiental, bens de uso comum do povo, áreas de risco.

Também restou especificado um prazo para a obtenção do direito na via administrativa. De acordo com o artigo 6°, §1°, da MP em tela, a Administração Pública terá o prazo de até doze meses para decidir o pedido.

Não obstante o louvável intuito da sobredita norma, no sentido de viabilizar a regularização fundiária na própria via administrativa, sem necessidade de sobrecarregar ainda mais o Poder Judiciário, observa-se, na prática, a flagrante ausência de vontade política dos administradores públicos, aliada à desinformação generalizada da classe mais humilde, em, de fato, valerem-se desse importantíssimo instrumento de regularização fundiária.

Neste ponto, sobressai a importância do papel da Defensoria Pública na promoção dos direitos humanos e, em particular, do direito real de uso especial para fins de moradia.

Dentre as funções institucionais da Defensoria Pública, previstas no artigo 4º da Lei Complementar nº 80/94, que organiza a Defensoria Pública da União, do Distrito Federal e dos Territórios e prescreve normas gerais para sua organização nos Estados, no contexto aqui aventado, destacam-se quatro aspectos: a função de promover a difusão e a conscientização dos direitos humanos, da cidadania e do ordenamento jurídico; a função de representar aos sistemas internacionais de proteção dos direitos humanos, postulando perante seus órgãos; a função de promover, prioritariamente a solução extrajudicial dos litígios, visando à composição entre as pessoas em conflito de interesses, por meio de mediação, conciliação, arbitragem e demais técnicas de composição e administração de conflitos e a função de promover a ação civil pública e todas as espécies de ações capazes de propiciar a adequada tutela dos direitos difusos, coletivos ou individuais homogêneos quando o resultado da demanda puder beneficiar grupo de pessoas hipossuficientes.

No dia a dia do trabalho do defensor público, é bastante comum observar a proliferação de ações possessórias com pedido de liminar, inaudita altera parte, a fim de reaver, o quanto antes e sem maiores cuidados com a população afetada, a posse de áreas públicas.

No âmbito dessas ações, como será visto na análise no último capítulo, o direito real de uso especial para fim de moradia, assim como a moradia, na maioria das vezes, sequer é levado em consideração. As decisões judiciais, em sua maioria, olvidam todo o sistema internacional e nacional de proteção do direito fundamental à moradia adequada, de modo que se pode afirmar: "na prática, a teoria é outra".

2.9 Análise jurisprudencial. África do Sul, Colômbia e Brasil. Por um diálogo voltado a uma Intertextualidade Construtiva.

A análise de algumas decisões judiciais de outros países, signatários de pactos internacionais que impõem obrigações (positivas e negativas) relativas ao direito à moradia, assim como o Brasil, demonstra a riqueza de argumentação, bem como das legislações estrangeiras sobre o tema. Optou-se por estudar decisões da África do Sul, Colômbia e Brasil por serem países subdesenvolvidos que apresentam graves problemas quanto à ampla implementação do direito social à moradia. Apesar disso, a análise dos julgados evidencia a evolução jurisprudencial – sendo que muito lenta no Brasil - que, cada vez mais, prioriza a concretização dos tratados internacionais sobre a matéria, de modo a não os abordar como meros instrumentos que compõem o âmbito de uma retórica na política internacional. Assim, vislumbra-se uma possibilidade de diálogo entre cortes a viabilizar uma intertextualidade bastante benéfica à progressão textual e, por conseguinte, à sociedade como um todo[87]. Desde logo, faz-se uma ponderação sobre a importância do estudo do Direito Comparado. Não se defende aqui um estudo voltado tão-somente a arrolar leis estrangeiras, sem se considerar o contexto. O contexto de que ora se cogita reporta-se aqui às comparações que podem ser realizadas entre o direito alienígena e a realidade nacional e esse cotejo está investido de uma intencionalidade, qual seja, o inteligente intercâmbio de boas práticas jurídicas entre os países envolvidos, de modo a provocar reflexões que podem conduzir ao aperfeiçoamento da prática social (no caso, da prática judiciária).

Quanto à contribuição jurisprudencial da África do Sul, traz-se o conhecido caso "República da África do Sul v. Grootboom" (caso nºCCT 11/00, julgado em 4 de outubro de 2000)(ÁFRICA DO SUL, 2000). A Sra Irene Grootboom e os demais peticionantes por ela representados (grupo de pessoas constituído por 510 crianças e 390 adultos) habitavam um assentamento informal conhecido como Wallacedene, localizado fora do Município de Oostenberg, a leste de Cape Metro. O grupo vivia em condições degradantes. Os alojamentos não proporcionavam água nem sistema de esgotamento sanitário e apenas 5% deles possuía eletricidade. Referida área encontra-se próxima

---

[87] Para uma melhor compreensão sobre a intertextualidade, como uma das dimensões do discurso, cf. o Capítulo 1. A relação dialógica entre texto e realidade, como visto, proporciona interferências recíprocas, sendo o aspecto discursivo da prática jurisprudencial bastante relevante para a transformação da realidade.

a uma rodovia.[88] Muitas das famílias solicitaram ao governo moradias subsidiadas de baixo custo e permaneceram no aguardo de uma resposta por sete anos. Tendo em vista a ausência de melhoria das condições de vida naquele lugar, após anos de espera por um auxílio público, os habitantes de Wallacedene começaram a mudar-se em setembro de 1998 e ergueram suas pequeninas casas em um terreno baldio de propriedade privada que estava destinado ao plano de habitação do Governo. Esse terreno foi denominado pela comunidade de "New Rust". Em dezembro de 1998, o proprietário da área obteve uma ordem de despejo. Notificados, os ocupantes não deixaram o local no prazo determinado, pois, como justificou a Sra. Grootboom, eles não tinham para onde ir. A despeito disso, o procedimento de despejo foi retomado em março de 1999 e foi expedida uma ordem judicial para que os ocupantes se retirassem, voluntariamente ou não, bem como para autorizar a destruição das estruturas que haviam sido montadas. O juiz determinou que o Município mediasse no sentido de encontrar outro espaço onde o grupo pudesse habitar provisoriamente ou definitivamente. Essas negociações não existiram e o despejo forçado se efetivou em 18 de maio de 1999, época de chuva, vento e frio na região metropolitana do Cabo. Segundo consta na decisão, o desalojamento se realizou de maneira desumana, de modo a lembrar a época do "apartheid". As casas foram demolidas, incendiadas e os bens destruídos. Após esse fato, os peticionários se alojaram em um campo esportivo de Wallacedene, em estruturas de plástico improvisadas. Essa estrutura não propiciava adequada proteção em face das chuvas que aconteciam nessa época do ano. O advogado do grupo, então, redigiu uma carta à municipalidade onde descreveu as intoleráveis condições em que estavam vivendo os seus representados e solicitou que o Município cumprisse com suas obrigações constitucionais e ofertasse uma moradia temporária. Insatisfeitos com a resposta do governo local, o grupo recorreu à Corte Suprema em 31 de maio de 1999 (essa Corte, ressalve-se, ainda não é a Corte Constitucional do país). Essa Corte, por sua vez, apenas concedeu proteção às crianças e respectivos pais, com fundamento no art. 28 da Constituição. Essa instância afastou o argumento no sentido de que o direito à moradia abrange um "standard" mínimo que obriga o Estado a prover alguma forma de abrigo enquanto não se implementa o programa habitacional. Contra essa decisão, o Estado interpôs recurso perante a Corte Constitucional. Já na Corte Constitucional, foi admitida a

---

[88] No Brasil, é muito comum encontrar pessoas que moram às margens de ferrovias e rodovias em áreas consideradas como *non edificandae*, ou seja, onde existe uma limitação administrativa ao direito de construir. Por mais essa similitude, é bastante interessante apresentar o caso julgado pela África do Sul.

intervenção, como *amici curiae*, da Comissão de Direitos Humanos e do centro de Direito Comunitário da Universidade de Western Cape. Os *amici curae* promoveram a ampliação da matéria submetida à apreciação da Corte para requerer a inclusão de todos os peticionantes, inclusive os adultos que não se enquadravam no art. 28.1.c, no âmbito de proteção do direito à moradia, nos moldes do que prevê o art. 26 que impõe um patamar mínimo de proteção desse direito. Os peticionantes aderiram a esse aditamento e a parte contrária a ele não se opôs.

Antes de enfrentar a questão trazida à sua análise, a Corte Constitucional da África do Sul empreendeu um importante esclarecimento histórico a respeito da origem da aguda crise habitacional no país. Ela resultou das medidas adotadas no período do "apartheid", mais especificamente, do sistema denominado de *influx control* destinado a evitar o assentamento de africanos em áreas urbanas. Esse sistema estava disciplinado no *native (black) urban areas act* de 1923 que perdurou até 1986. Segundo a legislação, os negros africanos só poderiam acessar os centros urbanos para satisfazer às necessidades dos brancos, sendo que apenas os trabalhadores domésticos estavam autorizados a morar na cidade, o restante teria de encontrar moradia em municípios da periferia (BODDY-EVANS, s.d). Segundo a Corte:

> O ciclo do apartheid resultou então em: uma restrição ao movimento de africanos para as áreas urbanas, o êxodo inexorável dos campesinos empobrecidos às cidades, a escassez de moradia e consequente superpopulação quanto a elas, o surgimento de vilas, repressão policial e a prática de despejos forçados. A aguda escassez de moradia que existe hoje em dia é consequência direta do *influx control*. (AFRICA DO SUL, 2000)[89].

As normas constitucionais utilizadas pela Corte foram as insertas no art. 26 e 28.1.c. Essas normas, principalmente a prevista no art. 26, versam, de modo bastante avançado, sobre o direito à moradia, o que pode servir de exemplo para o Brasil. O avanço deve-se ao fato de estarem em estreita sintonia com o que preveem os pactos internacionais sobre a matéria, em especial, com o que estabelece o Pacto de Direitos Econômicos, Sociais e Culturais do qual o país é signatário, assim como o Brasil. Assim prevê o art.26:

> (1) Todos têm direito de acesso a uma moradia digna.

---

[89] "El ciclo del apartheid resultó entonces en: una restricción al movimiento de africanos a las áreas urbanas, el éxodo inexorable de los campesinos empobrecidos a las ciudades, la escassez de vivenda y consecuente sobrepoblación em ellas, el surgimento de villas, represión policial y la práctica de desalojos forzosos. La aguda escassez de vivenda que existe hoy en día es consecuencia directa del *"influx control"*.

(2) O Estado deverá adotar as medidas legislativas e demais medidas que considere suficientes, dentro de suas possibilidades, a fim de garantir aquele direito.

(3) Ninguém poderá ser desalojado de sua moradia, nem esta poderá ser demolida, sem uma ordem judicial expedida após considerar todas as circunstâncias relevantes do caso. Nenhuma lei poderá permitir despejos arbitrários. (AFRICA DO SUL, 2000).

Segundo interpretou a Corte Constitucional, o artigo 26 abrange três dimensões do direito à moradia: a primeira, dispõe sobre um direito geral de acesso a uma moradia digna. A segunda, fixa e delimita obrigações positivas impostas ao Estado voltadas a promover e garantir o acesso a uma moradia digna e compreende três elementos no sentido de que o Estado deve: a) adotar medidas legislativas e de outro caráter que forem necessárias; b) na medida dos recursos disponíveis; c) para obter a realização progressiva desse direito. A terceira obrigação imposta ao Estado é de ordem negativa, destinando-se a proteger contra despejos arbitrários.

Após esse esclarecimento sobre a base normativa essencial que norteia a análise da Corte Constitucional, observa-se, à luz da linguística, aplicada ao âmbito jurídico, um grande avanço. Eis o que pontuou a Corte em matéria de interpretação:

> Interpretar um direito requer necessariamente a análise de dois contextos distintos. Por um lado, deve interpretar-se o texto. Importa considerar não apenas o marco do Capítulo 2, mas a Constituição como um todo integral. Por outro lado, os direitos devem interpretar-se em seu contexto histórico e social. (AFRICA DO SUL, 2000).[90]

Essa postura hermenêutica da Corte Sul-africana é bastante louvável em tempos onde a vira linguística precisa atingir a prática jurídica brasileira e, mais especialmente, a prática dos juízes e tribunais. Ressalve-se que quando a Corte mencionou que se deveria interpretar o texto, na realidade, fez menção ao contexto, pois, logo em seguida, esclareceu que seria importante levar em conta a Constituição como um todo integral. Vislumbra-se assim a primazia conferida ao contexto, seja textual, seja situacional.

---

[90] Interpretar um derecho requiere necessariamente el análisis de dos contextos distintos. Por un lado, debe interpretarse su texto. Ello requiere considerar no sólo el marco del Capítulo 2, sino la Constitución como un todo integral. Por otro lado, los derechos deben interpretarse en su contexto histórico y social.

Uma outra grande contribuição da Corte, sob a ótica das boas experiências jurídicas do Direito Comparado, é a referência que empreendeu ao art. 39 da Constituição Sul-africana que obriga os juízes a considerar o Direito Internacional como instrumento de interpretação. Preceitua o dispositivo:

> (1)   Quando uma Corte, um tribunal ou um Fórum interpretar o *Bill of Rights*, deverá:
> (a)   Promover os valores que implicam uma sociedade democrática que se baseia na dignidade humana, na equidade e na liberdade;
> (b)   Deverá ter em conta o Direito Internacional e;
> (c)   Poderá ter em conta o Direito estrangeiro.
> (2)   Quando da interpretação de qualquer norma, e desenvolvimento do "Comon Law" ou do Direito Consuetudinário, os tribunais, Cortes ou fóruns (sic.) deverão promover o espírito, os objetivos e propósitos do *Bill of Rights*.
> (3)   O *Bill of Rights* não desconhece qualquer outro direito ou liberdade reconhecidos no *Common Law*, no Direito Consuetudinário ou em outra legislação, desde que não sejam contrários ao *Bill os Rights*. (AFRICA DO SUL, 2000).[91]

A respeito desse dispositivo constitucional já se manifestou a Corte no seguinte sentido:

> '...O Direito Internacional Público inclui leis que comprometem o Estado e outras que não. Ambas podem ser utilizadas como instrumento de interpretação [...]. Os Pactos Internacionais e o Direito Consuetudinário Internacional outorgam um parâmetro através do qual o *Bill of Rights* pode ser avaliado e entendido, e para lograr esse objetivo, a jurisprudência dos tribunais internacionais que interpretam ditos instrumentos, tais como o Comitê de Direitos Humanos das Nações Unidas, a Comissão Interamericana de Direitos Humanos, a Corte Interamericana de Direitos Humanos, a Comissão Européia de Direitos Humanos, a Corte Europeia de

---

[91]   "(1) Cuando una Corte, un Tribunal o un fórum interprete el *Bill of Rights*, deberá:
(a)   Promover los valores que implican una sociedad democrática que se basa en la dignidad humana, la equidad y la libertad;
(b)   Deberá tener en cuenta el Derecho Internacional, y;
(c)   Podrá tener en cuenta el Derecho extranjero.
    (2) Cuando interprete cualquier norma, y desarrolle el *common law* o el derecho consuetudinario, los Tribunales, Cortes o fóruns, deberán promover el espíritu, los objetivos y propósitos del *Bill of Rights*.
    (3) El *Bil of Rights* no desconoce cualquier otro derecho o libertad reconocidos en el commom law, el derecho consuetudinario u otra legislación, mientras no sean contrários al *Bill of Rights*."

Direitos Humanos, e, em certos casos, os informes de organismos especializados tais como a OIT, podem servir como guia a fim de alcançar uma interpretação correta das previsões do *Bill of Rights*.' (AFRICA DO SUL, 2000).[92]

Referido entendimento da Corte, bem como a leitura do avançado dispositivo constitucional acima transcrito, servem de excelente parâmetro para que seja evitada a alimentação jurisprudencial de uma retórica internacional, onde países signatários dos Pactos Internacionais apenas desejam transmitir à comunidade internacional que são fieis cumpridores dos Direitos Humanos quando, na prática, terminam por ignorá-los quase que por completo.

A Corte Constitucional, no caso analisado, valeu-se sobretudo das normas contidas no Pacto Internacional do Direitos Econômicos, Sociais e Culturais (PIDESC) sobre o direito à moradia adequada e das observações gerais do Comitê de Direitos Econômicos, sociais e Culturais (CDESC), responsável por monitorar o cumprimento do Pacto. A propósito, a respeito dos direitos sociais, na Observação Geral n° 3 de 1.990, o CDESC assentou o entendimento de que pelo menos o nível mínimo de cada direito deve ser alcançado, consoante aqui já foi estudado.

Segundo a Corte, essa obrigação mínima do Estado normalmente é determinada a partir das necessidades do grupo mais vulnerável.

A questão central que deveria ser enfrentada pela Corte era avaliar se o programa governamental de moradia existente era suficientemente flexível e adequado para atender às demandas, de forma imediata e a curto prazo, dos mais necessitados.

Com base nesse critério, a Corte entendeu que a situação de Cape Metro quanto à questão habitacional era aguda, com o aumento de moradias informais e bastante precárias. Segundo o Tribunal Constitucional, a situação era desesperadora. Muitas famílias de Wallacedene viviam em condições intoleráveis. Tanto era assim que o governo metropolitano do Cabo sentiu a necessidade de criar um novo

---

[92] '...el Derecho Internacional Público incluye leyes que comprometen al Estado y otras que no. Ambas pueden ser utilizadas como herramientas de interpretación de esta sección. Los Pactos Internacionales y el Derecho Consuetudinario Internacional otorgan un marco em el cual el *Bill of Rights* puede ser evaluado y entendido, y para lograr esse objetivo, la jurisprudência de tribunales internacionales que interpretan dichos instrumentos, tales como el Comité de Derechos Humanos de Naciones Unidas, la Comisión Interamericana de Derechos Humanos, la Corte Interamericana de Derechos Humanos, la Comsión Europea de Derechos Humanos, la Corte Europea de Derechos Humanos, y, en ciertos casos, los informes de Organismos especializados tales como la OIT, puede servir como guia a fin de arribar a una correcta interpretación de las previsiones del *Bill of Rights...* '.

Programa de Moradia emergencial em 1999, denominado de Programa de Gestão Acelerada de Terras e de Assentamentos. O objetivo do programa era o de beneficiar pessoas em condições críticas (ex. famílias com risco de serem despejadas, os que habitem zonas inundáveis, famílias estabelecidas em zonas estratégicas e as que estão em lista de espera). Esse programa não existia ao tempo em que foi dado início ao processo judicial.

Segundo o art. 26 da Constituição, requer-se que as medidas adotadas (legislativas e de outra ordem) em prol do direito de acesso à moradia sejam razoáveis. Exceto o Programa de Terras da Cidade do Cabo, não existia previsão em programa nacional para as pessoas em situação de extrema necessidade.

Desse modo, concluiu a Corte que, na data da representação judicial, o Estado estava descumprindo a obrigação mínima imposta pelo art. 26 da Constituição, levando-se em conta a região metropolitana do Cabo. A Corte entendeu ainda que a obrigação mínima consistente na omissão, prevista no art. 26 da Constituição, também foi desrespeitada em razão da maneira em que foi levado a efeito o despejo. Além disso, houve violação à Lei para Prevenção de Despejos ilegais e ocupação ilegal de Terras.

Uma passagem interessante da sentença foi a que ponderou sobre um suposto estímulo às invasões de terras.93 Disse a Corte:

> Esta Sentença não deve ser entendida no sentido de uma aprovação à prática das invasões de terras como forma de pressionar o Estado para que proveja de moradias de modo preferencial a quem participa dessas práticas. A invasão de terras resulta desfavorável para a provisão sistemática de moradias adequadas no marco de um planejamento. Pode ser que, ao lidar com as invasões de terra, a decisão do Estado de não prover terras em resposta a essas invasões seja razoável. A razoabilidade deve ser determinada com base nos fatos de cada caso. (AFRICA DO SUL, 2000).[94]

Em outra parte, ao abordar mais especialmente o caso ora tratado, consignou a Corte, de modo bastante equilibrado, que:

---

[93] Essa ponderação será contextualizada com a análise empreendida no último capítulo deste livro.

[94] "Esta sentencia no debe ser entendida en el sentido de una aprobación de la práctica de invasión de tierras como forma de presionar al Estado para que provea de viviendas de manera preferencial a quienes participan en estas prácticas. La invasión de tierras resulta desfavorable para la provisión sistemática de viviendas adecuadas en el marco de una planificación. Puede ser que, enfrentada con la repetida dificultad de las invasiones de tierra, la decisión del Estado de no prover tierras en respuesta a esas invasiones sea razonable. La razonabilidad debe ser determinada en base a los hechos de cada caso."

> Embora as condições em que viviam os peticionantes em Wallacedene fossem visivelmente intoleráveis, e apesar de que dificilmente se possa criticá-los por terem deixado suas precárias moradias, é uma penosa realidade que essas condições de vida não são piores que as de outras milhões de pessoas, incluindo crianças, que vivem em Wallacedene. (AFRICA DO SUL, 2000).[95]

Feita essa ponderação, e não obstante a ela, arrematou a Corte que:

> Com base na evidência apresentada, não se pode dizer que os peticionantes saíram do assentamento de Wallacedene e ocuparam terras destinadas à construção de moradias de baixo custo como uma estratégia deliberada para obter alguma preferência no recebimento de recursos habitacionais em detrimento de outras pessoas que estão vivendo também em condições intoleráveis e passam pela mesma urgente necessidade. Também, deve ter-se em mente que o efeito de uma ordem judicial que confira um tratamento especial para os peticionantes, com base nas extraordinárias circunstâncias, não implica em concordar com o tipo de preferência a que se referiu. (AFRICA DO SUL, 2000).[96]

Esse entendimento da Corte Sul-africana significa um importante paradigma a ser seguido pelo Brasil, pois não é incomum serem encontradas decisões que presumem, sem maiores razões, a má-fé dos postulantes à moradia adequada.[97]

Ao final, a Corte expediu uma ordem, denominada de declarativa, que afirmou a necessidade de ações do Estado voltadas a cumprir com as obrigações impostas pelo art. 26.2 da Constituição, o que inclui a obrigação de desenhar, financiar, implementar e monitorar medidas que tendam a melhorar a situação de quem se encontra em estado de extrema necessidade, como as que vivem em condições intoleráveis na área metropolitana do Cabo.

---

[95] "Aunque las condiciones en la que vivían los peticionantes en Wallacedene eran visiblemente intolerables, y a pesar de que dificilmente se les pueda criticar por haber dejado sus precárias viviendas allí, es una penosa realidad que esas condiciones de vida no son peores que las de otras miles de personas, incluyendo niños pequeños, que permanecen en Wallacedene."

[96] "En base a la evidencia presentada, no puede decirse que los peticionantes se fueron del asentamiento de Wallacedene y ocuparon tierras destinadas a la construcción de viviendas de bajo costo como una estrategia deliberada para obtener alguna preferencia en el orden de adjudicación de recursos habitacionales sobre las otras personas que están viviendo también en condiciones intolerables y tienen la misma urgente necesidad. Asimismo, debe tenerse en mente que el efecto de una orden judicial que constituya un tratamiento especial para los peticionantes en base a sus extraordinárias circunstancias, no es el de acordar el tipo de preferencia que se menciono."

[97] Ao final desse trabalho, será apresentado um exemplo da prática judicial brasileira quem adota esse estigma.

Em continuidade à análise da jurisprudência comparada, a Colômbia, após uma longa evolução argumentativa, atualmente pode ser tida como modelo em matéria de tratamento jurisdicional da questão do direito à moradia adequada. A decisão que apresenta detalhadamente referida progressão de argumentos é a Sentença T-585/08, proferida pela Corte Constitucional em 12 de junho de 2008.(COLÔMBIA, 2008). O caso envolveu o direito à inserção do Sr. Eucardo Rojas Morena e de sua família em programa de reassentamento de famílias localizadas em zonas de alto risco. A seguir, um breve resumo do caso.

Em 1990, a Direção Nacional de Atenção e Prevenção de Emergências do Distrito Capital, elaborou um mapa destinado à remoção em massa onde foram definidas as zonas que, por condições naturais ou por interferência humana, apresentavam risco. Dentre as zonas de alto risco se incluiu o setor denominado de "Altos de la Estancia" localizado ao sul de Bogotá. Em 23 de agosto de 2003, a Sra. Edelmira Piñeros Duarte celebrou contrato de compra e venda com seu irmão, Sr. Manuel Antonio Piñeros Duarte cujo objeto era um imóvel situado no Altos de la Estancia. Neste mesmo mês, delegados do Fundo de Prevenção e Atenção Emergencial do Distrito Capital, em visita ao local, habitado pelo Sr. Manuel Duarte e sua família, considerou a família no censo que recomendava o deslocamento através do programa de reassentamento. Em 18 de agosto de 2004, o Sr. Eucardo Rojas Moreno, cego de um olho devido a um acidente laboral, com o produto da indenização relativa ao acidente, adquiriu o mencionado imóvel e nele passou a residir juntamente com duas filhas menores de idade e com seu pai de oitenta anos de idade. Em 8 de maio de 2006, o sistema Distrital para a Prevenção e Atenção de Emergências solicitou a evacuação da edificação e informou ao Sr. Rojas Moreno que ele e sua família seriam reassentados. Em 11 de maio de 2006, o Sr. Rojas Moreno entregou o imóvel e recebeu das entidades do Sistema para a Prevenção e Atenção de Emergências quantia em dinheiro para locação temporária de outro imóvel enquanto se aguardava o reassentamento. A partir de junho de 2006, o Sistema se negou a continuar efetuando o pagamento do referido auxílio-aluguel com base em considerações da assessoria jurídica da Caixa de Moradia Popular do Distrito no sentido de que o Sr. Eucardo Moreno Rojas não deveria ser incluído no programa de reassentamentos, pois a data em que adquiriu o imóvel era posterior àquela em que a área foi reconhecida como zona de alto risco. Diante de tal fato, o Sr. Rojas Moreno provocou o Judiciário para ver reconhecido o seu direito à moradia adequada através da inserção no programa de reassentamento.

Inicialmente, em sentença proferida em 5 de setembro de 2008, a primeira instância, Juizado Vinte e Dois Cível Municipal de Bogotá, foi mantida a decisão administrativa de não incluir o Sr. Rojas Moreno e sua família no Programa de Reassentamento com fundamento idêntico ao manifestado pelas autoridades da Administração. Diante disso, o Sr. Rojas Moreno ingressou com recurso dessa decisão distribuído ao Juizado Quarenta Cível do Circuito de Bogotá que na sentença proferida em 10 de outubro de 2008, confirmou a decisão de primeira instância e fundamentou no sentido de que o postulante deveria ter, primeiro, solicitado na via administrativa sua inclusão no Programa de Reassentamento para, após expedido o correspondente ato administrativo, ingressar em juízo.[98] Além disso, essa Corte entendeu que o acionante não teria provado a existência de prejuízo irremediável. A causa foi então submetida à apreciação da Corte Constitucional Colombiana.

A Constituição colombiana disciplina o direito à moradia em seu art. 51:

> Todos os colombianos tem direito à moradia digna. O Estado estabelecerá as condições necessárias para tornar efetivo esse direito e promoverá planos de moradia de interesse social, sistemas adequados de financiamento a longo prazo e formas associativas de execução desses programas de moradia. (BOGOTÁ, 2001)[99]

Assim como ocorreu com outros direitos sociais na Colômbia, a exemplo do direito à saúde, a Corte Constitucional por longo tempo não reconhecia a jusfundamentalidade do direito à moradia. Para tanto, a Corte fundamentava-se no fato de que, por se tratar de direito prestacional, seu conteúdo deveria ser preenchido, de forma programática, pelas instâncias democráticas próprias, em conformidade com as condições jurídico-materiais existentes em cada período histórico. Assim, por muito tempo, a Corte entendia inexistir, independentemente da situação, um direito subjetivo à moradia, pois a

---

[98] O que se entremostra como um argumento bastante formalista quando busca afastar o interesse de agir. Ora, se já havia sido apresentada contestação à tese do autor, tendo ainda sido proferidas decisões a favor do poder público, já estava mais do que evidenciada a necessidade da tutela jurisdicional para obter o direito ao reassentamento. Aqui, é possível traçar um paralelo com o que preconiza a legislação brasileira no que atine à regularização fundiária daqueles ocupantes informais de áreas públicas. A MP n° 2.220/01 preceitua no art.6°, a necessidade de um prévio requerimento na via administrativa para, se negado for (o que pode se dá até por omissão), franquear-se a esfera jurisdicional. A interpretação dessa norma, como aliás de qualquer norma, precisa levar em consideração o contexto (textual e situacional), de modo que, em sendo evidente a ofensa ao direito à moradia da população afetada, ter-se por satisfeito o requisito do interesse de agir quando da propositura de uma ação judicial.

[99] "Todos los colombianos tienen derecho a vivienda digna. El Estado fijará las condiciones necesarias para hacer efectivo este derecho y promoverá planes de vivienda de interés social, sistemas adecuados de financiación a largo plazo y formas asociativas de ejecución de estos programas de vivienda."

matéria estava afeta ao legislador e à Administração. Posteriormente, como decorrência de um avanço argumentativo, a Corte passou a utilizar o critério da conexidade para avaliar a procedência da tutela ao direito à moradia, ainda que não o abordasse como fundamental. Segundo esse critério, a tutela deveria ser conferida sempre que a lesão à moradia pudesse trazer como consequência a ameaça ou vulneração de outros direitos considerados como fundamentais, como o direito à vida, à integridade física, à igualdade, ao devido processo etc.

Com o passar do tempo, a Corte percebeu que o critério da conexidade, em certos casos, era insuficiente para atender à justiça e à equidade. Assim, a jurisprudência evoluiu mais uma vez para dar guarida à tutela do direito à moradia nos casos onde se evidenciasse situação de debilidade manifesta, com comprometimento ao mínimo vital, onde a Corte pode adotar, excepcionalmente, medidas tendentes a conjurar a mencionada vulneração. Essa conduta poderá ser assumida mesmo que a omissão estatal não afete diretamente outros direitos qualificados como fundamentais.[100]

Ainda, no sentido de ampliar as hipóteses em que o juiz de tutela poderá proteger direitos sociais e econômicos, a jurisprudência constitucional tem reconhecido que, nos casos onde o conteúdo desses direitos tenha perdido a vagueza e a indeterminação (como um obstáculo para sua fundamentalidade), é cabível a tutela jurisdicional. Nestas hipóteses, seria possível cogitar de direitos subjetivos às prestações quando estas tenham sido reconhecidas positivamente, por lei ou por regulamento[101]. Segundo a Corte, tem-se como caso emblemático a concessão de subsídios para moradia quando preenchidos requisitos legais. Em outras situações, a Corte tem ainda se valido do princípio da solidariedade para dar guarida ao direito à moradia digna, muito embora seja esse direito qualificado como constitucional não fundamental.[102]

A Corte Constitucional Colombiana, no caso em análise, assim como o fez a Corte Sulafricana, empreendeu um adequado diálogo com as fontes internacionais mormente para destacar a íntima relação do

---

[100] Poderia se pensar na afetação do direito à saúde (e não propriamente à vida) quando pessoas habitam locais insalubres. Se bem que, ainda aí, como decorrência da inevitável relação entre os direitos humanos, a dignidade estivesse de todo modo comprometida. Assim, a conexão entre o direito à moradia digna com outros direitos dificilmente deixará de existir, dada a multidimensionalidade e dependência recíproca dos diversos direitos humanos.

[101] Neste ponto, é possível discordar do posicionamento da Corte em razão do que já foi estudado neste trabalho no sentido de que a vagueza e indeterminação dos direitos sociais é apenas relativa e pode ser afastada mediante a utilização de instrumentos de interpretação fornecidos por órgãos nacionais e internacionais, a exemplo do Comitê de DESC da ONU que contempla parâmetros para o conceito de moradia adequada.

[102] A Corte Colombiana tende a considerar como fundamental o direito que é passível de imediata exigibilidade, ou seja, que não é de índole pretacional. Esse não é o critério adotado pelo Brasil que coloca em um mesmo plano de essencialidade os direitos sociais, civis e políticos.

direito à moradia com a dignidade humana. Neste sentido, pontuou a Corte Colombiana:

> [...] no caso específico do direito à moradia digna, consagrado no artigo 51 superior e reconhecido no artigo 25 da Declaração Universal de Direitos Humanos de 1948, no artigo 11, numeral 1º do Pacto Internacional de Direitos Econômicos, Sociais e Culturais, assim como em outros instrumentos internacionais, a relação existente entre sua garantia efetiva e a dignidade humana é praticamente evidente. Assim, não é necessário empreender um exaustivo exercício argumentativo para concluir que entre as necessidades básicas que devem ser satisfeitas para permitir a um indivíduo desenvolver em condições dignas seu projeto de vida, se encontra aquela relacionada com provê-lo – por meios que não necessariamente implicam a intervenção pública – de um lugar de habitação adequado. (COLÔMBIA, 2008).[103]

Em interessante passagem do julgado, a Corte destacou a multidimensionalidade dos direitos fundamentais, como contraponto à jurisprudência prevalecente (e como que uma autocrítica) que retirava a fundamentalidade do direito à moradia (e de outros direitos sociais) tão somente por sua faceta prestacional, consoante anteriormente destacado. Neste sentido, disse a Corte:

> [...] adverte a Sala com relação ao tantas vezes mencionado caráter prestacional dos direitos econômicos, sociais e culturais – que impediu que fossem considerados fundamentais em um primeiro momento da doutrina e da jurisprudência constitucionais – que tal classificação é na realidade equívoca porquanto *todos os direitos, sem importar a geração a qual se adscreva seu reconhecimento, do ponto de vista histórico requerem, para assegurar sua proteção, o cumprimento tanto de mandados de abstenção, como mandados de prestação. Razão pela qual tal critério carece em absoluto de sentido quanto à classificação dos direitos que podem ser considerados fundamentais.* [...]. Quanto ao direito à moradia digna, este órgão já havia assentado em ocasiões

---

[103] "[...] en el caso preciso del derecho a la vivienda digna, consagrado en el artículo 51 superior y reconocido en el artículo 25 de la Declaración Universal de derechos Humanos de 1948, en el artículo 11 numeral 1º del Pacto Internacional de Derechos Económicos, Sociales y Culturales, así como es otros instrumentos internacionales, la relación existente entre su garantia efectiva y la dignidad humana es prácticamente evidente. Así, no es necessário desplegar un ejercicio argumentativo exhaustivo para concluir que entre las necessidades básicas que deben ser satisfechas para permitir a un individuo desarrollar en condiciones dignas su proyeto de vida, se encuentra aquella relacionada con proveerle – por medios que no necessariamente implican la inversión pública – un lugar de habitación adecuado."

anteriores a existência de obrigações de índole positiva e negativa ligadas a sua satisfação. Assim, na sentença T-1318 de 2005, depois de sistematizar a jurisprudência constitucional sobre a matéria, a Corte pontuou a configuração de *'um direito de defesa frente a ingerências arbitrárias das autoridades estatais ou de particulares'* cuja proteção poderia ser reclamada em sede de tutela. (COLÔMBIA, 2008).[104]

Ao final, a Corte entendeu que, no caso, se tratava de verificar a existência de obrigação positiva do Estado em reassentar o Sr. Eucardo Rojas Moreno e sua família. Entendeu que a legislação sobre o programa de reassentamento (Decreto 94 de 2003) não exigia como requisito ao direito o fato de a aquisição do imóvel ter se realizado antes da declaração administrativa de que se cuidava de área de risco. A norma aplicável, segundo a Corte, (art.8º do mencionado Decreto) apenas previa duas exigências, quais sejam, a de que o prédio onde habite quem aspira beneficiar-se do programa tenha sido declarado como de alto risco mediante conceito técnico emitido pela Direção de Prevenção e Atenção de Emergências, onde se recomende a realocação e a existência de provas da titularidade de direitos reais sobre o domínio ou de direitos de posse sobre o imóvel. Entendeu o órgão constitucional colombiano que o Sr. Rojas Moreno satisfez referidas condições, sendo, assim, titular de um direito subjetivo ao reassentamento.

Segundo a Corte, a Caixa de Moradia Popular deveria ter atualizado o censo das famílias a serem contempladas com o Programa e que, ao não incluir o peticionante e sua família, teria violado o direito à moradia digna. Em conclusão, a Corte acolheu o pedido do Sr. Rojas Moreno para ordenar à Caixa de Moradia Popular do Distrito Capital, no prazo de quarenta e oito horas, sua inclusão e de sua família no Programa de Reassentamentos com garantia de acesso a todas as prestações a que fazem jus os habitantes das zonas declaradas de alto risco.

---

[104] "[...] advierte la Sala en relación con el tantas veces mencionado carácter prestacional de los derechos económicos, sociales y culturales – que impidió que éstos fueran considerados fundamentales en etapas tempranas de la doctrina y la jurisprudência constitucionales – que tal calificación es en realidad equívoca por cuanto *todos* los derechos, sin importar la generación a la cual se adscriba su reconocimiento desde el punto de vista histórico requieren, para asegurar su protección, el cumplimiento tanto mandatos de abstención, como mandatos de prestación. Razón por la cual, tal critério carece en lo absoluto de sentido en cuanto a la identificación de los derechos que pueden ser considerados fundamentales.[...] Em cuanto al derecho a la vivenda digna, esta Corporación ya había reparado en anteriores ocasiones en la existencia de obligaciones de índole positiva y negativa ligadas a su satisfacción. Así, en sentencia T-1318 de 2005, tras sistematizar la jurisprudência constitucional en la matéria, la Corte advirtió la configuración de *'un derecho de defensa frente a injerencias arbitrarias de las autoridades estatales o de particulares'* cuya protección podia ser reclamada en sede de tutela."

Este julgado é relevante para, além de apresentar a evolução da jurisprudência constitucional da Colômbia, em consonância com o Direito Internacional, suscitar a reflexão daqueles que optam pelas formalidades independente da substância. No caso, ficou claro que a Corte conferiu primazia à situação de vulnerabilidade social a que estavam sujeitos o Sr. Rojas Moreno, pessoa inclusive deficiente, e sua família, composta por duas crianças e um idoso. Assim, pouco importava a data em que havia sido declarada a situação de risco da localidade pelas autoridades administrativas, sendo relevante ponderar que essa situação não restou modificada com a chegada de uma nova família na área. A proteção à moradia dessa outra família deveria ser promovida e de imediato.

No Brasil, a jurisprudência em matéria de moradia ainda precisa avançar. A maioria das decisões nem mesmo problematiza o conflito habitacional subjacente a uma determinada demanda.[105] Os casos, em geral, são decididos como se o direito à moradia fosse uma poesia, "um verso constitucional e internacional para mero deleite do jurista". Todavia, a beleza dos textos normativos não condiz com a prosa do mundo. Nos versos de Ismael Silva, "existe muita tristeza na rua da alegria, existe muita desordem na rua da harmonia.".

Apesar da nefasta realidade jurisprudencial brasileira na implementação do direito à moradia adequada, há decisões que "caminham contra a corrente", sendo transmissoras e criadoras de formas simbólicas voltadas à transformação e mudança do rumo até então prevalecente. Como exemplo dessas decisões de vanguarda, tem-se aquela que foi proferida em 21.06.2012, no âmbito do processo nº 00456355920118260053, pelo juiz Luis Fernando Camargo de Barros Vidal, da Comarca de São Paulo, foro central, vara de Fazenda Pública.

A causa versou sobre uma ação possessória ajuizada pelo município de São Paulo contra inúmeras famílias que habitavam uma área onde seria construído um equipamento cultural destinado a promover aulas de circo. A municipalidade havia desapropriado referida área para tal mister. Segundo informou a Prefeitura, no intuito de eximir-se de qualquer responsabilidade, 18.396 famílias estavam inscritas em seu programa habitacional e que, em 2011, já havia entregue 762 unidades para os interessados.

O magistrado conduziu toda sua decisão a partir de uma leitura constitucional do Direito Civil. Segundo entendeu, a Administração municipal é quem estava em mora com a sociedade mais carente, pois não teria adimplido, a contento, com suas prestações relativas ao

---

[105] O que será estudado na análise empreendida no último capítulo.

contrato social. Neste sentido, sobre o programa habitacional existente, de acordo com os dados fornecidos pela Prefeitura, consignou o juiz:

> [...] Tais elementos permitem considerar provisoriamente que os requeridos alegam privação do direito social de habitação garantido pelo art. 6º da Constituição Federal, e que, a julgar pelos dados ofertados pela municipalidade relativos ao ano de 2011, ela levará mais de 24 anos para quitar a atual fila de espera em seu programa habitacional, o que aparenta mora ou inadimplemento na prestação social. [...] vai levar 'apenas' 24 anos para atender a demanda atual que se conta em 18.396 famílias! A hipótese é efetivamente de mora nos exatos termos do art. 394 do Código Civil.
> Isto significa que o direito de moradia da atual geração será atendido na próxima, ou seja, que a atual geração está privada do direito constitucional de moradia.
> Isto também indica que a invocada concordância de direitos, impeditiva da colisão entre propriedade e moradia, mercê da mora da Administração, não se concretiza, restando como uma abstração normativa que não pode garantir justamente a posição daquela parte que lhe dá causa, segundo a consolidada regra de que ninguém se beneficia de sua própria torpeza. A propósito, o art. 395 do Código Civil atribui ao devedor as responsabilidades pelos prejuízos decorrentes da mora. (BRASIL, 2012)

O julgador considerou também que, no caso, não teria guarida a reserva do possível e destacou que se tratava de consagrar a dimensão negativa do direito:

> Que a Municipalidade poderia atender com mais vigor o direito constitucional à moradia não há dúvida, pois concede incentivos fiscais para construir estádio de futebol, o faz para a realização de programas de 'revitalização' urbana, e destina recursos até para a construção de escolas de circo como no caso dos autos: pão e circo, como na velha Roma, sem escrúpulos cívicos como Maria Antonieta, aquela dos brioches. Tudo segue no sentido da instalação de situações de fato propícias para a promoção das desocupações forçadas, por culpa das políticas públicas.
> A mora, assim considerada, como se vê, não encontra justificativa nem mesmo na denominada reserva do possível, com a qual alguns condicionam a efetividade dos direitos sociais, muito embora não se cuide aqui de realizar o direito social em sua dimensão individual, mas considera-lo sob o prisma de seus efeitos negativos. (BRASIL, 2012)

Sobre o que foi sustentado pela parte autora no sentido da ilegalidade da ocupação, o magistrado a ressignificou para atribuí-la a quem, de fato, na sua visão, era por ela responsável:

> [...] o direito de propriedade autoriza reconhecer que os requeridos cometeram aparente ilícito ao ingressar no imóvel, mas de outro lado o direito social de habitação autoriza reconhecer que a Administração-proprietária poderá cometer ilícito ao tocar as pessoas do local sem qualquer espécie de providência assecuratória do mínimo existencial a ele inerente. E, adiante-se, a propósito, que a municipalidade afirmou nos autos que nada oferecerá para os desalojados a fim de satisfazer o direito de habitação. (BRASIL, 2012)

De modo a reforçar o caráter ilícito da pretensão do Município de São Paulo, o julgador a classificou como ineficiente e imoral:

> [...] reintegrar o poder público na posse de um imóvel nas condições por ele estabelecidas, quais sejam, sem o atendimento ao mínimo existencial do direito de habitação, significa lançar ex-abrupto em sede liminar centenas de pessoas à condição de moradores de rua desabrigados e desassistidos, com prejuízos e riscos diretos à vida, integridade física, saúde, escolarização, convivência familiar e comunitária, ou numa síntese, lançar as pessoas em completa situação de indignidade, o que priva a ação administrativa dos necessários atributos da moralidade e da eficiência. (BRASIL, 2012)

Há ainda uma passagem da decisão muito interessante, pois o juiz não se deixa levar pelo entendimento mais racionalista e prevalecente no sentido de ser incabível usucapião de bem público e que, por tal fato, seria ele também impassível de posse, matéria a ser melhor detalhada nos próximos capítulos. Afirmou o magistrado:

> [...] Em arremate, para que os fatos e a sentença não sejam compreendidos em plano distinto, não se trata de cogitar da aquisição de bem público pelos particulares, nem de desconstruir o caráter dominical dos imóveis, que por ora, ao que sabe, não foram juridicamente afetados à destinação objetivada na ação expropriatória. O problema que a Municipalidade antecipou ao jurisdicionar o conflito político é constitucional e outro. (BRASIL, 2012)

Por fim, o juiz, mais uma vez, trata o Direito Civil à luz da Constituição, e não o contrário como costuma ser realizado nesta espécie de conflito, no Brasil. De modo bastante ponderado, o magistrado entendeu que o melhor título jurídico era dos moradores, e não do Poder Público, mesmo tendo este uma certidão imobiliária:

> [...] a propriedade pública aflora desfuncionalizada e sua posse se afigura capenga, cedendo àquela dos requeridos porque assentada no melhor título jurídico que é o direito social à habitação, não havendo que se protegê-las a conta de uma certidão imobiliária. A dimensão publicística do conflito exige solução diversa da proteção possessória do direito privado, e autoriza o acolhimento da exceção de contrato social não cumprido. (BRASIL, 2012)[106]

Com base nesses principais argumentos, o pedido do Município foi julgado improcedente.

A análise dos julgados aqui mencionados teve por objetivo apresentar soluções jurídicas mais consentâneas à ordem internacional e às normas internas de cada país. São experiências discursivas exitosas para a formação de um novo caminho, de uma nova ordem do discurso que servirá de base a uma transformação social mais ampla.

Como já se registrou no Capítulo 1, neste trabalho o principal referencial teórico quanto à Análise Crítica do Discurso repousa em Norman Fairclough que enxerga a intertextualidade como uma das principais categorias analíticas, já que a relação entre enunciados que se antecedem e se sucedem na cadeia da comunicação é responsável, em grande parte, por manter ou por alterar a ordem discursiva (dimensão semiótica da ordem social). Assim, na linha do que preconiza este autor, sugere-se aqui que haja um maior diálogo intertextual entre decisões que enfrentam a problemática da moradia. Esse diálogo não deve se dar apenas com Cortes de países desenvolvidos, como costuma ser realizado no Brasil cuja Corte maior (o Supremo Tribunal Federal) confere, p.ex., extrema relevância à jurisprudência alemã. Não é preciso muito esforço para perceber as gritantes diferenças sociais que separam o Brasil da Alemanha. Assim, outras Cortes de países subdesenvolvidos, onde os problemas sociais podem ser similares, parecem ser fontes relevantes e seguras para proporcionar a partilha do que se pode denominar de "boas práticas jurisdicionais" em matéria de efetivação e garantia do direito fundamental à moradia adequada. A intertextualidade jurisdicional entre esses países pode viabilizar uma gradativa melhoria na prática do discurso jurídico com repercussão na prática social mais ampla.

---

[106] Adotou-se assim uma postura hermenêutica para concluir pela melhor posse diante das peculiaridades do caso concreto, nos moldes do que defende Francisco Cardozo Oliveira, o que será aprofundado no próximo capítulo.

3 A POSSE NO CASO CONCRETO. POR UMA POSTURA HERMENÊUTICA DE CONCRETIZAÇÃO DE DIREITOS FUNDAMENTAIS.

3.1 O racionalismo moderno e a separação absoluta entre sujeito cognoscente e objeto.

A Modernidade, sob os auspícios do Iluminismo consagrador dos ideais burgueses, conferiu centralidade à razão, único critério válido para a cientificidade. Nenhum aspecto valorativo era tido como correto. O pensamento deveria direcionar-se à busca da certeza, da verdade absoluta e inquestionável.

O paradigma moderno, da busca da certeza objetiva, preconizava a separação absoluta entre o sujeito cognoscente e o objeto de conhecimento. Não se admitia a interferência de valores externos ao sujeito do conhecimento. A cientificidade só poderia ser alcançada mediante a utilização exclusiva da razão pura, daí o surgimento da expressão racionalismo como característica desse período histórico.

O pensamento moderno é do tipo binário, ou seja, valorizam-se conclusões baseadas no código "certo-errado". A abstrativização é uma constante. A verdade é tida como absoluta. Há uma pretensão de eternidade, de universalidade do conhecimento científico. Prevalecia o método cartesiano das verdades demonstráveis.[107]

O ideal racionalista, com as características acima apontadas, repercutiu, de uma forma bastante significativa, no Direito. Nesse contexto, o Direito não era concebido como uma Ciência Humana Aplicada, mas sim como uma Ciência Exata, tal como a Matemática. A historicidade, a problematicidade foram afastadas do fenômeno jurídico. Em vez disso, prevaleceu a visão dogmática do Direito enquanto pura norma.

---

[107] Já se apresentou, no primeiro capítulo, a expressão do racionalismo na concepção da linguagem que servia apenas para representar o mundo de forma contínua e sistemática.

Observa-se no racionalismo um distanciamento dos fatos, em sua inerente dinamicidade, com o intuito de ser garantida uma suposta segurança jurídica, de modo a proporcionar um estudo científico do Direito.

Nesse contexto, cabe perguntar: a segurança jurídica almejada pelos iluministas destinava-se, de fato, ao interesse de todos, inclusive e sobretudo dos mais vulneráveis, dos excluídos da sociedade moderna? A quem serve essa suposta segurança, garantida pela previsibilidade do fenômeno jurídico, olvidando-se toda a sua complexidade cultural?

O objetivo maior é atender aos interesses burgueses, à classe vencedora das revoluções libertárias do século "das luzes". A filosofia iluminista, nessa toada, é utilizada para instrumentalizar a manutenção do sistema capitalista.

Em consonância com o pensamento jurídico escravizado pela técnica de dominação racionalista, atomizado, desconectado da sociedade plural, foi edificado, no século XVIII, por Montesquieu, o princípio da separação dos poderes. Segundo Ovídio Batista, esse rígido princípio serve, até os dias atuais, como fundamento para instrumentalizar os juízes que apenas devem veicular a vontade da lei. Daí a expressão: os juízes são "a boca da lei". (SILVA, 2006).

Afasta-se qualquer papel criador da Jurisprudência. Os juízes nada decidem, mas tão-somente julgam. É assim porque decidir requer uma atividade interpretativa do texto normativo em cotejo com a realidade social subjacente, realizada por um sujeito que também está, ele mesmo, inserido na história. Segundo Ovídio Batista, decidir pressupõe discricionariedade, impensável aos propagadores do paradigma racionalista expresso, nesse aspecto, na separação dos poderes (SILVA, 2006).

Nesta perspectiva, desponta a natureza meramente declaratória do ato jurisdicional. O juiz deve ser instrumento destinado a declarar o único sentido válido da lei, pré-existente à sua decisão.[108]

Faz-se necessário um olhar crítico sobre a separação absoluta entre sujeito e objeto idealizada pelo iluminismo racional. É preciso perceber a ausência de considerações sobre o próprio pressuposto do modelo moderno, qual seja, a razão. Essa razão, consoante Alexandre Araújo Costa, não chega a ser tematizada. (COSTA, 2005).

Segundo Alexandre Costa, a forma de conceber o mundo na Modernidade e nos períodos que a antecederam trata-se de representação do mundo, segundo os olhos de quem vê. O autor questiona a teorização do mundo para apontar que, em vez de uma paráfrase, mais se aproxima

---

[108] Essa concepção, como já estudado, não mais se compatibiliza com a concepção de linguagem pós virada linguístico-pragmática, pois o sentido depende do contexto.

de uma metáfora, pois há valores, símbolos, crenças por traz dos sentidos literais[109] que não podem ser ignorados. (COSTA, 2005).

A representação do mundo na Modernidade diverge daquela realizada nos períodos anteriores porque para os modernos o mundo foi reduzido à finitude dos fenômenos empíricos. Desse modo, a razão passou a ser a única forma de compreender o mundo, recusando-se outras formas de acesso, pois não conduziriam à certeza objetiva. (COSTA, 2005).

Neste ponto, o autor traz uma importante consideração a respeito dos próprios limites da certeza. Diversamente da verdade, a certeza é uma experiência subjetiva, assim como o é a fé. Como seria possível uma única certeza objetiva coincidente com a verdade? A alternativa encontrada foi a de universalizar as subjetividades, provar que há certos fatos evidentes cuja verdade deve ser admitida, aceita por todos os sujeitos. (COSTA, 2005).

Como reprodução desse pensamento moderno, o autor aponta as estratégias contratualistas desde Hobbes e a forma de legitimação política até os dias atuais, onde predomina a alucinação consensual, observando-se o esvaziamento da ideia de indivíduo que se incorpora a uma grande massa de manipulação. (COSTA, 2005).

A própria razão (o olho com o qual todos veriam o mundo) não é tematizada. Os limites da própria razão, o instrumento moderno de se olhar o mundo, merece ser questionado. Assim, todos devem ser racionais, o conhecimento é racional, mas, como, de modo metafórico trata o autor, o olho não é visto, não é questionado. Tem-se um olho que não se vê.

Posteriormente, em momento de crise do pensamento moderno, passou-se a observar que a objetividade racional não era uma forma objetiva de ver o mundo, mas sim uma forma de criação do mundo.

Trata-se do momento em que se admite a limitação racional. Surge a matemática não euclidiana que suplanta a ideia de uma matemática única, de modo a afastar as bases de unificação do pensamento moderno. O conceito de verdade única racional passou a ser visto como utópico e até ingênuo.

Os modernos tiveram de admitir que os pressupostos de sua teoria não estavam sujeitos à prova, não eram justificados pela razão. Seria impossível fundamentar o pensamento último. (COSTA, 2005).

É interessante observar a repercussão dessa crise no próprio Direito através da teoria Kelseniana que admite uma hipótese de norma fundamental como pressuposto, sem qualquer base racional. O próprio

---

[109] A própria possibilidade de existência de um sentido literal é bastante questionada pelos linguistas.

Kelsen admitiu que a norma fundamental não passaria de uma ficção epistemológica.

Sobre a Teoria Pura do Direito e a criação lógica da pressuposta norma hipotética fundamental, colhe-se a seguir o ensinamento do professor João Paulo Allain Teixeira ao analisar os modelos de legalidade elaborados por Hans Kelsen e por Niklas Luhmann. (TEIXEIRA, 2009).

Segundo se depreende, o sistema normativo, na visão de Kelsen, concebido de maneira hermeticamente fechada, pressupõe a existência de duas normas, uma que encerra a prescrição de uma conduta e outra que lhe confere o fundamento de validade. Esse modelo garante, segundo seu idealizador, uma unidade na pluralidade, o que possibilitaria a caracterização do Direito enquanto sistema. (TEIXEIRA, 2009).

Assim, uma norma retira seu fundamento de validade de outra norma superior e serve de fundamento de validade para a norma imediatamente inferior. Existem duas possibilidades de derivação normativa: a estática e a dinâmica, sendo essa última referente ao sistema jurídico, consoante Kelsen. (TEIXEIRA, 2009).

Basicamente, tem-se que a derivação normativa estática tem no conteúdo da norma a sua validade, enquanto que a derivação dinâmica considera a validade sob um aspecto tão-somente formal, de modo totalmente independente do conteúdo. (TEIXEIRA, 2009).

Na derivação estática, a norma que é fundamento funciona em relação de continência com a norma inferior. Pensando-se em um círculo contido em outro círculo, a norma superior seria o continente que contém o conteúdo da norma inferior.

Um exemplo trazido pelo autor é o seguinte. Imagine-se as seguintes normas: não mentir, não fraudar, respeitar os compromissos, não prestar falsos testemunhos. Essas normas, segundo o que se disse sobre a relação de continência, são conteúdos da norma superior que preconiza o princípio mais amplo da veracidade. (TEIXEIRA, 2009).

Esse não é o modelo do sistema científico-jurídico formulado por Kelsen. Para ele, o sistema fechado funciona mediante normas com derivação dinâmica. A validade da norma inferior funda-se na autoridade da norma superior. Nenhuma análise conteudística é realizada. O fundamento é tão-somente a autoridade, que expressa uma validade formal, da norma superior.

Mais uma vez, o autor colaciona o exemplo do filho que recebe uma ordem do pai para dormir cedo. O conteúdo dessa norma não está contido na norma fundamental superior a ela. Essa norma superior tão-somente delega uma autoridade legiferante sem qualquer consideração sobre o conteúdo. Esse modelo é comumente reportado à ilustração da pirâmide. (TEIXEIRA, 2009).

A derivação normativa do tipo estático é típica dos sistemas morais e a modalidade dinâmica condiz com o sistema jurídico, na visão Kelseniana. Nessa concepção, Kelsen admite que qualquer conteúdo possa ser direito, desde que atenda às exigências da norma fundamental. Assim, a perspectiva da Teoria Pura permite a justificação formal de qualquer sistema jurídico positivo, de modo independente do seu conteúdo. (TEIXEIRA, 2009).

Para melhor visualizar os dois tipos de derivação, seguem as ilustrações a seguir[110]:

Ilustração 3

Fonte: ERHARDT, 2014

Após essa breve análise da Teoria Pura do Direito, a partir dos ensinamentos do professor João Paulo Allain Teixeira, retoma-se agora o problema que ensejou a abordagem. Qual o fundamento da razão última? Esse é o problema mais polêmico da Teoria Pura nos moldes do que leciona João Paulo Allain Teixeira:

> Parte Kelsen da ideia segundo a qual toda norma possui um fundamento de validade que é também uma norma a ela superior. Nesse sentido, uma sentença é uma norma, e como tal demanda um fundamento de validade, que pode ser uma Lei Ordinária, ou uma Lei Complementar, por exemplo. Por sua vez estas normas precisam estar fundamentadas em outras normas a elas superiores, que

---

[110] Adverte-se que os institutos típicos da matemática, como a noção de conjunto, aqui são utilizados tão-somente para fins didáticos sem qualquer intenção racionalista, nos moldes aqui abordados. Aliás, a própria noção de estático e dinâmico provém de conceitos da física, mas foram doutrinariamente utilizados também com a finalidade de explicitar, de melhor esclarecer. Entende-se até que talvez fosse melhor a inversão entre dinâmico e estático no sentido de uma abordagem sob o viés da interpretação no Direito, mas a consagrada nomenclatura foi elaborada sob a perspectiva da influência ou não do ato de vontade, da autoridade como critério de validade de uma norma jurídica. Assim, neste sentido, cumpre bem o seu mister.

pode ser a Lei Complementar, por exemplo.[111] Por sua vez estas normas precisam estar fundamentadas em outras normas a ela superiores, que pode ser a Lei Complementar no caso da Lei Ordinária ou a própria Constituição nos dois casos. Pois bem. Se a Constituição é uma norma, para que a Teoria Pura do Direito permaneça coerente suficiente será encontrar o seu fundamento de validade. Acontece que este fundamento precisa ser encontrado em um dever-ser que fundamenta o dever-ser supremo do ápice da pirâmide do direito positivo. É que remontando de escalão a escalão, chegaremos em um ponto em que a Constituição, como norma posta, necessitará de uma norma que a fundamente. De fato, se Kelsen afirma que toda norma possui um fundamento de validade que é uma norma a ela superior, qual seria então o fundamento de validade da norma positiva suprema, a Constituição?

Com rara engenhosidade, Kelsen afirma que na verdade a ideia de Constituição pode ser entendida em dois sentidos diversos: o primeiro em sentido jurídico-positivo, que seria a própria Constituição enquanto norma posta; e no segundo caso, a Constituição teria um sentido lógico jurídico, que seria a condição de fechamento lógico do sistema [...]. (TEIXEIRA, 2009, p.99-100).

A necessidade de fundamentar tudo o que existe ainda se faz presente na atualidade, até mesmo como uma forma de buscar sentido, significado para o mundo e para a existência. Os seres humanos precisam de uma segurança, de um chão. (COSTA, 2005).

Mais recentemente, observa-se essa crise sendo concebida por expressões artísticas como é o caso do cantor pernambucano Lenine que, juntamente com Lula Queiroga, assim compôs: "o chão quando foge dos pés tudo perde a gravidade. Então ficaremos só nós a um palmo do chão da cidade".

Em sua conclusão, o autor retoma a ideia inicial de que as teorias, em vez de paráfrases, constituem metáforas da realidade. Há uma interessante utilização da metáfora cartográfica como forma de organizar o entendimento sobre o conhecer. Como as teorias decorrem de criações da realidade, a explicação dessas teorias também constituem metáforas. O conhecimento não coincide com o mundo, mas sim com representações metafóricas, distorcidas e até contraditórias. (COSTA, 2005).

---

[111] Hoje prevalece a ausência de hierarquia entre Leio Ordinária e Lei Complementar, distinguindo-se apenas em face do âmbito material, pois algumas matérias são constitucionalmente atribuídas à Lei Complementar enquanto que outras devem ser disciplinadas por Lei Ordinária.

Assim como as teorias, o mapa é sempre uma construção humana, tal como o conhecimento. Mapas são representações esquematizadas daquilo que se chama realidade. O mapa assim não é o mundo, mas sim sua metáfora. (COSTA, 2005).

Como existem variadas formas de conhecimento, são criadas diversas representações, diversos mapas que podem se relacionar. Para essa relação, cria-se uma nova metáfora, um mapa de mapas e assim sucessivamente até chegar a um mapa-múndi do conhecimento que seria, na concepção do autor, o senso comum. (COSTA, 2005).

A modernidade pretendeu unidade completa, mas isso é impossível, pois o senso comum é fragmentado. Assim, em vez de unificar os diversos mapas, o autor conclui no sentido de que prefere cartografar os mapas e metamapas tendo a consciência de que se trata de um eterno processo criativo de simplificação esquemática da plurívoca realidade. (COSTA, 2005).

Segundo Adriana Moreira, percebe-se uma ingenuidade do Iluminismo quanto à facilidade com que a teoria poderia ser traduzida na prática, tendo em vista que a implementação do conhecimento requer a correção da natureza humana e a reestruturação radical da sociedade. Desse modo, a autora coloca em xeque a própria liberdade idealizada pela Modernidade, pois o ser humano não poderia acreditar naquilo que não fosse passível de comprovação através das ciências naturais. (MOREIRA, 2006).

No contexto da civilização atual, pode-se concluir com Bauman que o Mercado, no sistema econômico capitalista imperante, elimina toda a possibilidade de realização genuína das escolhas pelo indivíduo. Aliás, a própria ideia de indivíduo pode ser passível de questionamento, diante do absoluto esfacelamento de sua unicidade que cede espaço à individualização coletiva da sociedade de consumo. (BAUMAN, 2009).

Como se depreende, no processo de conhecimento, a teoria e a prática estão sempre em relação de descontinuidade, fazendo-se necessária a constante relação do sujeito com o seu meio para apreender, segundo o seu olho (a sua visão, sempre embassada), as peculiaridades de uma sociedade amplamente complexa.

3.2 Da jurisprudência dos conceitos à jurisprudência da valoração.

De acordo com o ideal racionalista, ganhou força o modo de traduzir o Direito e os seus institutos em conceitos abstratos generalizantes no intuito de atingir a almejada segurança jurídica burguesa. Desse modo, como decorrência do excessivo conceitualismo, esse período é marcado pela denominada Jurisprudência dos Conceitos.

Trata-se de conceber o Direito como um sistema lógico de conceitos onde os conceitos inferiores são inferidos e deduzidos de um primeiro e superior conceito que ocupa o topo da pirâmide. (OLIVEIRA, 2006).

Os conceitos são tidos como universais sem relação com a contingência histórica. A Jurisprudência dos Conceitos pressupõe um sistema jurídico fechado e completo, sendo negado conteúdo valorativo ao Direito. (OLIVEIRA, 2006).

Essa forma de conceber o fenômeno jurídico tem sua origem em Savigny, grande defensor do historicismo. O jovem jurista pressupôs para a interpretação e aplicação do Direito a existência na sociedade alemã de um "espírito do povo alemão" tomado na forma cristalizada do conceito, sem relação direta e imediata com os valores da realidade histórica.[112] (OLIVEIRA, 2006).

É importante, entretanto, atentar para o fato de que uma ordem jurídica concebida como completa e neutra não está isenta de valores, pois intrinsecamente contempla os valores da completude e da neutralidade. O Direito neutro e o sistema jurídico completo e fechado nada mais são do que expressões dos valores do Estado Liberal, opções filosóficas e políticas incorporadas ao mundo jurídico através do discurso da cientificidade. (OLIVEIRA, 2006).

A partir da proclamação de Jhering de que a vida não é o conceito, iniciou-se a retomada gradativa da defesa de valores como elementos constituintes da juridicidade. Surge a Jurisprudência dos Interesses capitaneada por Philipp Heck que definiu o Direito como tutela de interesses, onde a interpretação devia remontar aos interesses que foram causais para a lei. (OLIVEIRA, 2006).[113]

A Jurisprudência de Interesses admite lacunas no Direito e defende a ideia de Direito como sistema interno de conceitos e externo de interesses. O extremo dessa concepção conduziu ao surgimento da Escola do Realismo Jurídico norte-americano onde o Direito foi reduzido à decisão judicial concreta. (OLIVEIRA, 2006).

Segundo Francisco Cardozo Oliveira, a Jurisprudência dos Interesses não conseguiu formular uma reflexão filosófica do sistema

---

[112] Remete-se o leitor ao Capítulo 1 onde se abordou a legitimação como um dos modos de operação da ideologia. A ideia de um espírito do povo alemão (ou ainda, de um interesse público) remonta a uma das estratégias de construção simbólica voltada a conferir legitimidade a um argumento. Trata-se da universalização, onde o interesse de uns é apresentado como se fosse o interesse de todos.

[113] Poderia aplicar-se aqui a mesma objeção estudada no Capítulo 1 quanto à suposta existência de uma vontade do legislador.

jurídico que extrapolasse os limites do dogmatismo. A concepção dos interesses, entendidos como necessidades da vida, não ultrapassou as raias do formalismo jurídico. Diz-se que traduziu uma postura positivista diante do fenômeno jurídico com a utilização de métodos empíricos e sociologizantes. (OLIVEIRA, 2006).

Com o neoconstitucionalismo, abriu-se a possibilidade de penetração de valores no sistema jurídico. Surge a denominada Jurisprudência dos Valores. Passou-se a privilegiar o momento da aplicação do Direito em busca da justiça para o caso concreto. Na formulação justa para o caso concreto, materializa-se a ponderação de valores inerentes à positividade da lei e imanentes à realidade fática. (OLIVEIRA, 2006).

Os estudiosos do Direito passaram a perceber o caráter arbitrário do conceito na medida em que impõe determinada ordem de elementos não observada na realidade fática. A separação entre sujeito cognoscente e objeto não se sustentava mais quando se admitiu a inserção daquele sujeito na história, na realidade fática subjacente. O intérprete está inserido na realidade histórica. (OLIVEIRA, 2006).

O Direito não é pré-constituído, mas exsurge da hermenêutica concretizadora. Tem-se por premissa fundamental a de que a constituição do Direito está atrelada à noção de justiça e à busca da solução justa. (OLIVEIRA, 2006).

A Jurisprudência de Valores é compatível com a natureza sistêmica do Direito quando se admite que a sistematização ocorre por meio da ordenação de valores, princípios e fins. (OLIVEIRA, 2006).

Segundo Francisco Cardozo Oliveira, o Direito deve ser abordado através do uso da hermenêutica. O autor defende que a compreensão é antes de mais nada uma prática sem abdicar da teoria. Exige-se o compromisso da teoria com a experiência, com a condição existencial do homem de ser-no-mundo. (OLIVEIRA, 2006).

Não obstante a vantagem que a Jurisprudência dos Valores agregou à tarefa do intérprete de busca pela justiça do caso concreto, é necessário apontar a crítica doutrinária a esse modo de conceber o Direito, sobretudo oriunda dos juristas alemães a partir do julgamento do famoso "caso dos crucifixos" descrito mais adiante.

A grande celeuma vislumbrada pelos estudiosos da Jurisprudência dos Valores é a sua potencialidade de ensejar a arbitrariedade das decisões proferidas a partir de uma ordem supostamente objetiva de valores extraída da sociedade e sem a necessária consistência jurídica. A crítica então se volta para a questionável normatividade dos valores, o que pode ensejar um indesejável ativismo judicial desbordante das limitações sistêmicas.

A polêmica sobre a adoção da ponderação de valores como técnica de decisão efervesceu na Alemanha logo após o julgamento do conhecido "caso dos crucifixos". O Tribunal Constitucional alemão viu-se obrigado a jungir os contornos da liberdade religiosa com relação à utilização de crucifixos em escolas públicas. (COSTA, 2008). Assim entendeu o Tribunal:

> O direito fundamental à liberdade religiosa é garantido incondicionalmente, mas essa garantia não implica que não há limites a esse direito. Toda limitação, contudo, deve ser baseada na Constituição. Os legisladores não são livres para restringir a liberdade religiosa na falta de limitações constantes em dispositivos da própria Lei Fundamental.
> [...] Ao resolver a inevitável tensão entre os aspectos positivos e negativos da liberdade de religião, e buscando promover a tolerância que a Lei Fundamental prescreve, o Estado, ao formar o interesse coletivo, deve esforçar-se para produzir um compromisso aceitável. [...] A exposição de cruzes em salas de aula, no entanto, excede [essas orientações e limites constitucionais].
> A cruz é o símbolo de uma convicção religiosa particular e não apenas uma mera expressão de valores culturais que foram influenciados pela cristandade.
> Longe de ser um mero símbolo da cultura ocidental, ela simboliza o coração da fé cristã, que sem dúvida moldou o mundo ocidental em vários sentidos, mas que não é compartilhada por todos os membros da sociedade. [...] Dessa forma, a exposição da cruz nas escolas públicas obrigatórias viola o artigo 4 (I) da Lei Fundamental. (COSTA, 2008).

Consoante relata Alexandre Araújo Costa, houve uma grande resistência social a cumprir a decisão, diante de um contexto de uma sociedade amplamente cristã. As reivindicações foram de tal monta que se chegou a cogitar dos riscos decorrentes do descumprimento de um comando judicial para a garantia do Estado de Direito. Isso fez com o que a própria Corte alemã divulgasse uma nota no sentido de restringir a eficácia da decisão aos casos onde houvesse expressa irresignação à colocação de crucifixo em sala de aula. (COSTA, 2008).

Habermas, citado por Alexandre Araújo, critica a utilização da técnica da ponderação de valores nos seguintes termos:

> 'A transformação conceitual de direitos fundamentais em bens fundamentais significa que direitos foram mascarados pela teleologia, escondendo o fato de que em

um contexto de justificação, normas e valores têm diferentes papéis na lógica da argumentação.

Porque normas e princípios, em virtude do seu caráter deontológico, podem pretender ser universalmente obrigatórios e não apenas especialmente preferíveis, eles possuem uma maior força de justificação que os valores. Valores devem ser postos em uma ordem transitiva com outros valores, caso a caso. Como não há padrões racionais para isso, esse sopesamento acontece arbitrariamente ou sem maior reflexão, de acordo com os padrões e hierarquias costumeiras.

A partir do momento em que uma corte constitucional adota a doutrina de uma ordem objetiva de valores e fundamenta seu processo de decisão em uma forma de realismo ou convencionalismo moral, o perigo de decisões irracionais cresce, porque os argumentos funcionais ganham precedência sobre os normativos. Certamente, há vários princípios ou bens coletivos que representam perspectivas cujos argumentos podem ser introduzidos em um discurso jurídico em casos de colisão de normas [...]. Mas argumentos baseados em tais bens e valores coletivos apenas contam na mesma medida que as normas e princípios pelas quais esses objetivos podem, a seu turno, ser justificados. Em última instância, apenas direitos podem ser invocados em um jogo argumentativo. [...] Um julgamento orientado por princípios precisa decidir qual pretensão e qual ação em um dado conflito é correta – e não como ponderar interesses ou valores. [...] A validade jurídica do julgamento tem o caráter deontológico de um comando, e não o caráter teleológico de um bem desejável que nós podemos alcançar até um certo nível.' (HABERMAS, 1996, p.259-261 *apud* COSTA, 2008).

Em vista das críticas apresentadas, sem desmerecer o avanço representado pela inserção de conteúdos morais no âmbito do Direito, o que representou, sem dúvida, o arejamento, proporcionado por uma brisa ética, da concepção do fenômeno jurídico, no intuito de evitar um completo abandono da sistematicidade, é mister a busca de outros esteios teóricos para conferir-se consistência e juridicidade à interpretação jurídica e às decisões judiciais.

3.3 Da possibilidade de adoção do modelo estruturante pós-positivista de Friedrich Müller para garantir efetividade aos direitos fundamentais.

Na perspectiva do neoconstitucionalismo, mais importante do que positivar direitos em um texto legal é a efetivação desses direitos. Trata-se agora de uma nova etapa, pós-positivista, do Constitucionalismo que prioriza a concretização dos direitos, sobretudo, dos direitos constitucionais.

O Constitucionalismo e o seu concomitante positivismo tiveram a finalidade de garantir a autonomia do sistema jurídico em face do sistema político mediante a limitação do poder e a consagração de direitos fundamentais, de modo a ensejar um Estado de Direito, cuja segurança jurídica se aprazia com a elaboração do texto legal.

Diversamente, o neoconstitucionalismo institui uma nova fase do Constitucionalismo, onde a preocupação maior não é a positivação, mas a efetivação de direitos, de forma a embasar o Estado Social e Democrático de Direito. Esse novo modelo impactou significativamente a Teoria da Norma, a Teoria do Direito, as fontes do Direito e a interpretação das normas.

É nesse contexto que Friedrich Müller elabora a sua Teoria Estruturante do Direito (TED).[114] A teoria consiste em uma nova reflexão acerca da dogmática, da metódica e, principalmente, da teoria da norma jurídica. (CONTE, 2008).

A TED apresenta uma forma interessante de relacionamento entre texto e realidade constitucional.[115] Toma por ponto de partida a prática cotidiana do Direito. Desse modo, concebe o Direito em sua dinamicidade, em sua riqueza criativa, em sua adaptabilidade às circunstâncias sociais. (CONTE, 2008).

---

[114] É preciso aqui, desde logo, ressalvar a diversidade de sentidos existente entre os termos 'estruturante' e 'estruturalismo', de modo que um não se confunde, no contexto ora estudado, com o outro. É possível sustentar até que o vocábulo estruturante, que integra a nomenclatura da Teoria de Müller, ocupa uma posição semântica completamente diversa daquela do estruturalismo linguístico de Saussure. É que, conforme já estudado, as ideias saussurianas de pureza da língua podem ser associadas com a teoria pura de Kelsen. Já a teoria estruturante de Müller representa um manifesto a essa postura teórica que afasta a língua da realidade ou a norma do fato. Portanto, o conceito de estruturante aqui precisa ser dissociado daquele contexto em que é entendido o estruturalismo linguístico. Talvez, a intenção em se valer do termo estruturante esteja calcada na finalidade de conferir consistência ao sistema jurídico, o que havia sido perdido com a adoção inquestionada da Jurisprudência dos Valores nos moldes do que há pouco foi apresentado. Conclui-se que, do mesmo modo que existe distinção entre forma e formalismo, função e funcionalismo, razão e racionalismo, há diferenças entre estrutura e estruturalismo.

[115] Perceba-se que a analogia aqui é com a concepção dinâmica entre língua e realidade.

O ponto central da TED é a norma jurídica, visualizada a partir de sua constituição dinâmica. Müller critica a noção de norma como dever-ser dissociada do ser. Em sua compreensão, a norma jurídica é um composto de ser e de dever-ser, ou seja, além do campo normativo, é integrada pelo campo factual. Assim, a norma jurídica é o resultado da interação entre os dados linguísticos textuais e os dados reais. (CONTE, 2008).

A TED investiga o que ocorre realmente quando o ordenamento jurídico está em funcionamento e o que fazem os juristas realmente quando dizem interpretar (aplicar a norma). (CONTE, 2008).

A norma é criada concretamente mediante a interpretação do texto normativo conjuntamente com a realidade fática. A norma jurídica apenas é formada, dinamicamente, no decorrer do processo de aplicação do Direito. Assim, a norma não pré-existe ao momento de aplicação como defende o Positivismo. (CONTE, 2008).[116]

Nessa abordagem dialética, Müller extrai o sentido da normatividade como sendo a qualidade dinâmica da norma composta pelo programa (texto da norma) e pelo âmbito da norma (dados reais), formado a partir de uma perspectiva valorante do programa da norma. (CONTE, 2008).

Consoante o ensinamento de Marcelo Neves, ao abordar o tema da interação entre texto e realidade constitucional, segundo a TED, a normatividade é obtida mediante o processo de concretização. Consubstancia a propriedade dinâmica da norma jurídica de influenciar a realidade a ela relacionada (normatividade concreta) e de ser influenciada e estruturada por esse aspecto da realidade (normatividade materialmente determinada). (NEVES, 2011).[117]

Ao partir dos problemas práticos, a TED utiliza o método indutivo para interpretação e aplicação da norma. Para Müller, a norma jurídica só é produzida no decurso da solução do caso. Ele chega a dizer que o juiz não é legislador de segundo grau, mas sim o único legislador, mesmo que isso soe estranho. (NEVES, 2011).

---

[116] E pode ainda se acrescentar, na linha comparativa com a Ciência da Linguagem aqui empreendida, o sentido não pré-existe ao contexto. Daí ser bastante questionável a existência de um sentido literal. Lembre-se de que sentido é diferente de significado (cf. Capítulo 1 onde a matéria foi abordada com mais vagar).

[117] Desse modo, é plausível fazer uma analogia entre a Teoria Estruturante do Direito e a Teoria Tridimensional do Discurso de Fairclough, pois, segundo Fairclough, o texto, a prática discursiva e a prática social (dimensões do discurso) se influenciam reciprocamente, de modo que, p. ex., as escolhas lexicais podem sofrer os influxos da realidade de uma dada prática social, bem como podem interferir para a formação ou reformulação dessa mesma prática social. Essa breve comparação, tendo em vista o corte metodológico deste estudo e o instigante cotejo de ideias por ela propiciada, será aprofundada em outro trabalho que se pretende desenvolver.

É interessante a contribuição de Müller com relação ao problema da consistência das decisões, aventado sobretudo na Alemanha quando do predomínio da Jurisprudência dos Valores. Quando o jurista alemão afirma que o direito normativo está nos julgamentos, não descura dos dados linguísticos do texto. Afirma que as codificações são pontos de partida e, ainda, limite para a concretização legal e legítima em um Estado Democrático de Direito. (CONTE, 2008).[118]

Assim, não obstante a TED valorizar a semantização da norma jurídica, considera relevantes os limites da interpretação. (CONTE, 2008).

Deveras, sob a justificativa de interpretar um texto normativo, é vedado ao intérprete criar um, completamente novo, texto legal, sob pena de ofensa aos ditames da Democracia. (STRECK, BARRETO;OLIVEIRA, 2009).

3.4 Dos conceitos de posse e de propriedade. Análise da teoria simplificada da posse de Jhering e de sua adoção pelo atual ordenamento jurídico brasileiro em cotejo com o princípio constitucional da função social da posse e da propriedade.

No Direito Romano clássico, a posse e a propriedade eram tratadas de modo autônomo. Conferia-se relevância ao fato da posse distinto da propriedade. Segundo a doutrina, a origem e a proteção possessória situam-se no Direito Público Romano na época em que os pretores, no exercício do *ius honorarium*, asseguravam a posse daqueles que, não sendo proprietários, ocupavam o *"ager publicus"*, terras no interior da cidade de titularidade dos civitas e que podiam ser objeto de concessão aos particulares. (OLIVEIRA, 2006).

Segundo Francisco Cardozo Oliveira, a grande contribuição romana em matéria possessória foi a possibilidade de tutela do fato da posse, mormente mediante a utilização dos interditos. (OLIVEIRA, 2006).

No período pós-clássico, iniciou-se o processo de sistematização do Direito com a formulação abstrata de conceitos jurídicos. A posse passou a ser considerada como direito, e não como fato. (OLIVEIRA, 2006).

---

[118] Análise que faz lembrar das "correntes de Ulisses", metáfora utilizada por Lênio Streck, Vicente Barreto e Rafael de Oliveira em artigo assim intitulado: "Ulisses e o canto das sereias: sobre ativismos judiciais e os perigos da instauração de um 'terceiro turno da constituinte' (cf. referência ao final).

Na época de Justiniano, passou a ser exigido o animus domini. A partir daí a posse passou a ser vista como instituto acessório e dependente da propriedade, sendo esta tida como um direito absoluto de usar, gozar e dispor da coisa. A predominância do modelo econômico de concentração da propriedade fez com o que esta sobrepujasse a posse. (OLIVEIRA, 2006).

Ultrapassadas a Antiguidade e a Idade Média, já agora no período Moderno, onde, como visto, prevaleceu o paradigma racionalista no Direito, dois teóricos despontaram em matéria de posse e de propriedade, Savigny e Jhering.

Nesse período, o Positivismo jurídico estava em pleno vigor e sua forma de expressão era adotada pela pandectística e pela escola historicista alemã. A pandectística é o estudo das pandectas que nada mais são do que o nome grego do Digesto, a compilação de fragmentos das obras de autores romanos levada a cabo no período de Justiniano e considerada como direito vigente. (RIBEIRO DA SILVA, 2008).

O vocábulo Digesto, por sua vez, tem origem latina e significa aquilo que está disposto, ordenado, distribuído. É a obra mais importante da compilação de Justiniano (Corpus Iuris Civilis). Os pandectistas elaboravam seus conceitos e sistemas a partir do Digesto. (RIBEIRO DA SILVA, 2008).

Segundo Franz Wie:

> Apesar da aparência externa do seu programa e apesar de muitas contribuições individuais de natureza histórico-jurídica, a Escola Histórica do direito aplicou a maior parte do seu vigor espiritual à construção de uma civilística sistemática; ela tornou-se – de acordo com o título dos seus manuais mais característicos – numa pandectística ou ciência das pandectas. Prosseguiu, assim, a orientação formalista, aberta por Anselm Feuerbach e pela teoria metodológica do jovem Savigny, e que transportou para a matéria do direito comum a construção sistemática e conceitual do anterior jusracionalismo. (WIEACKER, 1967, p. 491).

Savigny, em continuação ao trabalho da pandectística e da Escola Historicista alemã de voltar à Roma para sistematizar os conceitos, elaborou o conceito de posse como sendo a possibilidade de deter e dispor materialmente da coisa com *animus domini* (vontade de ser proprietário). Esse último elemento, segundo o teórico, caracteriza a posse e sua ausência ensejou o conceito de mera detenção. (OLIVEIRA, 2006).

O conceito de posse fornecido por Savigny, pelo seu subjetivismo, pois a posse repousava na vontade do possuidor, fez com o que sua teoria fosse conhecida como subjetiva. (OLIVEIRA, 2006).

Segundo Pontes de Miranda, o subjetivismo impregnou a teoria Kantiana e a de F. Von Savigny não lhes permitindo separar a posse e o direito embora o quisessem. Todavia, como observa Francisco Cardozo Oliveira, a posse, em Savigny, foi reconhecida como fato, ainda que de modo limitado. (OLIVEIRA, 2006).

Como um grande opositor das ideias de Savigny, Jhering formulou a sua Teoria Simplificada da Posse, conhecida como teoria objetiva da posse. Em sua concepção, a posse deixa de ser fato e torna-se um antecedente lógico da propriedade. A posse, em Jhering, é a exteriorização da propriedade. (OLIVEIRA, 2006).

Consoante se depreende da leitura de sua Teoria Simplificada da Posse, Jhering entende a posse como um apêndice da propriedade. O ponto de vista do teórico traduz nitidamente os ideais burgueses da modernidade quando vislumbra a necessidade de proteção da posse para viabilizar a utilização econômica da propriedade e tão-somente para esse mister. (JHERING, 1868).

A posse para Jhering é instrumento da propriedade. Logo no Capítulo I de sua obra, o autor coloca a posse como objeto de um direito, o de propriedade. Segundo sustentou, a noção de propriedade acarreta necessariamente o direito do proprietário à posse. (JHERING, 1868).

No Capítulo II, Jhering considera a posse como condição para nascimento do direito de propriedade. É interessante neste ponto observar a grande repercussão de seu pensamento nos juristas e na codificação atual com relação à generalizada necessidade da tradição (entrega) para obtenção da propriedade de bem móvel. De acordo com o teórico, para nascer, é preciso que a propriedade se manifeste em toda a sua realidade. Essa realidade é a posse, indispensável para a realização do fim da propriedade. (JHERING, 1868).

No Capítulo III, o autor intenta demonstrar a independência da posse com o fundamento de que o possuidor é protegido contra todo ataque à sua relação possessória. Todavia não trata a posse como fato, mas sim como direito que serve a outro direito. (JHERING, 1868).

Quando aborda, no Capítulo IV, as relações possessórias não protegidas, Jhering discorda da teoria romanista resgatada por Savigny e afirma a desnecessidade de *animus domini* para que haja posse. Jhering argumenta no sentido de que a aplicação da teoria subjetiva leva a situações inusitadas onde a posse injusta seria protegida enquanto que a justa não o seria. Colaciona o teórico o exemplo da posse de uma coisa pelo ladrão e pelo que se apoderou violentamente da posse a quem se conferiria proteção, enquanto que aquele que a obteve de um modo justo, v.g, o arrendatário, não seria protegido. O *animus domini*, segundo Jhering, existe no proprietário real, no putativo e no pretenso proprietário (aquele que depreciando a propriedade apodera-se da coisa alheia, tal como o ladrão). Em compensação, ele não existiria naquele cuja posse deriva do proprietário. (JHERING, 1868).

Para Jhering a razão legislativa da proteção possessória pode ser extraída das constatações a seguir: a posse constitui a condição de fato da utilização econômica da propriedade; assim, o direito de possuir é um elemento indispensável da propriedade; a posse é a guarda avançada da propriedade; a proteção possessória apresenta-se como uma posição defensiva do proprietário com a qual pode ele repelir com mais facilidade os ataques dirigidos contra a sua esfera jurídica. (JHERING, 1868).

Em resumo, para Jhering a posse só é protegida porque serve à propriedade. A posse só é assegurada, então, pelo seu interesse econômico. Configura-se em uma instituição de socorro à propriedade, é um desmembramento da propriedade. (JHERING, 1868).

O autor da Teoria Simplificada da Posse entende a posse como um direito, e não como um fato, com fundamento em sua definição de direito como interesse juridicamente protegido. Importante ainda destacar a forte expressão do paradigma racionalista no pensamento de Jhering ao afirmar que o interesse que se protege é o de natureza abstrata, sendo despicienda a consideração do interesse no caso concreto. Veja-se o que consignou o teórico:

> Em minha definição referia-se ao interesse *abstrato*, que é decisivo para o legislador no estabelecimento de todos os tipos jurídicos sem exceção [...].
> A questão de saber se em um caso particular existe o interesse que o legislador julga digno de ser protegido e que, segundo ele, necessita sê-lo (*interesse concreto*), não tem importância alguma em tese geral; a prova dos fatos aos quais a lei se refere ao *nascimento* do direito é bastante para que o autor deva consignar o interesse que tem em fazer valer seu direito, sem que o réu seja admitido a prevalecer-se de falta deste interesse.
> Um cego pode se prevalecer de uma servidão de vistas; o homem completamente desprovido de todo o sentimento de honra pode intentar uma ação de injúrias; o comandante pode pedir a restituição do livro emprestado por um certo tempo, ainda mesmo que o comodatário tenha o maior interesse em conservá-lo por mais algum tempo e não tenha aquele, por acaso, interesse algum em vê-lo. (JHERING, 1868, p. 267).

Segundo Francisco Cardozo Oliveira, a abstração conceitual olvidou o elemento fático da posse, de modo a garantir a consolidação do modelo econômico do capitalismo fundado na propriedade privada dos meios de produção. (OLIVEIRA, 2006).

Observa-se que tanto a teoria subjetiva quanto a teoria objetiva não resultaram em uma compreensão da autonomia entre a posse e a propriedade.

No século XX, surgiram as teorias sociológicas da posse que superaram as teorias subjetiva e objetiva por conferirem primazia ao caráter fático da posse, tratada de maneira independente da propriedade. Segundo Raymond Saleilles, um dos defensores dessa concepção de posse, existe um elemento econômico na posse, o valor de uso, diverso do elemento econômico da propriedade, o valor de troca. (OLIVEIRA, 2006).

Nesse contexto, depreende-se que, para as teorias sociológicas, foi dado à posse um conteúdo de apropriação de bens voltada à satisfação das necessidades humanas. A partir daí, ganha cada vez mais força a noção de função social da posse e da propriedade em um Estado de Direito, Social e Democrático.

No Brasil, em termos legislativos, houve uma grande mudança na orientação filosófica e metodológica que inspirou a elaboração do Código Civil de 1916. Esse diploma foi regido pelos pressupostos do individualismo, típicos do Estado Liberal. Nessa toada, algumas características dessa legislação podem ser apontadas: tutela de interesses individuais; natureza abstrata da concepção de sujeito titular de direitos e o aspecto patrimonial da relação jurídica; a total desconsideração da natureza social do fato da posse e a outorga de caráter absoluto ao direito de propriedade. (OLIVEIRA, 2006).

Influenciado pela Teoria Simplificada da Posse de Jhering, o Código Civil de 1916 assim conceituou a posse, no art. 485, "Considera-se possuidor todo aquele que tem de fato o exercício pleno, ou não, de algum dos poderes inerentes ao domínio, ou propriedade.(BRASIL, 1916)"

Por seu turno, a propriedade foi assim disciplinada no art. 524 do CC/16, que praticamente reproduziu o artigo 544 do Código napoleônico: "A lei assegura ao proprietário o direito de usar, gozar e dispor de seus bens, e de reavê-los do poder de quem quer que injustamente os possua. (BRASIL, 1916)"

Observa-se a ausência de previsão quanto à necessidade de respeito à função social vista como requisito ínsito aos institutos da posse e da propriedade.

No ordenamento jurídico brasileiro, a função social só foi inserida com a Constituição Federal de 1946, consoante seu art. 147, integrante do Título V, "Da Ordem Econômica e Social", com o seguinte teor: "O uso da propriedade será condicionado ao bem-estar social. A lei poderá, com observância do disposto no art. 141, § 16, promover a justa distribuição da propriedade, com igual oportunidade para todos. (BRASIL, 1946)"

Posteriormente, a Constituição de 1988, conhecida como "Constituição cidadã", concomitante à previsão de diversos direitos fundamentais sociais, disciplinou normas específicas sobre a função social da propriedade, a exemplo do art. 5°, XXIII, art. 170, III, art. 182, e art. 186. Eis a redação dos dispositivos na ordem que foi referida:

> Art.5°. [...].
> XXIII - a propriedade atenderá a sua função social;
> [...]
> Art. 170. A ordem econômica, fundada na valorização do trabalho humano e na livre iniciativa, tem por fim assegurar a todos existência digna, conforme os ditames da justiça social, observados os seguintes princípios:
> [...]
> III - função social da propriedade;
> [...]
> Art.182. A política de desenvolvimento urbano, executada pelo Poder Público municipal, conforme diretrizes gerais fixadas em lei, tem por objetivo ordenar o pleno desenvolvimento das funções sociais da cidade e garantir o bem-estar de seus habitantes.
> § 1° - O plano diretor, aprovado pela Câmara Municipal, obrigatório para cidades com mais de vinte mil habitantes, é o instrumento básico da política de desenvolvimento e de expansão urbana.
> § 2° - A propriedade urbana cumpre sua função social quando atende às exigências fundamentais de ordenação da cidade expressas no plano diretor.
> [...]
> Art.186. A função social é cumprida quando a propriedade rural atende, simultaneamente, segundo critérios e graus de exigência estabelecidos em lei, aos seguintes requisitos:
> I - aproveitamento racional e adequado;
> II - utilização adequada dos recursos naturais disponíveis e preservação do meio ambiente;
> III - observância das disposições que regulam as relações de trabalho;
> IV - exploração que favoreça o bem-estar dos proprietários e dos trabalhadores. (BRASIL,1988).

No plano infraconstitucional, várias legislações também previram o princípio da função social, a exemplo da Lei nº 4.504/64 (Estatuto da Terra), do Decreto-Lei nº 271/67 (disciplina a concessão de uso), Lei nº 6.766/79 (regulamentou o parcelamento do solo urbano), Lei nº 4.380/64 (instituiu o Sistema Financeiro de Habitação para estimular a construção de habitações de interesse social), Lei 8.629/93 (o art. 9º regulamenta os dispositivos constitucionais relativos à reforma agrária e o cumprimento da função social no campo), Lei nº 10.257/01 (o art. 39 define parâmetros para o cumprimento da função social na cidade), além de leis estaduais e municipais.(OLIVEIRA, 2006).

Não obstante todo o arcabouço normativo apresentado, o Código Civil de 2002 (conhecido como "novo Código Civil"), continuou a relacionar posse e propriedade, consoante se extrairia da simples leitura do art. 1.196, com o seguinte teor: "Considera-se possuidor todo aquele que tem de fato o exercício, pleno ou não, de algum dos poderes inerentes à propriedade. (BRASIL, 2002)"

Não obstante as teorias sociológicas do século XX, o CC/02 não inovou em matéria possessória, o que sustenta a posição no sentido de haver mantido a concepção de Jhering, tendo apenas afastado a referência ao domínio.

É imprescindível, no entanto, diante da compostura constitucional brasileira, empreender uma interpretação do dispositivo acima conforme a Norma Fundamental de 1988 que elegeu como fundamento da República Federativa do Brasil o princípio da Dignidade da Pessoa Humana e assegurou, como visto, o princípio da função social da propriedade, de modo a conferir dimensão humana ao instituto que deve voltar-se à promoção do bem-estar social, e não apenas servir ao mero deleite do proprietário.(OLIVEIRA, 2006).

A Constituição de 1988 ensejou o fenômeno da repersonalização, da despatrimonialização, ou ainda, da constitucionalização do Direito Civil. Assim, as normas civilísticas devem ser interpretadas à luz da Constituição, o que não pode ser diferente quanto aos institutos da posse e da propriedade. (OLIVEIRA, 2006).

Não se pode descurar ainda do reconhecimento de cláusulas gerais e abertas pelo "novo Código Civil", tais como, boa-fé (art.113), função social do contrato (art.421) e, para os objetivos desse trabalho, a garantia do princípio da função social da propriedade, consoante se dessume dos artigos 1.228, §1º e 2.035, § único com as seguintes redações:

> **Art. 1.228.** O proprietário tem a faculdade de usar, gozar e dispor da coisa, e o direito de reavê-la do poder de quem quer que injustamente a possua ou detenha.
>
> § 1º O direito de propriedade deve ser exercido em consonância com as suas finalidades econômicas e sociais e de modo que sejam preservados, de conformidade com o estabelecido em lei especial, a flora, a fauna, as belezas naturais, o equilíbrio ecológico e o patrimônio histórico e artístico, bem como evitada a poluição do ar e das águas.
>
> **Art. 2.035.** A validade dos negócios e demais atos jurídicos, constituídos antes da entrada em vigor deste Código, obedece ao disposto nas leis anteriores, referidas no art. 2.045, mas os seus efeitos, produzidos após a vigência deste Código, aos preceitos dele se subordinam, salvo se houver sido prevista pelas partes determinada forma de execução.
>
> Parágrafo único. Nenhuma convenção prevalecerá se contrariar preceitos de ordem pública, tais como os estabelecidos por este Código para assegurar a função social da propriedade e dos contratos. (BRASIL, 2002)

As cláusulas abertas possuem significativa importância para a interpretação vocacionada à busca da justiça do caso concreto. Representam o acolhimento de valores morais pelo sistema jurídico.

De outro norte, por alcançarem toda a legislação extravagante, segundo Francisco Cardozo Oliveira, as cláusulas abertas resgatam a centralidade do Código, de forma a recuperar a tradição brasileira, legada do Direito Português.[119](OLIVEIRA, 2006).

Neste momento, imperioso atentar para a ausência de menção expressa, seja na Constituição, seja na legislação infraconstitucional, da função social da posse. A omissão, no entanto, salvante para aqueles ainda vinculados à Jurisprudência dos Conceitos, não afasta o direcionamento do princípio também ao instituto da posse e não apenas à propriedade.

A posse é essencialmente finalística. Assegura a satisfação imediata das necessidades da pessoa humana. Aliás, mais acertado seria empreender uma inversão no sentido de que a propriedade, para preencher sua função social (dever fundamental) e ser protegida, deve valer-se da utilidade social da apropriação de bens que a posse enseja. (OLIVEIRA, 2006).

---

[119] Entende-se por Código Central, aquele que serve de referência para a interpretação de outras legislações esparsas. (OLIVEIRA, 2006).

Nessa linha de ideias, para finalizar este tópico, resta questionar se, de fato, o CC/02 elegeu a Teoria Simplificada de Jhering quanto ao instituto da posse.

Em face do atual quadro normativo brasileiro, com fundamento na dignidade humana, percebe-se que a orientação filosófica do "novo código", de modo algum, pode ser equiparada àquela inspiradora do CC/16, de matiz nitidamente liberal.

Por tudo o quanto exposto, entende-se que a repetição da redação do Código Civil anterior quanto ao conceito de posse, consistiu em uma falha legislativa que, de maneira alguma, deve aprisionar o intérprete no momento da aplicação do Direito.

Essa conclusão é reforçada pelo contido nas disposições transitórias do Código Civil de 2002, de acordo com o § único do artigo 2.035, já transcrito neste trabalho. Quando o "novo código" trata da eficácia dos negócios jurídicos celebrados anteriormente à sua entrada em vigor, não à toa faz questão de destacar um parágrafo para ressaltar a necessidade de ser respeitada a função social da propriedade, o que confirma o afastamento da filosofia individualista a representar um rompimento com os valores resguardados pela codificação anterior.

Para corrigir a falha de caráter legislativo, tramita no Congresso Nacional o Projeto de Lei nº 6.960/02, de autoria do falecido Deputado Ricardo Fiúza (PP-PE), que dentre diversas outras, propõe alterar a redação do art. 1.196 a fim de ressaltar o aspecto fático da posse. O teor do preceptivo passaria a ser o seguinte:

Considera-se possuidor todo aquele que tem poder fático de ingerência sócio-econômica, absoluto ou relativo, direto ou indireto, sobre determinado bem da vida, que se manifesta através do exercício ou possibilidade de exercício inerente à propriedade ou outro direito real suscetível de posse.(BRASIL, 2002).

A proposição não teve outras movimentações desde 31.01.2007, consoante consulta ao sítio eletrônico da Câmara dos Deputados.

Como provisória conclusão deste ponto, entende-se que o CC/02 não adotou a teoria de Jhering, senão sob o aspecto meramente literal, relacionado à incongruente redação do dispositivo legislativo com os valores da nova ordem constitucional expressos em outros dispositivos do próprio Código.

3.5 O enfoque hermenêutico para uma tutela concreta da posse e da propriedade no direito brasileiro utilizando-se da forma do ensaio e do modelo da dialética negativa de Theodor Adorno como proposto por Francisco Cardozo Oliveira.

A concretização da função social da propriedade e da posse não prescinde de uma mudança de postura do intérprete voltada à tentativa de realizar a almejada justiça.

É necessário abandonar a visão estreita que reduz o Direito a um sistema abstrato de conceitos vazados em textos normativos para viabilizar a conciliação entre teoria e prática que se traduz na práxis.

É o que propõe Francisco Cardozo Oliveira em tese de Doutorado onde defende a construção hermenêutica da tutela concreta da posse e da propriedade no Direito brasileiro (OLIVEIRA, 2006).

O autor enfatiza a necessidade de concretizar a função social da posse e da propriedade para assegurar o direito fundamental à moradia, mormente no sentido de viabilizar a regularização fundiária, o que é protegido pela legislação mediante a previsão de diversos institutos, tais como o direito real de uso especial para fins de moradia (regulamentado pela Medida Provisória nº 2.220/01), a concessão do direito real de uso (prevista no Decreto-Lei nº 271/67), a usucapião coletiva (prevista no art. 10 do Estatuto da Cidade), o direito de superfície (constante do art. 21 do Estatuto da Cidade). (OLIVEIRA, 2006).

Há uma grande inquietude da subscritora, que faz coro a outros autores do tema da moradia, no sentido do descompasso entre teoria e prática do direito em questão, salvo raras exceções. A questão é a ausência da desejada práxis. Neste sentido, interessante o excerto de artigo a seguir da lavra do pesquisador João Maurício Martins de Abreu que se reporta à sua dissertação de Mestrado:

> A justiça brasileira é um dos agentes mais acionados para promover, com aparência de legitimidade jurídica, os despejos forçados de assentamentos informais – e costuma aceitar o encargo. É o que denunciam relatórios de movimentos sociais confederados (Fórum Estadual, 2008) e comunitários (Conca, 2009); é o que noticia a grande mídia, por conta das repercussões "no trânsito" que tais despejos forçados por vezes acarretam (Folha de S. Paulo, 2009), e a mídia ligada aos movimentos sociais, por conta da repercussão dos citados despejos "na vida" dos recém-lançados à rua (Agência Brasil de Fato, 2009).

Que processos judiciais são esses? São ações civis públicas, ações de reintegração de posse e reivindicatórias que, principalmente as duas primeiras, frequentemente obtêm liminar de despejo forçado sem oitiva dos assentados e, o mais grave, por vezes tramitam sem oferecer aos assentados ou a representantes que elejam participar do processo que os prejudica. (MARTINS DE ABREU, 2011).

No intuito de minorar as injustiças cotidianamente e, muitas vezes, inconscientemente perpetradas, é mister a construção de uma hermenêutica da tutela concreta da posse e da propriedade no Direito brasileiro, nos moldes propostos por Francisco Cardozo Oliveira. (OLIVEIRA, 2006).

Da leitura de sua obra, depreende-se que o autor não defende a separação completa entre teoria e prática no Direito. Não se verifica uma completa negligência da sistematicidade, pois isso acarretaria uma indesejável fragmentariedade e ausência de consistência interna ao sistema jurídico que seria corrompido constantemente por outros sistemas sociais. (OLIVEIRA, 2006); (NEVES, 2009).

Como antecedente ao trabalho hermenêutico, coloca-se o problema do método. É necessário observar que a hermenêutica não é teoria, nem é método, mas sim a possibilidade da consciência da finitude do método e da teoria. O acesso hermenêutico ao direito requer uma inovadora visão metodológica que conceba a sistematização da ordem jurídica em torno de uma ordenação de valores revelados no processo de concretização. (OLIVEIRA, 2006).

O autor defende a compreensão hermenêutica do Direito como a integração criativa entre os valores da lei positiva e os valores da situação de fato que reclama regulação. E é aí onde reside o problema do método. (OLIVEIRA, 2006).

Segundo Cardozo Oliveira, no processo de concretização, a relação entre lei e fato se materializa no ato de concretização e, assim, não há possibilidade de que ela seja metodicamente definida. O método orienta-se pela prática da compreensão em busca da concretização do direito justo. Desse modo, o método é conduzido pelo compreender hermenêutico, e não o contrário. (OLIVEIRA, 2006).

A hermenêutica convive com a multiplicidade de métodos. O que deve ser realizada é a justificação das escolhas metodológicas, estando o método subordinado a uma orientação filosófica. (OLIVEIRA, 2006).

Ao enfatizar o fato da posse e a situação proprietária concreta, busca-se a concretização da posse e do direito de propriedade justos, noção bastante superior aos conceitos abstratos de posse e de propriedade cristalizados na lei positiva. (OLIVEIRA, 2006).

Diante da impossibilidade de ser aprioristicamente construído um método hermenêutico que evidencie, com exatidão, os desdobramentos da relação entre teoria e prática, o autor aponta como solução viável a forma do ensaio e o modelo da dialética negativa de Theodor Adorno. (OLIVEIRA, 2006).

As peculiaridades do caso concreto, bem como a circunstância histórica em que inserido o intérprete, sujeito cognoscente em sua contingência de ser – no – mundo, é que irão orientar a inter-relação entre lei e fato, entre teoria e prática. Trata-se da forma do ensaio onde a interação não pode ser pré-definida. (OLIVEIRA, 2006).

A dialética entre lei e fato realiza-se de forma negativa, pois lida com a ideia de Estado falso, ou seja, realidade social injusta. É preciso assim negar a realidade e seus valores prevalecentes para obter a realização da utopia, pode-se dizer, do Estado de Direito Democrático. (OILVEIRA, 2006).

Assim, no momento de contrastar os valores da lei com os valores da realidade fática para efetivação do justo, é preciso que a relação seja empreendida entre o conceito estático legal e os valores idealizados pela Democracia com justiça social. O parâmetro do diálogo, nessa esteira, é com o que deve ser a realidade segundo as premissas democráticas para uma práxis emancipadora.

No processo de interpretação, deve-se enfatizar o conteúdo material da posse e o direito constitucional de ser proprietário. Ambos são extraídos no ato da concretização e se relacionam com o princípio da função social. Essa é mensurada através da riqueza que o exercício da posse e dos poderes-deveres proprietários produz ou são capazes de produzir para proprietários, não-proprietários, possuidores, não-possuidores. (OLIVEIRA, 2006).

Entende-se por conteúdo material da posse a valoração jurídica do uso socialmente útil do bem objeto da posse, de acordo com os valores da realidade social e histórica.   Essa ideia é essencial para verificar se existe posse nas ocupações informais[120] de modo a ensejar a regularização fundiária, sobretudo quando em jogo o direito à moradia. (OLIVEIRA, 2006).

Por sua vez, o direito constitucional de ser proprietário é extraído do direito de propriedade funcionalizado. A função social atribui relevância ao exercício dos poderes-deveres proprietários, à

---

[120] Como o faz João Maurício Martins de Abreu, prefere-se utilizar a expressão ocupações informais no lugar de ocupações ilegais, pois, a depender do caso, serão passíveis de regularização fundiária que consistirá em um direito dos assentados. (Martins de Abreu, 2011).

relação entre proprietários e não-proprietários. Ela possibilita que sejam reconciliados o conceito de propriedade com o exercício dos poderes-deveres proprietários. (OLIVEIRA, 2006)[121].

Segundo Cardozo Oliveira, é mais adequado falar em direito fundamental de ser proprietário, em vez de direito constitucional de propriedade, pois aquele enfatiza as nuances do momento da concretização. Ao levar em consideração as circunstâncias do caso concreto, o intérprete deve ponderar os valores subjacentes à situação proprietária e aos conflitos de interesses entre proprietários e não-proprietários. (OLIVEIRA, 2006).

É possível àquele que não é a priori proprietário venha a sê-lo em face da situação concreta denunciar que ele, e não o proprietário formal, merece o título de propriedade (como exemplo, tem-se o instituto da usucapião especial). (OLIVEIRA, 2006).

Em resumo, tem-se que a tutela efetiva e concreta da posse e da propriedade extrai-se de uma hermenêutica circular, de um círculo tópico-problemático da compreensão que tem como premissas de valoração o conteúdo material da posse e o direito constitucional de ser proprietário, ambos fundados na indagação acerca da função social. Ilustra-se da seguinte forma:

> **CONTEÚDO MATERIAL DA POSSE E DIREITO CONSTITUCIONAL DE SER**
> **PROPRIETÁRIO** ──────⟶ **CONTEÚDO DO DIREITO** ──────⟶
> **PROCESSO DE CONCRETIZAÇÃO.**

Ilustração 3 - Círculo tópico-problemático da compreensão hermenêutica[122]

Fonte: ERHARDT, 2014

---

[121] Prefere-se utilizar a expressão poderes-deveres proprietários, pois serve para enfatizar a face prestacional do direito de propriedade que se traduz em um dever fundamental.
[122] Círculo tópico-problemático da compreensão hermenêutica, integrado pelas premissas de valoração "conteúdo material da posse" e "direito constitucional de ser proprietário".

3.6 O direito processual no discurso do direito à moradia. A liminar nas ações possessórias em cotejo com o comentário geral nº 7 do Comitê de Direitos Sociais, Econômicos e Culturais da ONU.

A efetividade do direito à moradia adequada requer a adoção de um método hermenêutico de interpretação das normas processuais, sobretudo, para garantir sua instrumentalidade. Passa-se a seguir a tratar do rito diferenciado para as ações possessórias no Brasil, quando a turbação ou o esbulho datam de menos de ano e dia para, ao final, questionar sua congruência com o atual paradigma do Estado Democrático de Direito e com o cenário internacional de proteção do direito à moradia adequada.

O Código Civil de 1916, de raiz nitidamente liberal, previa, em seu artigo 523, as consequências jurídicas para a violação da posse segundo o critério temporal do ano e dia. Caso a turbação ou o esbulho datassem de menos de ano e dia, seria cabível o rito sumário. Assim disciplinava o antigo Código: "**Art. 523.** As ações de manutenção e as de esbulho *serão sumárias*, quando *intentadas dentro em ano e dia* da turbação ou esbulho; e, passado esse prazo, ordinárias, não perdendo, contudo, o caráter possessório."(grifos nossos).

O Código de Processo Civil de 1939 e o CPC de 1973 encamparam a diferenciação de rito com parâmetro no lapso do ano e dia com algumas modificações. Assim dispunha o CPC de 1939:

> **Art. 371**. Si (sic) a turbação ou violência datar de menos de ano e dia, o autor poderá requerer mandado de manutenção ou de reintegração **initio litis**, provando, desde logo:
> I – a sua posse;
> II – a turbação ou violência praticada pelo réu;
> III – a data da turbação ou violência;
> IV – a continuação da posse, embora turbada, na ação de manutenção, e a perda da posse, na ação de reintegração.
> Parágrafo único. *Quando a justificação destes requisitos não consistir em documento, poderá* o juiz ouvir o réu (art. 31).
> Contra a União, o Estado ou o Município a medida não será concedida in limine, sem audiência dos respectivos representantes. (Grifo nosso).

Por sua vez, assim disciplina o CPC de 1973:
> **Art. 924**. Regem o procedimento de manutenção e de reintegração de posse as normas da seção seguinte,

quando intentado dentro de ano e dia da turbação ou do esbulho; passado esse prazo, será ordinário, não perdendo, contudo, o caráter possessório.

Art. 925. Se o réu provar, em qualquer tempo, que o autor provisoriamente mantido ou reintegrado na posse carece de idoneidade financeira para, no caso de decair da ação, responder por perdas e danos, o juiz assinar-lhe-á o prazo de 5 (cinco) dias para requerer caução sob pena de ser depositada a coisa litigiosa.

Seção II

Da Manutenção e da Reintegração de Posse

Art. 926. O possuidor tem direito a ser mantido na posse em caso de turbação e reintegrado no de esbulho.

Art. 927. Incumbe ao autor provar:

I - a sua posse;

II - a turbação ou o esbulho praticado pelo réu;

III - a data da turbação ou do esbulho;

IV - a continuação da posse, embora turbada, na ação de manutenção; a perda da posse, na ação de reintegração.

Art. 928. Estando a petição inicial devidamente instruída, *o juiz deferirá, sem ouvir o réu, a expedição do mandado liminar de manutenção ou de reintegração;* no caso contrário, determinará que o autor justifique previamente o alegado, citando-se o réu para comparecer à audiência que for designada.

Parágrafo único. Contra as pessoas jurídicas de direito público não será deferida a manutenção ou a reintegração liminar sem prévia audiência dos respectivos representantes judiciais.

Segundo se extrai dos dispositivos, a especialidade do rito diria respeito à possibilidade de obtenção de uma liminar imediata de manutenção ou de reintegração, initio litis, caso provada a força nova da ação (violação da posse há menos de ano e dia). Trata-se daquilo que Eduardo José da Fonseca Costa denomina de tutela de evidência pura de extremidade legalmente presumida (COSTA, 2011) que será melhor abordada nas próximas linhas.

Segundo o autor, a concessão de medidas liminares exigem, de regra, a demonstração da presença cumulada dos requisitos da urgência da medida e da evidência da tutela (os conhecidos periculum in mora e fumus boni iuris ou, para as antecipações de tutela, verossimilhança).

Todavia, na prática forense, é bastante comum não seguir à risca a necessidade de cumulação dos requisitos acima, de modo que haverá casos onde existirá apenas a urgência ou a evidência e será, pelas circunstâncias envolvidas, deferido o provimento liminar. Além disso, é possível que ambos os requisitos se façam presentes, mas não com a mesma força normativa.

Para exemplificar, é possível (e bastante comum na esmagadora maioria dos casos) que o magistrado, diante de um pedido de disponibilização de leito em Unidade de Terapia Intensiva (UTI), defira a medida liminar independente de maiores considerações a respeito, v.g, da perspectiva de sobrevivência do paciente, autor da ação, em comparação com outro que esteja na ordem regular da fila elaborada pela central de leitos de um dado Estado da federação. Nessa hipótese, terá sido dada primazia, quase que absoluta, ao requisito da urgência como sendo determinante para a providência liminar.

Assim, no dia a dia do foro, em vez de uma situação linear entre os requisitos da relevância e da urgência, verifica-se um sopesamento entre eles e, muitas vezes, a consideração de unicamente um deles. Com base nessa constatação, Eduardo da Fonseca Costa elaborou a seguinte tipificação:

- liminar como tutela de evidência extremada pura (tutela de evidência sem urgência)
- Incorporada ao novo CPC;
- liminar como tutela de urgência extremada pura (tutela de urgência sem evidência);
- liminar como tutela de evidência extremada e de urgência não extremada;
- liminar como tutela de urgência extremada e de evidência não extremada;
- liminar como tutela de evidência e urgência extremadas;
- liminar como tutela de urgência e de evidência não extremadas;
- liminar como tutela de urgência pura de extremidade legalmente presumida (a própria lei presume a urgência);
- liminar como tutela de evidência pura de extremidade legalmente presumida – a lei presume a suficiência do *fumus boni iuris*. (COSTA, 2011);

A liminar nas ações possessórias enquadra-se nesta última classificação. É assim porque a própria lei, em plena abstração, sem qualquer consideração sobre o caso concreto, prevê o deferimento da medida caso preenchidos os requisitos objetivos que demonstrem a força nova da ação, ou seja, quando a turbação ou o esbulho datarem de menos de ano e dia.

Neste ponto, é bastante importante destacar a opinião defendida por Fábio Guidi Tabosa Pessoa no sentido da substancialidade da norma que qualifica a posse como sendo de ano e dia. Para o autor, o procedimento especial seria apenas consequência de uma norma material, e não processual, que classificava a posse segundo o critério temporal. (PESSOA, 2011).

Essa consideração tem grande repercussão prática quando se considera a supressão da categoria ano e dia no novo Código Civil de 2002. Intencionalmente ou não, o legislador de 2002 não mais tratou dessa classificação. Em face disso, duas correntes doutrinárias foram alicerçadas.

Uma que elogia a supressão da matéria pelo CC/02, pois a norma gozaria de natureza processual, sendo sua previsão em diploma material de todo inadequada. A outra corrente doutrinária posiciona-se no sentido de que o dispositivo do CC/16 que tratava da classificação da posse segundo o critério temporal não poderia ser considerado como heterotópico, pois sua natureza era nitidamente substancial.

Segundo esse último modo de conceber, perfilhado por Fábio Pessoa, a sumariedade ou não do rito era uma consequência direta da classificação do direito material. Assim, uma vez suprimida a categoria possessória em questão, fundada no prazo de ano e dia, não haveria mais qualquer razão para a subsistência da ritualística especial.

Diante disso, o autor conclui no sentido da total ausência de eficácia, após o CC/02, do art. 924 e ss. do CPC que versam sobre a possibilidade de concessão imediata de medida liminar nas ações possessórias de força nova com parâmetro no ano e dia da turbação ou do esbulho.

Fábio Pessoa reforça sua conclusão com fundamento nas lições de Maria Helena Diniz quando esta admite a existência de antinomia entre normas de ramos diversos do Direito. (DINIZ, 1998 *apud* PESSOA, 2011).

Sob outro ponto de vista, Fredie Didier Jr. considera que o descompasso entre o CPC/73 em matéria possessória se dá com a Constituição Federal, mais precisamente com o princípio da função social da propriedade. (DIDIER JR., 2008).

Segundo se defende, após a previsão do princípio da função social da propriedade, que se estende à posse (OLIVEIRA, 2006), operou-se o que Eduardo José da Fonseca Costa denomina de *dessimetria por hipotrofia estrutura do texto em relação à norma constitucional.*

Para Eduardo da Fonseca Costa, os descompassos existentes entre texto e norma são chamados de dessimetrias que podem se apresentar de três maneiras:

- por hipotrofia estrutural do texto (a estrutura normativa é mais rica do que a estrutura textual – ex. exigência de prequestionamento para os recursos especial e extraordinário);

- por hipertrofia estrutural do texto (a estrutura textual é mais rica do que a normativa – ex. concessão de tutela antecipada mesmo quando há risco de irreversibilidade – o art. 273, §2º é um código fraco dentro da comunicação normativa);

- funcional (o inter-relacionamento dos elementos normativos não corresponde à descrição efetuada pelo texto – ex. quando se toma os pressupostos para concessão da liminar como alternativos, não obstante a lei os descreva como cumulativos). (COSTA, 2011).

Consoante defende Didier Jr., o deferimento da liminar automática encontra-se proibido pela atual compostura constitucional. É assim porque a função social da propriedade consubstancia-se em um dever fundamental cujo cumprimento precisa ser aferido por ocasião da análise do caso concreto. (DIDIER JR., 2008).

Desse modo, a postura abstrata para o deferimento de liminares não mais é compatível com o neoconstitucionalismo que incorpora valores da sociedade ao Direito, tal como uma brisa ética da qual é exemplo a função social da propriedade e da posse.

É possível ampliar essa análise para nela introduzir o contexto da regulamentação internacional. Consoante já estudado, o direito à moradia adequada, previsto, dentre outros, no Pacto Internacional dos Direitos Sociais, Econômicos e Culturais, firmado pelo Brasil, de acordo com o entendimento das Nações Unidas, por seu Comitê de Direitos Econômicos, Sociais e Culturais, exige dos Estados-parte a adoção de várias medidas, dentre elas, medidas legislativas. É assim que, segundo consta no Comentário Geral nº 7 do Comitê de DESC, esses Estados devem adotar legislação contra despejos forçados.[123]

Ademais disso, também segundo preconiza o Comitê, os Estados-parte deverão rever sua legislação e políticas para assegurar que estejam compatíveis com o PIDESC em relação às obrigações decorrentes do respeito e promoção do direito à moradia adequada. Neste sentido, o Comitê antevê a necessidade de, se for o caso, revogar ou reformar a legislação e política nacionais inconsistentes com as exigências do Convênio internacional.[124]

É possível ainda ir mais além. Sabe-se que, segundo o atual entendimento do Supremo Tribunal Federal, no Brasil, tratados internacionais que versem sobre direitos humanos possuem o *status* de

---

[123] A exemplo do que já é implementado pela África do Sul, de acordo com informação colhida da sentença mais acima comentada.
[124] Cf. tópico 3.6 deste trabalho.

supralegalidade, ou seja, estão situados hierarquicamente em um nível superior ao da lei. Assim, com relação à problemática aqui levantada, é plausível concluir que, a partir da entrada em vigor do PIDESC no Brasil, houve a derrogação do dispositivo processual que admite o deferimento imediato de liminar nas ações possessórias. Falou-se em derrogação porque essa tese, embasada no argumento aqui desenvolvido, tem por substrato e finalidade a preservação do direito à moradia adequada, de modo que, à luz desse fundamento, não teria havido uma revogação total do dispositivo aqui comentado.[125] Assim, quando se tratar de ação possessória que coloca em risco o desfrute do direito à moradia, parece factível sustentar a tese ora defendida no sentido de não ser aplicável a ritualística especial do CPC e de, portanto, não ser concebível o deferimento, sem mais, de medidas liminares com grave comprometimento do direito à moradia.

Com base nesse fundamento, pode-se concluir este tópico com a suposição de ter havido não apenas uma dessimetria entre o texto processual e a norma constitucional brasileira, mas também se faz perceptível a existência de uma dessimetria (ao menos parcial) entre o dispositivo do CPC e o PIDESC no que diz com o direito à moradia adequada.

3.6.1 O Novo Código de Processo Civil Brasileiro e as ações possessórias.

Com a finalidade de compreender a motivação para a elaboração de um novo Código de Processo Civil, é salutar analisar os objetivos externados pela Comissão de juristas do anteprojeto. Destacam-se dois desses objetivos:

1) estabelecer expressa e implicitamente verdadeira sintonia fina com a Constituição Federal; 2) criar condições para que o juiz possa proferir decisão de forma mais rente à realidade fática subjacente à causa;

Segundo os juristas, com relação ao primeiro objetivo acima:

> A necessidade de que fique evidente a *harmonia da lei ordinária em relação à Constituição Federal da República* fez com que se incluíssem no Código, expressamente, *princípios constitucionais, na sua versão processual. Por outro lado, muitas regras foram concebidas, dando concreção a princípios constitucionais, como, por exemplo, as que prevêem um*

---

[125] A tese da revogação total, não obstante, encontra amparo em outros argumentos como já apresentado.

> *procedimento, com contraditório e produção de provas,*
> *prévio à decisão que desconsidera a pessoa jurídica...*
> *Está expressamente formulada a regra no sentido de que*
> *o fato de o juiz estar diante de matéria de ordem pública*
> *não dispensa a obediência ao princípio do contraditório.*
> (BRASIL, 2010)

Quanto ao segundo objetivo, a Comissão ponderou o seguinte:

> Pretendeu-se converter o processo em instrumento
> incluído no *contexto social em que produzirá efeito o seu*
> *resultado. Deu-se ênfase à* possibilidade de as partes
> porem fim ao conflito pela via da mediação ou da
> conciliação. Entendeu-se que a *satisfação efetiva das*
> *partes pode dar-se de* modo mais intenso se a solução é
> por elas criada e não imposta pelo juiz.
> Como regra, deve realizar-se audiência em que, ainda
> antes de ser apresentada contestação, se tentará fazer com
> que autor e réu cheguem a acordo. Dessa audiência,
> poderão participar conciliador e mediador e o réu deve
> comparecer, sob pena de se qualificar sua ausência
> injustificada como ato atentatório à dignidade da justiça.
> Não se chegando a acordo, terá início o prazo para a
> contestação. (BRASIL, 2010)

Percebe-se que a intenção dos processualistas que integraram a Comissão do anteprojeto do novo CPC foi a de aproximar o direito processual do direito material, sobretudo, das normas substanciais previstas na Constituição Federal de 1988. É neste ponto onde reside a instrumentalidade processual, pois o processo deve ser visualizado como mecanismo apto a viabilizar a tutela concreta de direitos em busca da solução justa.

Com relação ao segundo objetivo apontado, pretende-se aproximar o processo dos fatos, das peculiaridades inerentes a um contexto social individualizado no caso concreto.

Não obstante os objetivos expressos pelos estudiosos integrantes da Comissão, o Novo CPC continua a manter a mesma redação do Código anterior em relação às ações possessórias com a previsão de liminar automática com fundamento na natureza da posse segundo o critério temporal do ano e dia. Aparentemente, tal se dá sem maiores justificativas.

A tutela concreta do direito à moradia, que toma por base o princípio da função social da propriedade e da posse, não se compraz com o deferimento, de imediato, de liminares em ações possessórias, sem maiores considerações sobre as peculiaridades da situação fática concreta.

Em consonância com os objetivos expressos pela Comissão de juristas do anteprojeto do novo CPC, é necessário aproximar o Direito Processual dos conflitos sociais também em matéria possessória.

Nessa esteira, a concessão da liminar não deve ser avaliada em abstrato pelo legislador, mas sim levando-se em consideração a complexidade do caso concreto, sobretudo, a repercussão da decisão na efetividade do direito à moradia. Consoante João Maurício Martins de Abreu:

> O direito humano e fundamental, declarado por normas cogentes e dotado de algumas diretrizes básicas de conteúdo não pode ter seu sentido esvaziado na prática do foro quando posto no banco dos réus para que outros direitos prevaleçam sobre a moradia informal. Em um dado caso concreto, é mister sejam conferidas aos assentados as garantias do devido processo legal e da ampla defesa. (MARTINS DE ABREU, 2011).

Ainda destacando a necessidade de debruçar-se o intérprete sobre a realidade social, lúcidas as palavras de Eduardo da Fonseca Costa:

> [...] por meio de uma técnica retórica de desfocalização[126], o caso concreto perde suas delimitações reais e passa a ser tratado tão apenas como um esquema conflitual abstrato-estático, como se fosse possível a realização de uma histerectomia intelectual que separasse o campo lógico-normativo do dever-ser do campo empírico-sociológico do ser. (COSTA, 2011, pp.87/88).

A função social da propriedade, como dever fundamental, ocasionou uma dessimetria entre os textos que prevêem liminar imediata e a Constituição de 1988. É possível ainda afirmar que os textos que prevêem liminar imediata em matéria possessória não encontram compatibilidade com tratados internacionais sobre o direito à moradia, dotados de supralegalidade segundo o atual entendimento do STF.

Desse modo, entende-se que o novo CPC, seja em razão da supressão do critério temporal do ano e dia pelo CC/02, seja em face da necessidade de adequação com a Norma Fundamental (que consagra o princípio da função social da posse e da propriedade, bem como o

---

[126] Esse é, como já visto, um modo bastante eficaz de operação da ideologia, consoante a concepção de Thompson. Trata-se aqui da dissimulação onde relações de dominação são estabelecidas ou sustentadas pelo fato de serem ocultadas, negadas ou obscurecidas ou de serem representadas de modo a desviar a atenção, ou seja, o foco, a fim de ignorar processos e relações existentes. (THOMPSON, 2011).

princípio do contraditório), seja ainda para preservar sua eficácia em consonância com os Tratados Internacionais sobre o direito à moradia adequada, ratificados pelo Brasil, deve abolir o rito especial para as ações possessórias ou, ao menos, derroga-lo quando o direito à moradia estiver ameaçado.

4 ANÁLISE DO JULGADO DO SUPERIOR TRIBUNAL DE JUSTIÇA E DE SUAS REPERCUSSÕES.

O estudo agora versará sobre a análise da linguagem empregada pelo Superior Tribunal de Justiça no julgamento de caso que se transformou em um paradigma do discurso jurídico em matéria de moradia dos ocupantes de áreas públicas.

4.1 Análise Crítica do Discurso jurídico firmado pelo STJ no REsp 556.721 – DF e Repercussões.

O Recurso Especial 556.721 decorreu de uma ação de interdito possessório, datada de 20 de julho de 1998, ajuizada por um particular em face da Companhia Imobiliária de Brasília (TERRACAP); do Distrito Federal e da Fundação Zoobotânica do DF, cujo objetivo era o de assegurar a proteção da posse de área situada na Colônia Agrícola Vereda da Cruz, em Taguatinga – DF.

O autor da ação era o quarto adquirente da posse em uma cadeia possessória iniciada em 1975. Em 1998, após a visita de fiscais, policiais da Administração Regional de Taguatinga (órgão vinculado ao governo do DF), o autor obteve a informação de que estariam demolindo cercas e residências aos arredores, incluindo casas que já eram objeto de regularização fundiária. Neste sentido, é expressivo a seguinte passagem da petição inicial:

> O autor, como os moradores dos arredores (sic.) estão vivendo em pânico, diante do horror, da violência que estão sendo tratados nestas ações pôr (sic.) parte, (sic.) dos agentes da Administração e policiais, causando à população pânico, constrangimento, medo, enfim, danos de difícil reparação, morais e materiais.

Em seu favor, o autor fundamentou seu pedido na existência de leis destinadas à regularização fundiária dos moradores da Colônia

Agrícola, a exemplo da Lei n° 1.477 de 1997 que considerou a área como zona urbana e determinou medidas para fixar a comunidade ali estabelecida. Referida Lei, como mencionado na inicial, estipulou em seu Art. 1°, §4°:

> A Companhia Imobiliária de Brasília – TERRACAP efetuará a imediata alienação aos ocupantes ou possuidores da (sic.) áreas de que trata o parágrafo anterior que estejam sob sua administração à data da publicação desta lei ou daqueles que lhe seja devolvidas (sic) pela fundação zoobotânica, conforme dispõe a legislação em vigor, especialmente a Lei n° 954, de 17 de novembro de 1995.

Segundo o autor, a TERRACAP já estava regularizando a situação dos moradores residentes na Colônia Agrícola Vereda da Cruz, de modo que não poderia agora demolir as construções lá existentes.

Um outro argumento levantado pela parte autora do interdito foi o da necessidade de compatibilizar o exercício do poder de polícia administrativo com os direitos fundamentais. Neste ponto, é interessante observar que a inicial não se referiu expressamente ao direito à moradia como fundamental, mas suscitou os dispositivos constitucionais que versam sobre o aspecto negativo desse direito, como a inviolabilidade de domicílio. Possivelmente, tal se deu pelo fato de que o direito à moradia, como já estudado, apenas foi positivado no Brasil, no rol dos direitos sociais fundamentais, após a EC n° 26/00. Apesar disso, vários dispositivos já denotavam a opção constitucional em resguardá-lo como um direito essencial da pessoa humana.

O autor ressaltou também o caráter fático da posse a merecer amparo para preservação da paz social.

Com base, em linhas gerais, nessa argumentação, o autor pediu liminarmente e, após em definitivo, a proteção de sua posse.

Em razão do efeito dúplice das ações possessórias, o que significa dizer que, em um mesmo processo, a parte demandada pode ocupar o pólo ativo, tal como um "contra-ataque", a TERRACAP pleiteou a reintegração de posse em face do primitivo autor.

Em Sentença, foi extinta a ação do autor original sem resolução do mérito por impossibilidade jurídica do pedido e por ilegitimidade passiva, tendo sido julgado procedente o pedido da TERRACAP para ser reintegrada na posse do imóvel. O juízo determinou a expedição do mandado de reintegração apenas após o trânsito em julgado, o que não costuma ser a regra neste tipo de ação.

Após o trânsito em julgado, foi expedido o mandado de reintegração e dezoito pessoas ocupantes da área ingressaram com a ação de Embargos de Terceiro contra o DF (ação datada de 21 de março de 2000) sob a alegação de que, por não terem sido parte no processo de interdito não poderiam ser atingidas pela decisão que determinou a reintegração de posse. Nesta ação, outros argumentos foram tecidos: o de que os embargantes (autores da ação de Embargos de Terceiro) teriam obtido o direito de ocupar a Chácara e erigiram suas moradias com a concordância dos órgãos públicos locais ao longo do período de 1995 a 1998; neste período, a Administração Regional teria autorizado a instalação das redes elétricas e de telefones residenciais, bem como de serviços de Correios e Telégrafos; já haviam sido editadas leis para desafetar a área e regularizar as comunidades. A seguir, excerto da inicial dos Embargos de Terceiros:

> Essa ação não pode ser executada contra os Embargantes, primeiro porque meses passados a própria TERRACAP em reunião com os moradores prometeu regularizar, em decorrência dos dispositivos legais acima mencionados, segundo porque, (sic.) o mandado de reintegração de posse a ser cumprido é expressamente contra o autor da ação [...].
> Os Embargantes atônitos (sic.) não sabem como conter a tamanha ilegalidade do oficial de justiça que insiste em cumprir o mandado de reintegração, sendo que não participaram da demanda judicial a qual culminou com a sentença reintegratória do DF na posse dos Embargantes.

Contra o argumento levantado pelo DF no sentido de ser aplicável a norma processual que prevê a possibilidade de abranger a sentença o adquirente ou cessionário de imóvel litigioso, os Embargantes afirmaram que não teriam obtido a posse da área do autor do interdito (primeira ação).

Por fim, pediram os dezoito Embargantes a suspensão do mandado de reintegração de posse, liminarmente e, após, em definitivo.

A Sentença julgou improcedente o pedido dos Embargantes que apresentaram recurso de Apelação junto ao Tribunal de Justiça do DF.

Já em sede de Apelação, consoante dados extraídos do Relatório de julgamento, os recorrentes sustentaram que o(a) sentenciante não teria atentado para a problemática dos autos, posto não ser a ocupação de má-fé. Afirmaram ainda que:

> [...] o intérprete há de estar atento às mudanças sociais e conquanto a área pública não seja suscetível de posse, pela lei, o morador não tem conhecimento disso, mas o Administrador deixa construir, instalar água, luz e telefone, promove-se a infra-estrutura com endereço e serviços de Correios e Telégrafos e, muda a política, vem

a derrubada e destruição de tudo quanto foi permitido; que a permanência e benfeitorias por mais de 05 (cinco) anos não pode ficar sem indenização, sobrelevante a responsabilidade civil objetiva da Administração.

O Relator da Apelação, após realizar uma abordagem social da questão, continuou na linha dos julgamentos anteriores no sentido de serem os bens públicos insuscetíveis de posse, mas que, apesar disso, tendo em vista a situação já consolidada, deu provimento ao recurso e julgou procedente o pedido inicial para resguardar a ocupação dos Embargantes.

O Revisor (a), por sua vez, entendeu que a TERRACAP, por ser empresa pública, seria pessoa jurídica de direito privado e, por causa disso, os seus bens não seriam considerados públicos, de modo a ser plenamente possível a posse. Após essa desclassificação quanto à natureza do bem, o Revisor entendeu que a posse dos dezoito Embargantes (Apelantes) não era injusta, pois se enquadraria no critério de justiça previsto no Código Civil, qual seja, o de não ser a posse violenta, clandestina ou precária. Neste sentido, consignou o revisor:

> Não há notícia nos autos de utilização de violência física ou moral, (sic.) para o exercício da posse, ao contrário, restam os apelantes munidos de instrumentos particulares de cessão de uso. A posse figura pacífica, durante mais de 05 (cinco) anos. Também, não restou demonstrada ser clandestina, visto não haver se estabelecido às ocultas daquele que lhe interessa conhecê-la, principalmente diante do saneamento instalado no local pelo Poder Público – telefone, luz (sic.) correios. Por fim, não se mostrou precária, haja vista não ser originária de abuso de confiança por parte de quem a recebeu a título provisório com o dever de restituição.

Com essa fundamentação, o desembargador revisor entendeu que deveria ser aplicado ao caso os efeitos da posse de boa-fé no que se refere à indenização por benfeitorias e o direito de retenção pelas benfeitorias úteis e necessárias antes de ser cumprida a reintegração de posse.

O terceiro desembargador, por sua vez, votou com o relator.

Por fim, foi proferida a seguinte decisão: "Conhecida e provida, nos termos do voto do Relator, vencido, em parte, o Revisor."

Não se sabe ao certo, da simples leitura do inteiro teor do acórdão do TJ-DF, qual foi a parte em que teria saído vencido o revisor. Apesar disso, tem-se claro que prevaleceu o voto do relator onde houve o resguardo das ocupações. Aqui, portanto, é importante perceber que no voto do relator, ao final prevalecente, não houve a discussão quanto às benfeitorias, o que foi feito, tão-somente, no voto do revisor. É relevante perceber que o relator resguardou o direito de permanência dos apelantes na localidade, o que é mais amplo da simples garantia de indenização por benfeitorias.

Contra essa decisão, o DF ingressou com Recurso Especial no STJ (REsp. n° 556.721-DF) que é o objeto da análise a seguir.

EMENTA

1. EMBARGOS DE TERCEIRO - MANDADO DE REINTEGRAÇÃO DE POSSE –
2. OCUPAÇÃO IRREGULAR DE ÁREA PÚBLICA - INEXISTÊNCIA DE POSSE –
3.DIREITO DE RETENÇÃO NÃO CONFIGURADO.
4. 1. Posse é o direito reconhecido a quem se comporta como proprietário. Posse e
5.propriedade, portanto, são institutos que caminham juntos, não havendo de ser (sic.) reconhecer a
6.posse a quem, por proibição legal, não possa ser proprietário ou não possa gozar de
7.qualquer dos poderes inerentes à propriedade.
8. 2. A ocupação de área pública, quando irregular, não pode ser reconhecida como posse,
9.mas como mera detenção.
10. 3. Se o direito de retenção depende da configuração da posse, não se pode, ante a
11.consideração da inexistência desta, admitir o surgimento daquele direito advindo da
12.necessidade de se indenizar as benfeitorias úteis e necessárias, e assim impedir o
13.cumprimento da medida imposta no interdito proibitório.
14.4. Recurso provido.

A Ementa contém, via de regra, os principais argumentos do julgado, sendo mais comum a sua utilização pelos órgãos colegiados do que pelos juízos singulares (monocráticos).

Sob o ângulo textual, a categoria de análise que assume grande relevância é o tema. Diz respeito à proeminência informacional do texto. Como a Ementa traz um resumo do que restou decidido, é salutar analisar, através do tema, quais as informações destacadas na Ementa, pois é a partir delas que circunda toda a estrutura argumentativa do texto.

A informatividade da Ementa exerce um papel de extrema relevância, pois muitos juízes, desembargadores, advogados, defensores, promotores etc., diante do grande volume de trabalho, costumam confiar-se no teor das Ementas para mencionar precedentes favoráveis às suas teses e decisões. Por não lerem o inteiro teor dos julgados, é possível que deles sejam criadas falsas retratações, a partir das ementas, que poderão ser reverberadas em muitas outras decisões.

Essa potencialidade da Ementa em ser reproduzida em vários outros julgados invoca uma categoria de análise da *prática discursiva,* qual seja, *a intertextualidade*. Sobre isso, é interessante observar que, apesar de não ter o Brasil adotado o modelo judicial norte-americano do *Common Law*, onde o precedente possui elevado valor, a cultura jurisdicional brasileira, cada vez mais, tende a conferir primazia aos precedentes e isso é verificado na análise dos mais diversos julgados que, para se justificarem, recorrem à citação de ementas e de mais ementas de decisões anteriores. Cuida-se da manifestação da *intertextualidade manifesta*, pois, expressamente, o produtor do texto se refere à fonte do julgado mencionado na sua linha argumentativa, normalmente, ao final da Ementa e entre parênteses.

Da leitura da Ementa acima (*linhas 1-14*), percebe-se que a discussão girou em torno da matéria debatida tão-somente pelo revisor do órgão recorrido do TJ-DF. Observa-se que a questão enfrentada pelo STJ, segundo se extrai apenas da leitura da Ementa do julgado, teria se resumido ao direito à indenização por benfeitorias e ao direito de retenção. Esse foi *o tema* do texto. O direito de permanecer na localidade, a preservação da moradia em si, não chegou a ser objeto de análise do Tribunal Superior.

Surge uma primeira pergunta: não foi o voto do relator do TJ-DF que prevaleceu? Esse voto do relator não teria resguardado o direito de permanência na área há bastante tempo ocupada? Por que então rever a argumentação contida tão-somente no voto do revisor que, como destacado no relato mais acima (item 5.1), foi em parte vencido?

A partir da *prática social*, é possível vislumbrar um fortíssimo modo de operação da ideologia, *a dissimulação*. No caso, foi utilizada a estratégia de construção simbólica do *deslocamento*. Em vez de ser enfrentada a questão mais importante sob o viés dos direitos fundamentais, qual seja, o direito à moradia das famílias habitantes da Colônia Agrícola Vereda da Cruz, o contexto é deslocado para a discussão sobre o direito às benfeitorias com fundamento na disciplina possessória. Essa questão será novamente visitada mais adiante, no decorrer da análise.

RELATÓRIO

15.[...] Trata-se de recurso especial interposto contra acórdão do Tribunal de Justiça do
16.Distrito Federal e Territórios assim ementado:
17.EMBARGOS DE TERCEIRO - ÁREA PÚBLICA - AÇÃO INTERDITAL - POSSE
18.SUPORTADA - DIREITO INDENIZATÓRIO DO OCUPANTE SOBRE
19.BENFEITORIAS EDIFICADAS NO IMÓVEL.
20.1 - Os Embargos de Terceiro quando apenas com supedâneo na posse, dispensam, por
21.óbvio, o exame do aspecto sobre o domínio.
22.2 - A questão social, nos dias de hoje, reclama do intérprete lucidez e sensibilidade, não 23.deve fechar os olhos ou proceder como avestruz; cumpre não perder de vista,

caso a caso, **24.**o motivo determinante das invasões ou ocupações, muitas das vezes objeto de interesse **25.**político-partidário. Assim o juiz há de sopesar para impedir, em sendo a hipótese, que de **26.**uma hora a outra, possa o trator - sem o devido processo legal - destruir benfeitorias **27.**construídas ou sob os olhos da Administração e deixar, assim, ao relento, famílias **28.**humildes.

29.3 - Os bens públicos são, em verdade, insuscetíveis de posse e não podem ser usucapidos, **30.**mas a tolerância do administrador que abdica de seu poder de polícia, de agir no tempo, **31.**fecha os olhos, traz com a dessídia conseqüência sobre a posse tolerada.

32.4 - Recurso conhecido e provido, nos termos do voto do relator, vencido, em parte, o **33.**Revisor. (fl. 208)

34. Em face deste, foram opostos embargos de declaração, aos quais se negou provimento.

35.O DISTRITO FEDERAL, com fundamento na alínea "a" do permissivo constitucional, **36.**aponta violação dos arts. 236, § 1°, e 552 do CPC; 497 do CC; 66 c/c 69 do CC; 572 do **37.**CC; 460 do CPC; e 516 do CC. Sustenta, em síntese:

38.a) a nulidade do acórdão recorrido, porque à TERRACAP, que também é parte nos autos, **39.**não se deu notícia da interposição do recurso de apelação nem dos demais atos processuais **40.**praticados, já que seu nome não constou nas publicações;

41.b) a inexistência do direito de posse, um vez que atos de mera tolerância não a induzem e **42.**porque, ademais disso, a área ocupada é pública; e

43.c) ocorrência de julgamento ultra petita, uma vez que não se pleiteou, na peça exordial, a **44.**indenização por benfeitorias e o reconhecimento do direito de retenção;

45.d) não-configuração do direito de retenção, porque a ocupação irregular de área pública **46.**não caracteriza posse de boa-fé.

47. Sem contra-razões, subiram os autos, por força de agravo de instrumento.

48.É o relatório.

O Relatório é parte integrante do gênero discursivo acórdão e tem por objetivo narrar uma situação pretérita. No âmbito da prática judicial brasileira, os Relatórios costumam ser breves, com destaque para as principais passagens textuais do processo. Essa estrutura textual não é uniforme em todos os países e nem nas Cortes Internacionais e Regionais. A Corte Interamericana, por exemplo, destoa do padrão brasileiro, pois costuma ser bastante extensa em seus relatórios e no julgamento como um todo, o que muitas vezes beira à prolixidade. O mesmo ocorre com a Corte Colombiana, onde as Sentenças são bastante elastecidas.

No Relatório ora analisado, o(a) Ministro(a) Relator(a) do STJ procura realizar um breve histórico da situação processual para explicitar as razões do Recurso interposto.

Sob o ângulo da *análise textual*, a categoria da *modalidade* assume relevância. Observa-se a preferência por uma *modalidade categórica* que, em certos casos, parece reproduzir a própria posição do Relator de modo a, parcialmente, transmudar a natureza do Relatório.

Logo no início, *na linha 15*, utiliza-se o verbo no presente do indicativo "Trata-se", uma forma verbal impessoal muito frequente nos acórdãos, que são produções textuais coletivas.

Das linhas 36-46, a categoria da modalidade mostra um alto grau de afinidade entre o produtor do Relatório, o(a) Ministro(a) Relator(a), e o dito. Inicialmente, essa conclusão é ofuscada pela pessoa do verbo utilizada *nas linhas 36 e 37*: "aponta", "sustenta". Para uma leitura apressada, o Relator indicaria com isso que os argumentos relatados seriam do Recorrente, pois é ele quem aponta, é ele quem sustenta. Essa primeira impressão pode ser afastada quando se aprofunda a análise até chegar às entrelinhas do dito.

A modalidade categórica é utilizada pelo relator do acórdão para remeter ao texto do recorrente de forma direta no tempo presente, e não no futuro do pretérito; assim: na *linha 39*, aparece "não se deu" em vez de "não teria se dado"; na *linha 40*, "não constou" em vez de "não teria constado"; na *linha 41*, "não a induzem" em vez de "não a induziriam"; na *linha 42,* "é pública" em vez de "seria pública"; na *linha 43*, "não se pleiteou" em vez de "não teria sido pleiteado"; na *linha 46*, "não caracteriza" em vez de "não caracterizaria".

Na *linha 48*, dando seguimento à modalidade categórica escolhida, finaliza-se com o verbo "ser" no presente do indicativo: "É" o Relatório.

O(a) Relator(a) aparenta narrar os fundamentos do Recurso Especial de uma forma direta, como se fosse o próprio Recorrente, todavia, por algum motivo, não se valeu das aspas que indicariam a fala representada ou reportada, o que pode ou não ter sido intencional. Há um elenco de quatro argumentos, apresentados de modo objetivo e atribuídos ao Recorrente, mas a atribuição não é tão clara, pois o Relator(a) não separou seu texto daquele representado e optou pela utilização da modalidade categórica, do início ao fim do Relatório. Essa constatação conduz à análise da prática discursiva mediante *a categoria da intertextualidade.*

Na prática judicial, o Relatório ocupa um importante espaço onde a intertextualidade se apresenta através da *representação do discurso.* Existe um discurso representado e um discurso representador. Quanto a esse aspecto, a análise deve debruçar-se sobre *as diferentes vozes* que compõem um dado texto.

Nas *linhas 17 a 33, há uma intertextualidade manifesta entre o Relatório e o discurso representado na Ementa do acórdão recorrido.* O(a) Relator(a) do Recurso Especial faz expressa referência à referida Ementa a ponto de transcrevê-la. Logo em seguida, há um destaque para as razões do inconformismo do Recorrente, *linhas 35 a 46.* Nesse momento, a matéria recorrida restringe-se à indenização por benfeitorias e ao direito de retenção dela decorrente. Daí em diante, o(a) Relator(a) representa o acórdão recorrido da maneira como o Recorrente o fez e parece assumir a sua voz. Assim, o Relator(a) parece encampar o discurso do Recorrente, neste caso, no que diz respeito *ao teor* do acórdão recorrido. A consequência disso é grave, qual seja, a restrição da análise a basicamente dois pontos (indenização por benfeitorias e direito de retenção). A discussão resta simplificada nestes termos, *não sendo colocada na agenda discursiva a garantia do direito à moradia.* Isso poderia ter sido evitado se tivesse havido uma análise mais acurada do inteiro teor do acórdão recorrido por parte do(a) Ministro(a) Relator. Aqui, vê-se a intertextualidade, sob a forma de representação do discurso, instrumentalizada para o fim de proporcionar um controle da agenda discursiva judicial. A prática discursiva repercute, assim, na estrutura textual.

Caso tivesse havido uma maior atenção quanto ao teor do voto prevalecente no acórdão recorrido, seria até possível, em tese, reconhecer a falta de interesse em agir do Recorrente. Isso porque o objeto de sua irresignação era o direito à indenização por benfeitorias e o correlato direito de retenção. Se o TJ-DF reconheceu o direito de permanência na localidade, *resguardou a própria moradia.* Falou-se que esse argumento poderia ser levantado apenas em tese, pois seu cabimento dependeria da existência de mais dados a que esta autora não teve acesso.

O problema acima aventado poderia também ter sido precavido caso a parte Recorrida (as famílias habitantes da área) tivessem apresentado Contrarrazões ao Recurso Especial (instrumento de que dispunham para contraditar a argumentação do Recurso). Essa solução, todavia, é apenas teórica, pois se sabe da grande dificuldade de acesso à justiça pela camada mais pobre da população, o que fez com o que o Relator da ONU para a moradia no Brasil, recomendasse o fortalecimento da Defensoria Pública, como já estudado no Capítulo 3. Além disso, ainda que a defesa tivesse sido apresentada, ou seja, mesmo com a oferta de Contrarrazões, sabe-se da quase irrelevância dessa peça processual para os julgadores que a ela pouco conferem atenção.[127]

Fragmento 1

VOTO
[...]:

---

[127] Neste sentido, cf. Dissertação de Mestrado de Vinicius Negreiros Calado depositada na biblioteca da Universidade Católica de Pernambuco.

49. Preliminarmente, verifico que as teses em torno dos arts. 66, 69 e 572 do CC; e 460 do **50.**CPC não foram prequestionadas, porque o Tribunal *a quo*, a seu respeito, não emitiu **51.**qualquer juízo de valor. Assim, tem aplicação o disposto na Súmula 282/STF. Assevero **52.**ainda que, se a despeito da interposição de embargos declaratórios, o Tribunal não se **53.**pronuncia acerca de determinada questão, perdura a ausência de prequestionamento, o que **54.**torna incabível o recurso especial, nos termos da Súmula 211/STJ.
55. Observo que a tese relativa aos arts. 236, § 1º, e 552 do CPC também não merece ser **56.**conhecida, porque sua apreciação implicaria desobediência ao comando da Súmula 7/STJ. **57.**Isto porque a esta Corte, em sede de recurso especial, não se admite o reexame de matéria **58.**fático-probatória.
59. Feitas essas considerações, e considerados prequestionados os demais dispositivos, passo **60.**ao exame do mérito.

Das *linhas 49-60*, o(a) julgador(a) restringe-se aos aspectos processuais de admissibilidade do Recurso Especial.

Fragmento 2

61. Requer-se, por meio destes embargos de terceiro, a obstaculização do cumprimento do **62.**mandado de reintegração de posse expedido em favor da TERRACAP nos autos do **63.**interdito proibitório em que contendiam C.J.T e o **DISTRITO FEDERAL**.
64. Argüi-se que os verdadeiros possuidores da área objeto da ação não foram parte da aludida **65.**demanda e que, por isso, a sentença ali proferida não lhes podia atingir. O pleito, em sede **66.**de sentença, foi julgado improcedente.

A *linha 63* remete a C.J.T e o DF, ou seja, à primeira ação cuja sentença ensejou o ajuizamento dos Embargos de Terceiro. No fragmento 2, portanto, observa-se o reestabelecimento do autêntico objeto da discussão da ação de Embargos de Terceiros, qual seja, a manutenção na área por não ter havido participação dos dezoito autores na ação de interdito (a primeira ação ajuizada que, por força do efeito dúplice, resultou no reconhecimento à TERRACAP do direito de reintegração de posse). Aparentemente, teria havido o estabelecimento de uma nova agenda discursiva com outro *tema, diverso do que havia sido apontado até então no Relatório*. Agora, focalizou-se o objeto dos Embargos de Terceiros.

Fragmento 3

67.O Tribunal de Justiça do Distrito Federal e Territórios deu provimento ao apelo para **68.**salvaguardar a ocupação precária dos embargantes. No voto condutor do acórdão, ficou **69.**consignado que, em decorrência da tolerância do administrador público, há de reconhecer-**70.**se o direito indenizatório dos embargantes pelas benfeitorias úteis e necessárias, direito **71.**esse que lhes assegura a prerrogativa de retenção e impede o cumprimento do mandado de **72.**reintegração de posse.

Nas *linhas 67 a 72*, a agenda iniciada no Relatório é retomada, pois se torna a focalizar a matéria relativa à indenização por benfeitorias e o direito de retenção, apesar de que, *nas linhas 67 e 68*, fez-se menção ao voto condutor do acórdão recorrido que resguardou a ocupação dos embargantes, mesmo adjetivada pelo termo "precária". Mais adiante, porém, outra vez, representa-se o discurso do Relator do TJ-DF *ao modo da agenda discursiva encampada pelo Relator do Recurso Especial*. Atribui-se uma síntese ao voto condutor que não preserva a integridade do discurso representado por terem sido olvidados alguns de seus importantes aspectos. Veja-se o que consta do voto condutor do TJ-DF:

> [...] Foi dito na contestação que muitos dos documentos acostados com a inicial não se relacionam com as pessoas integrantes do pólo ativo da demanda, entretanto, esse pormenor não impressiona, a discussão dos autos está nos precisos da posse, irrelevante a certeza documental. Nem, por outro lado, sobreexcede saber a origem da posse, se do(a) senhor(a) C.J.T (quem deu causa à ordem de reintegração) ou de quem seja, essa cadeia possessória é de somenos. Em assim, por outro lado, tenho sem relevo a projeção, na hipótese, do comando do artigo 42, §2º, do CPC, mesmo porque os Embargantes a uma, não fizeram parte da relação processual pretérita, e a duas, porque o normativo, em assim, alcança tão-só o adquirente ou cessionário no curso da demanda e a três, porque, não há nestes autos prova escorreita que enliça os embargantes com C.J.T.

Nas linhas posteriores, o voto condutor do TJ-DF toca no tema da indenização por benfeitorias, mas a sua conclusão final a ela não confere proeminência informacional. O voto é concluído da seguinte maneira:

> Pelo exposto dou provimento ao apelo e julgo procedente o pedido inicial, salvaguardando, assim, a ocupação precária dos Embargantes, competindo ao legítimo proprietário reivindicar os imóveis pelos meios em direito admitidos.

Percebe-se que a conclusão do voto não está perfeitamente reproduzida pelo discurso representador do STJ. Há aqui, segundo a categoria da intertextualidade, uma mistura de vozes onde a do(a) produtor(a) do voto do STJ é imiscuída, embaralhada, obscurecida.

Pela leitura do voto condutor do TJ-DF, o pedido inicial dos Embargos de Terceiros restou acolhido e um dos principais fundamentos processuais para tanto (o que não poderia ser diferente, tendo em vista a especialidade desse tipo de ação) foi o fato de se tratarem os dezoito autores de terceiros, ou seja, pessoas que não participaram da relação processual originária, qual seja, da ação de interdito possessório. O fato é que esse tema (tratar-se ou não de terceiro) é afastado pelo relator(a) do STJ.

Fragmento 4

73. Entendo, porém, que não merece acolhida o entendimento adotado pela Corte de Origem.
74.O art. 516 do CC/1916, que hoje encontra correspondência com o art. 1.219 do CC/2002, **75.**dispõe, a respeito do direito de indenização por benfeitorias, o que se segue:
76. Art. 516. O possuidor de boa-fé tem direito à indenização das benfeitorias necessárias e úteis, bem como, **77.**quanto às voluptuárias, se lhe não forem pagas, a levantá-las, quando o puder sem detrimento da coisa. Pelo **78.**valor das benfeitorias necessárias e úteis, poderá exercer o direito de retenção.
79. Veja-se que o direito de retenção é prerrogativa de quem, com boa-fé, é possuidor de **80.**alguma coisa. Exige-se, portanto, para sua configuração, a coexistência de pelo menos **81.**duas condições: a) posse; e b) boa-fé.

Inicialmente, *na linha 73*, utiliza-se o verbo na primeira pessoa ("Entendo") a mostrar, de acordo com a análise textual, um alto grau de afinidade entre o produtor e o dito no seu texto. O produtor expressa, assim, uma convicção que entende ser sua. Sua convicção é, de logo, antecipada, ao dizer que "não merece acolhida o entendimento adotado pela Corte de origem".

Na *linha 75*, através do *operador argumentativo* de assunto ("a respeito") direciona-se o enunciado para a análise da disciplina legal das benfeitorias. Com isso, consegue-se dar continuidade à agenda discursiva em seguimento ao tema inicialmente assumido.

Na *linha 79*, há apelo a um *processo mental* da gramática sistêmico funcional, pois o uso da expressão "veja-se que" é estratégia de convencimento que procura apresentar algo como evidente, de modo que pode ser visto. Possui um papel relevante na construção/manutenção da realidade social.

Ainda *na linha 79*, o discurso confere ênfase à boa-fé ao colocar a expressão "com boa-fé" antes de "é possuidor de alguma coisa".

Na *linha 80*, faz-se uso de um *processo material* da gramática sistêmico funcional com o verbo "Exige-se". E quem exige? A lei, ou seja, o artigo 516 do CC/16, atual artigo 1.219 do CC/02. Esse processo também é relevante quanto à função ideacional da linguagem, desempenhada pela transitividade da oração. Se algo é exigido, é porque é condição inafastável para realizar-se alguma coisa.

Na *linha 81*, enfatiza-se o que é, "pelo menos", exigido.

Quanto ao modo de produção do texto, a *prática discursiva* recorreu à *intertextualidade com o Código Civil*, consoante se extrai das *linhas 74-78*. Não houve, no entanto, um diálogo mais profícuo com a Constituição. Alguém poderia justificar tal postura com base no fato de ser o STJ o Tribunal responsável por pacificar a interpretação da lei federal, de modo que não deveria adentrar em questões de natureza constitucional. Acontece que para interpretar a legislação infraconstitucional, precisamente por ela ser infra, abaixo da Constituição, faz-se necessário recorrer aos princípios interpretativos da norma constitucional.

Sob o ângulo da *prática social*, desponta o papel da ideologia na construção do saber. Aqui, é salutar atentar para o papel das ordens de discurso como sendo o aspecto semiótico da ordem social. Apesar de o(a) produtor(a) do texto acreditar veementemente que expressa a sua convicção (o uso do "entendo" pode dar uma pista quanto a isso), percebe-se que ele recebe um influxo da estrutura social, no caso, mais voltada à sistemática capitalista, desconsiderando-se à personalidade humana dos moradores da área, o que o(a) levou a tratar da matéria apenas sob a ótica privatística, de modo a desconectar o Código Civil das normas superiores, como os tratados internacionais de direitos humanos e a Constituição Federal. A matéria sob a qual se debruçava o(a) Ministro(a) relator não era outra que não a existência de direito à indenização.

Como todo enunciado, segundo Bakthin, é um elo na cadeia da comunicação, com a apresentação dos requisitos "exigidos" para a indenização, quais sejam, posse e boa-fé, o(a) produtor(a) do texto já antecipa que os recorridos não os preenchem.

Fragmento 5

82.Presentemente, por aplicação da doutrina de Jhering, que reuniu, numa única idéia, os 83.elementos *corpus* e *animus* definidos na lição de Savigny, tem-se que posse é o direito 84.reconhecido a quem se comporta como proprietário. Posse e propriedade, portanto, são 85.institutos que caminham juntos, não havendo de ser reconhecer a posse a quem, por 86.proibição legal, não possa ser proprietário ou não possa gozar de qualquer dos poderes inerentes à propriedade.

Neste momento do voto, o(a) Relator(a) passa a construir uma importantíssima *cadeia intertextual* que será por muitas vezes repetida em várias outras decisões. A seguir, serão apresentados os *marcadores coesivos que indicam o esquema retórico seguido*.

Na *linha 82*, como maneira de situar temporalmente o leitor, vale-se o(a) relator(a) de um *operador argumentativo de tempo* ("Presentemente"). Depois, vale-se de um *operador argumentativo de explicação* que serve para justificar certos atos ou fatos ("por", que se desenvolvido ficaria "por causa" da aplicação da doutrina de Jhering [...]).

Na *linha 83*, traz-se a consequência de ter sido, presentemente, adotada a teoria de Jhering, mediante a utilização do *operador argumentativo indicador de consequência ou de conclusão* "tem-se que".

Na *linha 84*, dando sequência à estrutura retórica, utiliza-se um *operador argumentativo de conclusão* ("portanto").

Por fim, na *linha 86*, finaliza-se com o *operador argumentativo de alternância* ("ou"). Neste caso, é importante atentar para o fato de que esse operador, no contexto do julgado, em vez de indicar uma autêntica alternância, atua como foco de destaque de um dos elementos tidos por alternativos. A análise da *estrutura textual* aponta para a ordem em que colocados os elementos supostamente alternativos. Primeiro, há um foco *no proprietário* e só após é que se menciona aqueles que gozam de *qualquer dos poderes inerentes à propriedade*.

Sabe-se que, em uma interpretação apenas textual do artigo 1.196 do CC/02, não há menção ao primeiro elemento da suposta alternância. Consta do dispositivo: "**Art. 1.196**. Considera-se possuidor todo aquele que tem de fato o exercício, pleno ou não, de algum dos poderes inerentes à propriedade."

Por sua vez, ainda apenas com base no texto legal, dispõe o Art. 1.228 sobre os poderes inerentes à propriedade: "**Art.1.228.** O proprietário tem a faculdade de usar, gozar e dispor da coisa, e o direito de reavê-la de quem quer que injustamente a possua ou detenha."

Da simples leitura conjunta dos dois dispositivos extraídos do Código Civil, não se faz necessário ser proprietário para adquirir a posse de algo. Basta *o exercício* de algum dos poderes inerentes à propriedade. Dentre esses poderes, está o *do uso*. O uso, segundo os estudos mais atualizados sobre a posse, é o parâmetro para aferir o preenchimento da sua função social, o que pode ser detectado no caso concreto, tendo em conta as peculiaridades envolvidas.

Apesar disso, o(a) Relator(a), mesmo indicando sua opção pela aplicação direta do Código Civil (cf. a análise do fragmento anterior), praticamente culmina por incluir um requisito novo, não previsto em lei, para a consideração de alguém como possuidor. E vai mais além. Afora incluir em seu julgado algo não expressamente previsto em lei, confere primazia ao elemento/requisito criado, pois o menciona com anterioridade, utilizando-se do *operador argumentativo* "ou" que está aí mais para colocar em destaque o primeiro elemento do que para apresentar uma autêntica alternância.

Na *linha 85*, é bastante curioso o uso da *expressão metafórica* "caminham juntos". Já foi estudado que as metáforas causam uma tensão em uma dada frase, pois une elementos textuais que, normalmente e logicamente, não poderiam ser combinados com sentido. Já se destacou também o forte papel ideológico das metáforas quando bem-sucedidas. Foi o que ocorreu no Fragmento ora analisado. Ao afirmar que a posse e a propriedade são institutos que "caminham juntos", criou-se uma intensa ligação entre os dois institutos que consegue prevalecer na maioria dos julgados posteriores. Houve assim uma interferência de grande proporção no sistema de conhecimento e no modo de pensar e de agir (modo de decidir).

Quanto à *prática discursiva*, é possível destacar *a coerência*, como categoria relacionada ao consumo (à interpretação) do texto. Como já trabalhado, uma leitura coerente depende de princípios interpretativos. Nesse âmbito, é relevante detectar *as inferências* fundadas em pressupostos ideológicos. Na *linha 82*, o produtor do texto já coloca como pressuposto de seu raciocínio ter sido adotada pelo Brasil a Teoria de Jhering ("[...] por aplicação da doutrina de Jhering".). Esse dado é carregado ideologicamente. Denota uma opção pela lógica capitalista, e não distributiva. A pressuposição é tida como pacífica, quando não o é, consoante se teve a oportunidade de estudar ao longo desse trabalho. Basta recordar que na Teoria Simplificada da Posse, Jhering concebe a posse como um mero apêndice da propriedade, sendo a "guarda avançada" da propriedade, o que não é mais plausível em um Estado Social e Democrático de Direito que toma a dignidade humana como centro de todo o sistema jurídico.

Fragmento 6

87. Sabe-se que os imóveis públicos, por expressa disposição do art. 183, § 3°, da CF/88, não **88.**são adquiridos por usucapião. Tem-se conhecimento também de que eles, assim como os **89.**demais bens públicos, somente podem ser alienados quando observados os requisitos **90.**legais. Daí resulta a conclusão de que se o bem público, por qualquer motivo, não pode ser **91.**alienado, ou seja, não pode se tornar objeto do direito de propriedade do particular, **92.**também não pode se converter em objeto do direito de posse de outrem que não o Estado.
93. Inadmitindo a existência de posse em área pública, cito duas decisões desta Corte, cujas **94.**ementas transcrevo abaixo:
95.MANUTENÇÃO DE POSSE. OCUPAÇÃO DE ÁREA PÚBLICA, ADMINISTRADA PELA **96.**"TERRACAP – COMPANHIA IMOBILIÁRIA DE BRASÍLIA". INADMISSIBILIDADE DA PROTEÇÃO **97.**POSSESSÓRIA.
98.A ocupação de bem público não passa de simples detenção, caso em que se afigura inadmissível o pleito de **99.**proteção possessória contra o órgão público.
100.Não induzem posse os atos de mera tolerância (art. 497 do Código Civil/1916). Precedentes do STJ.
101. Recurso especial conhecido e provido.

102.(REsp 489.732/DF, Rel. Ministro BARROS MONTEIRO, QUARTA TURMA, julgado em
103.05.05.2005, DJ 13.06.2005 p. 310)
104.INTERDITO PROIBITÓRIO. OCUPAÇÃO DE ÁREA PÚBLICA, PERTENCENTE À "COMPANHIA 105.IMOBILIÁRIA DE BRASÍLIA – TERRACAP".
106.INADMISSIBILIDADE DA PROTEÇÃO POSSESSÓRIA NO CASO.
107.A ocupação de bem público, ainda que dominical, não passa de mera detenção, caso em que se afigura 108.inadmissível o pleito de proteção possessória contra o órgão público. Não induzem posse os atos de mera 109.tolerância (art. 497 do CC/1916).
110.Recurso especial não conhecido.
111.(REsp 146.367/DF, Rel. Ministro (a) [...], julgado em 14.12.2004, DJ 14.03.2005 p. 338)

Neste fragmento, a cadeia intertextual está prestes a completar-se.

Inicialmente, *na linha 87*, acontece algo bastante curioso em termos ideológicos. Opta-se por efetivar uma intertextualidade com a Constituição Federal, mas tal se dá apenas em relação à agenda discursiva já, desde o início, eleita pelo(a) produtor(a) do texto. É assim que a intertextualidade ocorre para o fim de ressaltar *a propriedade e tão-somente ela*. Não se realizam maiores considerações a respeito, p.ex., da *função social* a que precisa vincular-se a propriedade, ainda mais em se tratando de bem público. Assim agindo, o produtor tenta conferir ao seu discurso uma aparência de conformidade com a Constituição Federal, pois, nesse momento do julgado, afasta-se um pouco da literalidade do Código Civil e busca uma legitimação na norma superior constitucional. *Esse diálogo com a Constituição, todavia, passa ao largo do direito fundamental à moradia.*

É ainda curioso que, neste ponto, não se valeu da máxima de que "o STJ não se debruça sobre questões constitucionais, pois o seu papel é o de uniformizar a interpretação da lei federal." Essa é, aliás, uma perigosa amostra discursiva, aplicada sem maiores reflexões e questionamentos. O STJ aqui recorre expressamente à Constituição, mas apenas para legitimar seu raciocínio de que, por ser o bem público impassível de usucapião, também não poderá ser objeto de posse.

Vale-se o(a) Ministro(a) Relator(a) de um poderoso modo de operação da ideologia na prática judicial brasileira, qual seja, *a legitimação*. A estratégia de construção simbólica mais marcante aqui é a da *racionalização* a denotar o êxito do Racionalismo Moderno ainda reinante na prática social em análise, consoante foi estudado no Capítulo 4. Assim, para justificar a impossibilidade de posse de área pública ("mera detenção"), o produtor recorre a uma cadeia de raciocínio para legitimar seu argumento a fim de torna-lo digno de apoio.

Fragmento 7

113.Nestes autos, tem-se caso de ocupação de área pública, a qual, dada sua irregularidade, 114.não pode ser reconhecida como posse, mas como mera detenção. Tal conclusão, registre-115.se, está assentada no próprio acórdão recorrido, que, a despeito de reconhecer a 116.inexistência de posse, admitiu a existência do direito de retenção e obstaculizou o 117.cumprimento do mandado de reintegração de posse.
118.Ora, se o direito de retenção, como outrora ficou dito, depende da configuração da posse, 119.não podia o Tribunal *a quo*, ante a consideração da inexistência desta, admitir o 120.surgimento daquele direito advindo da necessidade de se indenizar as benfeitorias úteis e 121.necessárias, e assim impedir o cumprimento da medida imposta no interdito proibitório.

A cadeia intertextual, nesse fragmento, está finalizada.

No âmbito da *prática discursiva*, enquanto a intertextualidade diz com a produção do texto, as cadeias intertextuais servem para a distribuição do discurso.

Trata-se de explicitar as origens de uma amostra discursiva, descrevendo-se a série de textos nas quais ou das quais é transformada. A utilização dessas cadeias constantemente evita uma progressão em termos de negociação de sentidos, o que contribui para a mantença do *status quo*.

No caso ora analisado, a cadeia intertextual pode ser descrita mediante um silogismo, consoante o quadro a seguir:

O BRASIL ADOTOU O CONCEITO DE POSSE COMO EXTERIORIZAÇÃO DA PROPRIEDADE

⟶ ASSIM, SÓ HÁ POSSE QUANDO POSSÍVEL A OBTENÇÃO DA PROPRIEDADE

⟶ O BEM PÚBLICO NÃO PODE SER APROPRIADO PELO PARTICULAR POR NÃO SER PASSÍVEL DE USUCAPIÃO ⟶ LOGO, NÃO HÁ POSSE DE ÁREA PÚBLICA, MAS MERA DETENÇÃO (AQUELE FLÂMULO DA POSSE DE QUE COGITAM OS CIVILISTAS)

⟶ SE POSSE NÃO HÁ, TAMBÉM INEXISTE DIREITO DE INDENIZAÇÃO E DE RETENÇÃO.

Na *linha 113*, o texto influi na estruturação do sistema de conhecimento e de crença, pois utiliza-se da expressão "dada sua irregularidade". Olvida-se aqui que a própria lei garantiria, no caso, o direito à regularização fundiária. Neste caso, apesar de a MP n° 2220/01 que disciplina o direito real de uso especial para fins de moradia, quando da propositura da ação de Embargos de Terceiro, ainda não estivesse em vigor, foram mencionadas pelos dezoito autores outras legislações que asseguravam o direito à permanência na localidade. Alguns autores já haveriam, inclusive, iniciado o processo administrativo de regularização fundiária.

A expressão utilizada "dada sua irregularidade" desempenha um forte papel de mobilização do sentido, pois, mediante *a unificação* (um dos modos de operação da ideologia), os autores foram interligados em uma identidade coletiva, olvidando-se suas distinções e peculiaridades.

Nas *linhas 115 e 116*, mais uma vez, há uma mistura de vozes que, novamente, favorece o processo de racionalização dos argumentos. Tal se dá mediante uma *intertextualidade que se pode denominar de dissimulada*. Observa-se aqui a prática discursiva com um forte papel de construção (manutenção) da prática social. Como já foi explicitado ao longo desse estudo, as dimensões discursivas (texto, prática discursiva e prática social) estão em constante contato e se influenciam reciprocamente. Foi o que ocorreu nessas linhas do julgado onde a intertextualidade é utilizada com fins ideológicos de dissimulação para se conseguir emplacar o sentido almejado pelo(a) produtor(a) do texto, consoante sua agenda discursiva.

Essa estratégia é revelada quando se aprofunda a interpretação contida no acórdão recorrido. Do contexto do voto condutor (o voto que prevaleceu) nesse acórdão do TJ-DF (acórdão recorrido), mormente em termos de análise da *força,* cuja ambivalência pode ser reduzida a partir do contexto textual e situacional, observa-se que toda a preocupação do(a) julgador(a) *a quo* foi com a saliência da situação fática, já consolidada. Apesar de não o dizer expressamente, o(a) Relator(a) do acórdão recorrido deu plena atenção ao caráter fático e autônomo da posse.

Essa orientação foi estabelecida logo no início de seu voto quando afirmou que "[...] a discussão dos autos está nos precisos da posse, irrelevante a certeza documental.". O enfoque, assim, era na posse, e não na propriedade (não se deu atenção à forma, ao título, à certeza documental).

É interessante que o acórdão recorrido remete *oito vezes* à posse. Em apenas *duas vezes* afirma inexistir posse. Para analisar *a força* de seu voto, ou seja, o que foi realizado com seu voto (lembre-se da teoria dos atos de fala de Austin), qual a mensagem transmitida, é salutar analisar brevemente cada uma dessas oito referências à posse. Objetiva-se, com isso, reduzir a ambivalência da força pelo *contexto textual*.

A primeira referência é realizada após admitir a possibilidade da ação de Embargos de Terceiro. Sob o ponto de vista processual, essa ação especial pode ser ajuizada pelo possuidor ou pelo senhor (titular do domínio). Ao conceber a ação como cabível, o(a) relator (a) entendeu pela existência, em tese, da posse. Falou-se, em tese, porque o mérito ainda seria analisado. Neste sentido, extrai-se do voto: "A hipótese contempla *Embargos de Terceiro* sob o pálio do artigo 1.046, do Código de Processo Civil." Em seguida, afirmou-se: "A teor da inicial, os embargos são de apenas *possuidor,* os Autores não possuem título de domínio." (grifo nosso). Assim, toda a discussão seria tratada, como antecipou o(a) relator(a) à luz da posse, e não da propriedade.

A segunda referência confirma a agenda eleita: "Examino a causa quanto aos demais Embargantes que estão nos autos, como já disse, simplesmente como *possuidores,* muitos dos quais trouxeram fotos para demonstrar, como demonstrado restou, a construção de benfeitorias nos imóveis ocupados." (grifo nosso).

Mais adiante, na terceira referência à posse, disse o que já se mencionou: "[...] a discussão dos autos está nos precisos da posse, irrelevante a certeza documental". Na quarta referência: "Nem, por outro lado, sobreexcede saber a origem da *posse* [...]"(grifo nosso). Na quinta referência, disse: "[...] essa *cadeia possessória* é de somenos."(grifo nosso).

Apenas na sexta referência à posse, o(a) Relator(a) afirmou: "Os bens públicos são, em verdade, insuscetíveis de *posse* e não podem ser usucapidos[...]" (grifo nosso). Apesar disso, em um *metadiscurso,* o(a) produtor(a) do texto tenta tornar ao rumo anteriormente eleito, tanto que no mesmo parágrafo, e logo após a referência sobre a posse de bens públicos, registrou que: "[...] mas a tolerância da administração que abdica de seu poder de polícia, de agir no tempo, fecha os olhos, o termo 'fechar os olhos' é força de expressão, porque sempre estiveram bem abertos, traz com a desídia reflexos em favor da *posse* tolerada, construções não obstadas."(grifo nosso). Nesse parágrafo, o(a) Relator(a) fala da impossibilidade, em princípio, de posse, mas, logo em seguida, remete-se à expressão 'posse tolerada'. Por fim, em um distanciamento da agenda – no início do voto se disse que a discussão se daria nos precisos da posse - (prática do metadiscurso), faz sua última referência à posse da seguinte forma: "A questão, como a dos autos, não é de reconhecer *a posse,* mas a ocupação tolerada e até incentivada [...].". (grifo nosso).

Após essa contextualização lexical, para extrair a força desse voto, é interessante transcrever *o contexto situacional,* bem acentuado em todo o julgado recorrido como se extrai desse excerto:

> Incabível rediscutir a natureza dos imóveis ocupados. Todavia, inescondíveis as benfeitorias neles levadas a efeito. O processo deveria ser melhor instruído, evidente, mas nem por isso não se pode, *como a avestruz, esconder a cabeça debaixo da asa ou tapar o sol com a peneira*; a realidade social está aí, como sempre esteve, o Poder Público, muitas das vezes por interesses políticos (na época das eleições as promessas se generalizam) até

> incentivam as ocupações, tolerando-as ao longo do tempo e assim, não é tão fácil, ao depois, bastando as divergências, passar o trator e destruir casas de famílias humildes, sempre as menos abastadas, onde já existem instalações de luz, de água, de telefone e até serviço dos correios. (Grifo nosso).

Ao final, como já destacado nessa análise, o(a) relator(a) do acórdão recorrido reconheceu a permanência dos moradores (autores dos Embargos de Terceiro) na localidade.

Assim, *da sequência textual e do contexto situacional, percebe-se que a força do julgado recorrido foi a de conferir primazia ao já consolidado,* de modo a resguardar a moradia. Apesar disso, no Fragmento ora em análise, o STJ olvida todas as considerações sociais da questão e representa o discurso recorrido à sua maneira, ou seja, segundo a sua agenda discursiva que girou em torno do domínio, da propriedade, e não da posse e de seu importante aspecto fático. *Nas linhas 115-116, há uma intertextualidade dissimulada com importantes efeitos ideológicos.* Aqui, a metáfora "agir como o avestruz", utilizada pelo(a) Relator(a) do acórdão recorrido, não chegou a ser tão bem sucedida quanto aquela outra que coloca a posse e a propriedade como grandes amigas, de mãos dadas, "caminhando juntas", como já analisado.

As escolhas lexicais são bem importantes para *a construção dos sujeitos sociais.* Observa-se que os ocupantes da área pública são tratados como *simples detentores,* ou ainda, como *meros detentores (linha 114).* A posição constitucional e internacional que ocupam, *a de titulares do direito fundamental de morar adequadamente,* é completamente ignorada no julgado do STJ.

Fragmento 8

122.Ressalte-se que neste feito, como se abstrai da decisão recorrida, não se vislumbra 123.hipótese de uso especial de bem público legalmente titulado, mas de ocupação irregular 124.de área pública, porque a utilização do imóvel realiza-se de forma clandestina, sem base 125.em qualquer ato unilateral ou contrato emanado da Administração.

126.E diga-se ainda que somente naqueles casos, quando admitido de maneira formal o uso 127.do bem público, particularmente nas hipóteses de permissão e concessão, há de se cogitar 128.do cabimento de eventual indenização pelos prejuízos advindos do ato revogatório.

129.Em tais situações, a propósito, a doutrina admite estar assegurado o ajuizamento das 130.ações possessórias para garantia da utilização permitida pela Administração 131.(MEIRELLES, Hely Lopes. *Direito Administrativo Brasileiro.* 27. ed. São Paulo: 132.Malheiros, 2002 p. 490-501).

133.Por todo o exposto, dou provimento ao recurso especial, para julgar improcedente a ação, 134.ficando invertidos os ônus da sucumbência

A intertextualidade dissimulada que orientou a feitura do Fragmento 7 é continuada nesse Fragmento 8.

Nas *linhas 122 e 123*, é retirada uma conclusão que não está expressa na decisão recorrida. Não se disse na decisão recorrida que inexistia uso especial de bem público legalmente titulado. O que se afirmou foi o tratamento da questão em termos possessórios, afastando-se a matéria formal da titulação. Além disso, não se investigou mais a fundo a matéria sob julgamento, tendo em vista que alguns dos autores já estariam inseridos nos requisitos legais para a regularização fundiária. Mais uma vez, valeu-se o(a) produtor(a) da dissimulação e da unificação como fortes modos de operação da ideologia.

A dissimulação intertextual prossegue nas *linhas 124 e 125*, sobretudo na *linha 124*, quando em continuidade às suas abstrações da decisão recorrida, o(a) produtor(a) do texto diz que a ocupação do imóvel é irregular porque se realiza de forma clandestina. Todavia, o que se extrai literalmente da decisão recorrida, do voto do(a) revisor(a), mais precisamente, é justamente o contrário. Em seu voto, o(a) revisor(a), depois de discorrer sobre a possibilidade de posse por se cuidar de bem público desafetado, assentou que:

> Nesse passo, o respeito à posse visa resguardar a situação de fato, isenta de violência e clandestinidade, protegendo-se o *jus possessionis* daquele que é proprietário, *bem como do que não o é.*
> Considerando o exposto, há que se perquirir se a posse exercida pelos embargantes enquadrava-se no artigo 489 do Código Civil, que determina:
> 'Art.489. É justa a posse que não for violenta, clandestina, ou precária'.
> *Não há notícias nos autos de utilização de violência física ou moral, para o exercício da posse, ao contrário, restam os apelantes munidos de instrumentos particulares de cessão de uso.* A posse figura pacífica, durante mais de 05 (cinco) anos. *Também, não restou demonstrada ser clandestina, visto não haver se estabelecido às ocultas daquele que lhe interessa conhece-la, principalmente diante do saneamento instalado no local pelo Poder Público – telefone, luz correios (sic.). Por fim, não se mostrou precária, haja vista não ser originária de abuso de confiança por parte de quem a recebeu a título provisório com o dever de restituição.* (Grifo nosso).

Consta que o revisor foi, em parte vencido, mas nada há a inferir que o foi nesta parte de seu voto.

Nas *linhas 126, 129 e 130*, através do *operador argumentativo* "somente", indicador de restrição daquilo que se enuncia, o(a) Relator(a) do STJ praticamente encastela as hipóteses de tutela jurisdicional da posse aos casos por ele(a) mencionados.

Segundo o que foi aqui sustentado, a tutela da posse deve ocorrer *na dimensão do caso concreto*, consoante a tese de Francisco Cardozo Oliveira. Se tal tivesse sido observado, poderia ter sido evitada a constrangedora negativa, por vias transversas, do direito à moradia.

ACÓRDÃO

135. Vistos, relatados e discutidos os autos em que são partes as acima indicadas, acordam os **136.**Ministros da Segunda Turma do Superior Tribunal de Justiça "A Turma, por **137.**unanimidade, deu provimento ao recurso, nos termos do voto do(a) Sr(a). Ministro(a)-**138.**Relator(a)."[...].
139. Brasília-DF, 15 de setembro de 2005 (Data do Julgamento)

Nas *linhas 135 a 139*, há a expressão do julgamento colegiado por meio do gênero discursivo do acórdão que, no caso, foi à unanimidade o que significa dizer não ter havido qualquer divergência em relação ao voto do(a) Relator(a).

Em termos ideológicos, a unanimidade, não obstante passar uma imagem de harmonia entre os julgadores, pode ser um forte contributo à manutenção das convenções discursivas. Sabe-se que, pelo volume de processos a serem submetidos a uma dada sessão de julgamento, afora o Relator, os demais membros do Colegiado nem sempre estão dispostos a realizar uma detida análise do voto de um colega. Melhor dizendo, a questão talvez nem seja de disposição ou não para apreciar, mas de limitação humana mesmo. O volume é tão extenso que se forem debater, com detalhes, cada voto, a sessão não findará sem "entrar pela madrugada." Mas os legisladores não costumam "entrar pela madrugada" quando os interesses políticos justificam tal postura?

Observa-se que papel do advogado é de fundamental importância para, com atenção, destacar em julgamento os pontos relevantes para o debate, mediante as valorosas sustentações orais.

A solução mais apropriada, no entanto, como cada vez mais os fatos estão a indicar, pode ser a da criação de uma cultura de extrajudicialidade, o que contribuiria para um maior grau de autonomia dos próprios envolvidos em solucionar seus conflitos de interesse.

A análise desse caso demonstrou que o contexto legislativo nacional e internacional sobre o direito fundamental à moradia adequada e à segurança jurídica da posse restou ignorado. Aliado a isso, observa-se uma grave mácula à Democracia, pois o direito à cidade, através do resguardo de moradias dignas, também foi olvidado. Até mesmo a legislação local que havia considerado a área da "Colônia Agrícola Vereda da Cruz" como urbana e previsto condutas administrativas para sua regularização, não chegou a ser ventilada pelo STJ, de modo a destituir de toda a eficácia referida norma jurídica.

Os moradores da "Colônia Agrícola Vereda da Cruz" se viram ao total desamparo, só tendo a cada um deles restado "carregar a sua cruz", ou melhor, os destroços que sobraram.

O julgado acima analisado (*leading case*) produziu e continua a ensejar repercussões em vários outros, quase que como um "mantra", sem maiores reflexões sobre as peculiaridades típicas do processo de concretização. A seguir, serão apresentadas amostras discursivas do STJ que assumem a orientação do paradigma judicial estudado.

4.1.1 Análise Crítica do Discurso jurídico firmado pelo STJ no Recurso Especial nº1203500/RJ.

EMENTA:

ADMINISTRATIVO E PROCESSUAL CIVIL. BENS PÚBLICOS. AÇÃO POSSESSÓRIA
DE REINTEGRAÇÃO. DETENÇÃO IRREGULAR DO PARTICULAR. DESOCUPAÇÃO.
CABIMENTO.
1. É de se destacar que os órgãos julgadores não estão obrigados a examinar todas as teses levantadas pelo jurisdicionado durante um processo judicial, bastando que as decisões proferidas estejam devida e coerentemente fundamentadas, em obediência ao que determina o art. 93, inc. IX, da Lei Maior. Isso não caracteriza ofensa ao art. 535 do CPC.
2. Trata-se, in casu, de bem público ocupado irregularmente por particular que, mesmo após notificação para desocupação, permaneceu no bem. Insurge-se o recorrente contra o tipo de ação promovida pela recorrida para fazer cessar a desocupação.
3. Tem-se caso de ocupação de área pública, a qual, dada sua irregularidade, não pode ser reconhecida como posse, mas como mera detenção.
4. Não há como prosperar qualquer alegação do recorrente para fazer-se permanecer com a detenção irregular do bem público. Ademais, não se discute nos autos a propriedade do bem, portanto, plenamente cabível a ação possessória para fazer desocupar de bem público quem o detinha de forma irregular. Portanto, não pode prosperar a alegação do recorrente de que não cabe ação possessória de reintegração no presente caso.
5. Recurso especial a que se nega provimento.

RELATÓRIO
O(a) EXMO.(a) SR.(a) MINISTRO(a) (Relator-a):
Trata-se de recurso especial interposto por O.A.P, com fundamento na alínea "a" do permissivo constitucional, contra acórdão proferido pelo Tribunal de Justiça assim ementado:
Apelação Cível. Direito Civil. Reintegração de posse cumulada com indenização a título de lucros cessantes. Imóvel incorporado ao patrimônio público em data anterior à posse

da ré. Impossibilidade de usucapião de bens públicos. O nome com o qual se rotula a causa é irrelevante. A natureza de prestação deduzida não se há de encontrar no rótulo eleito pelo autor, sendo relevante o pedido e a causa de pedir. Notificação desatendida caracteriza esbulho possessório. Posse e má-fé. Indenização devida correspondente a alugueres apurados desde a notificação até a desocupação do imóvel, a ser apurado em fase de liquidação de sentença. Provimento do primeiro recurso e desprovimento da segunda apelação. Embargos de declaração rejeitados às fls. 303/309.

Alega que o acórdão contrariou os arts. 535, inciso II, 333, inciso I, e 927, inciso IV, do Código de Processo Civil - CPC, e art. 1.210, §2º, do Código Civil- CC. Aponta omissão do acórdão recorrido. Alega que a recorrida jamais teve a posse direta do bem, razão pelo qual não poderia sustentar esbulho possessório, e portanto, sendo inadmissível intentar ação possessória.

Apresentadas contrarrazões às fls. 328/335.

Despacho positivo de admissibilidade.

É o relatório.

VOTO

O(a) EXMO.(a) SR.(a) MINISTRO(a) (Relator-a): Não merece reparos o acórdão recorrido. Inicialmente, é de se destacar que os órgãos julgadores não estão obrigados a examinar todas as teses levantadas pelo jurisdicionado durante um processo judicial, bastando que as decisões proferidas estejam devida e coerentemente fundamentadas, em obediência ao que determina o art. 93, inc. IX, da Lei Maior. Isso não caracteriza ofensa ao art. 535 do CPC.

Neste sentido, existem diversos precedentes desta Corte. Veja-se um exemplo:

PROCESSO CIVIL - RECURSO ESPECIAL [...] EMBARGOS DE DECLARAÇÃO - REJEIÇÃO - ALEGADA AFRONTA AO ART. 535 E 280, 281 E 282 DO CTB - INOCORRÊNCIA [...] RECURSO ESPECIAL CONHECIDO EM PARTE, MAS IMPROVIDO. 1. O Tribunal de origem solveu a controvérsia de maneira sólida e fundamentada, apenas não adotando a tese dos recorrentes, razão pela qual fica afastada a afronta ao art. 535 do CPC. [...] (REsp 993.554/RS, Rel. Min.(*omissis*), Segunda Turma, DJU 30.5.2008)

Além disso, registre-se que o acórdão tratou do ponto que o recorrente reputou omisso.

Quanto ao mérito, trata-se, *in casu*, de bem público ocupado irregularmente por particular e que mesmo após notificação para desocupação permaneceu no bem. Insurge-se o recorrente contra o tipo de ação promovida pela recorrida para fazer cessar a desocupação.

Deduz-se do que foi informado nos autos que não há posse do bem pelo recorrente, e sim, uma mera detenção irregular. Conforme estabelecido por esta Turma em relatório do(a) Min. (*omissis*) no Resp. n.556.721 DF, "sabe-se que os imóveis públicos, por expressa disposição do art. 183, § 3º, da CF/88, não são adquiridos por usucapião. Tem-se conhecimento também de que eles, assim como os demais bens públicos, somente podem ser alienados quando observados os requisitos legais. Daí resulta a conclusão de que se o bem público, por qualquer motivo, não pode ser alienado, ou seja, não pode se tornar objeto do direito de propriedade do particular, também não pode se converter em objeto do direito de posse de outrem que não o Estado." *Sendo assim, tem-se caso de ocupação de área pública, a qual, dada sua irregularidade, não pode ser reconhecida como posse, mas como mera detenção.*

Dessa forma, não há como prosperar qualquer alegação do recorrente para fazer-se permanecer com a detenção irregular do bem público.

Ademais, não se discute nos autos a propriedade do bem, portanto, plenamente cabível a ação possessória para fazer desocupar de bem público quem o detinha de forma irregular.

Portanto, não pode prosperar a alegação do recorrente de que não cabe ação possessória de reintegração no presente caso.
Isso posto, NEGO PROVIMENTO ao recurso especial. (grifos nossos).

ACÓRDÃO
Vistos, relatados e discutidos esses autos em que são partes as acima indicadas, acordam os Ministros da Segunda Turma do Superior Tribunal de Justiça, na conformidade dos votos e das notas taquigráficas, o seguinte resultado de julgamento:
"A Turma, por unanimidade, negou provimento ao recurso, nos termos do voto do(a) Sr(a). Ministro(a)-Relator(a)." Os Srs. Ministros [...] votaram com o Sr.(a) Ministro (a) Relator(a).
Brasília, 21 de setembro de 2010 (data do julgamento).

Neste caso, a cadeia intertextual já destacada é reproduzida sem maiores questionamentos. Observa-se ainda que para o(a) Relator(a), não havia qualquer alegação que pudesse respaldar a permanência na área pública.

A convenção discursiva representada pela cadeia intertextual estudada já está tão consolidada que o julgamento foi também unânime.

4.1.2 Análise Crítica do Discurso jurídico firmado pelo STJ no Agravo Regimental no Recurso Especial nº799765/DF.

EMENTA

ADMINISTRATIVO. AGRAVO REGIMENTAL. INTERDITO PROIBITÓRIO. OCUPAÇÃO IRREGULAR DE ÁREA PÚBLICA. MERA DETENÇÃO. INEXISTÊNCIA DE POSSE. PRECEDENTES.
1. A jurisprudência desta Corte já se manifestou a respeito da questão discutida nos autos e adotou o entendimento no sentido de que a "ocupação de área pública, quando irregular, não pode ser reconhecida como posse, mas como mera detenção. Se o direito de retenção ou de indenização pelas acessões realizadas depende da configuração da posse, não se pode, ante a consideração da inexistência desta, admitir o surgimento daqueles direitos, do que resulta na inexistência do dever de se indenizar as benfeitorias úteis e necessárias" (REsp 863.939/RJ, Rel. Min. [...], Segunda Turma, DJe 24.11.2008).
2. Não se pode configurar como de boa-fé a posse de terras públicas, pouco relevando o tempo de ocupação, sempre precária, sob pena de submeter-se o Poder Público à sanha de invasões clandestinas.
3. Não compete a esta Corte Superior enfrentar matéria constitucional, mesmo a título de prequestionamento, sob pena de usurpação da competência do Supremo Tribunal Federal.
4. Agravo regimental não provido.

RELATÓRIO
O(a) EXMO.(a) SR.(a) MINISTRO(a) [...] (Relator-a):
Trata-se de agravo regimental interposto por A.A.F e outros contra decisão monocrática de fls. 508/512 assim ementada:

ADMINISTRATIVO E CIVIL. INTERDITO PROIBITÓRIO. OCUPAÇÃO IRREGULAR DE ÁREA PÚBLICA. MERA DETENÇÃO. INEXISTÊNCIA DE POSSE. PRECEDENTES. RECURSO ESPECIAL PROVIDO.

No novo recurso (fls. 515/526), sustentam os agravantes, com base em diversos dispositivos constitucionais, que é necessário proteger a função social da posse, notadamente tendo em conta o tempo de posse.

É o relatório.

VOTO

O(a) EXMO.(a) SR.(a) MINISTRO(a) [...] (Relator-a): Penso que é o caso de manter a decisão agravada por seus próprios fundamentos, uma vez que a parte agravante não trouxe nenhum novo argumento que pudesse ensejar a reforma do juízo monocrático.

As instâncias locais decidiram a lide com base no seguinte contexto:

Ingressam os autores, ocupantes de chácaras situadas na Vila Planalto em Brasília, com a presente ação de interdito proibitório, em razão da Administração Regional de Brasília estar procedendo à demolição de construções por eles erigidas em área pública, sem observância das regras de posturas.

Do manuseio dos autos, constata-se que os requerentes são agricultores que estão a residir nas chácaras da Vila Planalto há mais de 40 anos, tendo muitos deles vindo para esta entidade federativa na qualidade de empregados de grandes construtoras e exclusivamente para participarem da construção de Brasília.

Conquanto tal particularidade não tenha sido objeto do recurso, urge, *a priori*, elucidar que, em que pese o imóvel objeto da lide pertencer à Terracap, a presença desta no pólo passivo não se faz devida, posto que os atos de turbação foram praticados pela Administração Regional de Brasília, razão pela qual o Distrito Federal é que deve integrar o pólo passivo da lide. Não se está a discutir domínio,

e sim a posse. Despicienda, portanto, a presença da empresa pública proprietária das terras, devendo integrar o feito o responsável pelos atos de turbação, ou seja, a Administração Regional de Brasília, na pessoa do Distrito Federal.

Há considerável lapso de tempo venho entendendo não se poder falar em posse sobre bem público, indistintamente, traduzindo-se a posse exercida nessas condições, na verdade, em mera detenção, isto é, mera tolerância do Poder Público, esse sim, verdadeiro sujeito passivo do esbulho levado a efeito pelo particular que ocupa a área. Todavia, hodiernamente, apreciei a questão por outro ângulo e revi meu posicionamento, acompanhando a moderna doutrina, pelos motivos que passo a expor.

Nos termos do art. 99 do Código Civil, os bens públicos se dividem em bens de uso comum do povo, bens de uso especial e bens dominicais. Os primeiros são aqueles que, "por determinação legal ou por sua própria natureza, podem ser utilizados por todos em igualdade de condições, sem necessidade de

consentimento individualizado por parte da Administração" (Maria Sylvia Zmella di Pietro, *in* Direito Administrativo, Editora Atlas, 14ª ed., 2002, pág. 544), deles sendo exemplo os mares, rios, estradas, ruas e praças. Destinam-se, pois, ao uso coletivo.

Os bens de uso especial, por sua vez, são aqueles de que se serve a Administração para levar a efeito suas atividades e seus fins, como, por exemplo, edifícios onde instaladas as repartições públicas e os veículos oficiais. Destinam-se ao uso da Administração.

Por seu turno, os bens dominicais constituem patrimônio das pessoas jurídicas de direito público, como objeto de direito pessoal, ou real, de cada uma dessas entidades, na exata redação do art. 99, III, da lei civil substantiva.

O que sobreleva nessa classificação e que, por conseguinte, mostra-se relevante ao deslinde da controvérsia, é a distinção entre as duas primeiras categorias e a terceira, que é justamente a destinação pública ou afetação, decorrendo de tal particularidade diferentes conseqüências jurídicas.

Os bens de uso comum e os de uso especial estão destinados a fins públicos; acham-se afetados a uma finalidade pública; enquanto que os dominicais não ostentam destinação pública definitiva. Assim, em inexistindo normas que disciplinem estes últimos, submetem-se totalmente ao regime privado, isto é, aos ditames do Código Civil, todavia, havendo normas publicísticas que os regulamentem, estabelecendo restrições, tais normas derrogam, forçosamente, as regras do direito civil. Exemplo de tal ocorrência é, por exemplo, a proibição de usucapião de imóvel público, que contempla os bens dominicais.

Há inúmeras normas restritivas previstas na Constituição e em espécies infra-constitucionais, no que concerne à utilização de bens dominicais. Entretanto, nenhuma delas se refere à posse de bem público, nos moldes estampados no caso *sub judice*, do que avulta a ilação de que, inexistindo restrição, podem os bens dominicais ser objeto de posse pelos particulares. Eles não podem ser objeto de usucapião, mas, quanto à posse, não há impedimento legal e é esta que está sendo discutida na espécie dos autos, e não o domínio ou a prescrição aquisitiva, em relação aos quais vigem expressivas e severas limitações.

(...)

Destarte, a proteção possessória de terras públicas não encontra óbice no ordenamento jurídico, em se qualificando tais terras como bens dominicais. Posse é poder fático e, em assim sendo, há de ser reconhecida aos autores, que estão a residir em área pública há mais de 40 anos, restando à Administração a via da reivindicatória. Contrariamente ao afirmado pelo apelante, não se vislumbra, na hipótese *sub judice*, a aventada impossibilidade jurídica do pedido.

Desse modo, assistiria aos autores/apelados o direito à proteção possessória perseguida. Contudo, a r. sentença deferiu-a apenas aos que possuíam imóvel edificado, excluindo os autores cujos imóveis estão com obras em andamento.

Como não houve recurso dos mesmos, o *decisum* há de permanecer nos termos em que proferido, excluindo-se da tutela jurisdicional os possuidores de imóvel com obras em andamento.

(...)

Recordo que, da tribuna, o eminente advogado dos autores lembrou o memorável voto do(a) Ministro(a) do Superior Tribunal de Justiça, [...], em que S. Ex.a com muita propriedade e exatidão que lhe são costumeiras, proclamou que os bens dominicais do Distrito Federal, sujeitos, portanto à desafetação, podem ser colocados, inclusive, no comércio, porque a TERRACAP é nada mais, nada menos do que administradora dos imóveis do Distrito Federal e regida pelo Direito Privado.

Então, nesse contexto, acompanho a egrégia Turma para, inclusive, remeter a liquidação de sentença para definir quais são os imóveis que estão em obra e quais os que já estavam edificados antes da propositura da ação, tal qual fez o(a) eminente Relator(a).

Entretanto, a jurisprudência desta Corte já se manifestou a respeito da questão discutida nos autos e adotou o entendimento no sentido de que a "ocupação de área pública, quando irregular, não pode ser reconhecida como posse, mas como mera detenção. Se o direito de retenção ou de indenização pelas acessões realizadas depende da configuração da posse, não se pode, ante a consideração da inexistência desta, admitir o surgimento daqueles direitos, do que resulta na inexistência do dever de se indenizar as benfeitorias úteis e necessárias" (REsp 863.939/RJ, Rel. Min.[...], DJ 24.11.2008).

No mesmo sentido:

ADMINISTRATIVO. RECURSO ESPECIAL. REINTEGRAÇÃO DE POSSE. EXTRAPOLAÇÃO DE AUTORIZAÇÃO PARA CONSTRUÇÃO. INVASÃO DE ÁREA PÚBLICA. AUTORIZAÇÃO CANCELADA. DIREITOS À INDENIZAÇÃO E À RETENÇÃO DE BENFEITORIAS NÃO-RECONHECIDOS. OCUPAÇÃO IRREGULAR. MÁ-FÉ.

1. Cuidam os autos de **ação de reintegração de posse** proposta pelo DISTRITO FEDERAL em desfavor de D.J.A e A.A.A, de área pública adjacente à propriedade dos réus, bem como requerendo a sua condenação ao pagamento de taxa de ocupação. A **sentença** julgou procedente o pedido. A **apelação** dos réus foi julgada por maioria, tendo o voto da Relatora consignado que os réus não podem alegar que a sua posse era de boa-fé na medida em que sempre souberam estar ocupando terra pública, insuscetível de posse, não lhes assistindo, portanto, direito de indenização. O voto médio, porém, concedeu o direito à indenização pelas benfeitorias, por meio de liquidação por arbitramento, mantendo a sentença no mais. Interpostos **embargos infringentes** pela parte ré e recurso **adesivo** pelo Distrito Federal. Desta feita, foram não-providos os infringentes dos réus e providos os do Distrito Federal, adotando-se a tese pelo não-reconhecimento do direito à indenização. **Embargos de declaração** foram opostos pelos réus, tendo sido não-providos. Apenas determinou-se a correção de erro material no julgamento dos embargos infringentes: foi por unanimidade e não por maioria. **Recurso especial** dos réus insistindo que a ocupação da área pública se deu de boa-fé, sendo merecedores da indenização pleiteada, além de requererem a anulação do ato que cancelou a Carta de Habite-se, provocadora do pedido de reintegração. Alegam violação dos arts. 449 até 519 do Código Civil; e 267, I e IV, e 535, I e II, do CPC. **Contra-razões** ao Especial pugnando a manutenção do aresto objurgado. Inadmitido o apelo nobre, subiram os autos por força de êxito de agravo de instrumento.
2. O presente caso retrata situação em que, embora os réus tenham sido autorizados a elaborar obras e construções em terreno privado, extrapolaram tal consentimento e construíram em área adjacente pública.
3. Não há que se falar em negativa de vigência do art. 267, I e IV, do CPC, como querem fazer crer os recorrentes, ao sustentarem a extinção do feito sem julgamento de mérito por não poder a Administração invocar a via da reintegração de posse para retomar área pública, em razão da inexistência jurídica da própria posse. O Distrito Federal possui interesse e utilizou a via adequada. Houve cancelamento do ato administrativo que concedeu a Carta de Habite-se, passando os réus à qualidade de esbulhadores ao ocuparem, conscientes, área pública. O interdito possessório é o meio adequado para a obtenção da tutela vindicada.
4. Ficou caracterizado e bem destacado no julgamento de segundo grau que a ocupação exercida sobre o bem público foi de má-fé, sendo incontroverso que os réus não ignoravam o vício ou o obstáculo que lhe impediam a aquisição do bem ou do direito possuído, qual seja, a propriedade pública do imóvel. A posse de boa-fé só deixa de existir quando as circunstâncias façam presumir que o possuidor não ignora que possui indevidamente. Direito à indenização repelido.
6. Recurso especial não-provido. (REsp 807.970/DF, Rel. Min.[...], julgado em 19.9.2006, DJ 16.10.2006, p. 308.) Bem público. Ocupação indevida. Direito de retenção por benfeitorias.
Precedentes da Corte.
1. Configurada a ocupação indevida de bem público, não há falar em posse, mas em mera detenção, de natureza precária, o que afasta o direito de retenção por benfeitorias.
2. Recurso especial conhecido e provido. REsp 699374 / DF, Relator(a) Ministro(a) [...]-TERCEIRA TURMA Data do Julgamento 22/03/2007 Data da Publicação/Fonte DJ 18/06/2007 p. 257) EMBARGOS DE TERCEIRO - MANDADO DE REINTEGRAÇÃO DE POSSE - OCUPAÇÃO IRREGULAR DE ÁREA PÚBLICA - INEXISTÊNCIA DE POSSE - DIREITO DE RETENÇÃO NÃO CONFIGURADO.
1. Posse é o direito reconhecido a quem se comporta como proprietário. Posse e propriedade, portanto, são institutos que caminham juntos, não havendo de ser reconhecer a posse a quem, por proibição legal, não possa ser proprietário ou não possa gozar de qualquer dos poderes inerentes à propriedade.

2. A ocupação de área pública, quando irregular, não pode ser reconhecida como posse, mas como mera detenção.

3. Se o direito de retenção depende da configuração da posse, não se pode, ante a consideração da inexistência desta, admitir o surgimento daquele direito advindo da necessidade de se indenizar as benfeitorias úteis e necessárias, e assim impedir o cumprimento da medida imposta no interdito proibitório.

4. Recurso provido. (REsp 556721 / DF, Relator(a) Ministro(a) [...] - SEGUNDA TURMA Data do Julgamento 15/09/2005 Data da Publicação/Fonte DJ 03/10/2005 p. 172)

MANUTENÇÃO DE POSSE. OCUPAÇÃO DE ÁREA PÚBLICA, ADMINISTRADA PELA "TERRACAP – COMPANHIA IMOBILIÁRIA DE BRASÍLIA". INADMISSIBILIDADE DA PROTEÇÃO POSSESSÓRIA.

– A ocupação de bem público não passa de simples detenção, caso em que se afigura inadmissível o pleito de proteção possessória contra o órgão público.

– Não induzem posse os atos de mera tolerância (art. 497 do Código Civil/1916).

Precedentes do STJ.

Recurso especial conhecido e provido.

(REsp 489.732/DF, Rel. Min.(*omissis*), Quarta Turma, julgado em 5.5.2005, DJ 13.6.2005, p. 310.)

É que não se pode configurar como de boa-fé a posse de terras públicas, pouco relevando o tempo de ocupação, sempre precária, sob pena de submeter-se o Poder Público à sanha de invasões clandestinas. Ademais do precedente trazido no especial, há outro que merece lembrado, Relator(a) o(a) Ministro(a) [...] (REsp nº 635.980/PR, DJ de 27/9/04), em que se assinala com precisão que se revestindo a ocupação de caráter precário, "*não sendo justa nem se sustentando em boa-fé, estando exercida sobre bem público (terreno de marinha), assim reconhecida pelo próprio recorrente, não lhe sobejam direitos sobre o imóvel ou à indenização pelas benfeitorias que realizou* ".

No mesmo sentido:

"PROCESSUAL CIVIL E ADMINISTRATIVO. RECURSO ESPECIAL. AÇÃO DEMOLITÓRIA. IMÓVEL CONSTRUÍDO EM LOGRADOURO PÚBLICO. INDENIZAÇÃO. DIREITO DE RETENÇÃO. BENFEITORIAS. PRECEDENTES.

1. Recurso Especial interposto contra v. Acórdão que deu provimento parcial à apelação manejada pelo autor no sentido de assegurar-lhe "o direito de retenção, até que haja a indenização da benfeitoria, por arbitramento", em Ação de Demolição ajuizada pelo Município recorrente, para fins de condenar o recorrido a demolir obra não residencial, construída sem projeto aprovado e sem licença de construção, além de ter sido erguida em via que foi, posteriormente à sua construção, destinada como logradouro público.

2. De acordo com os arts. 63, 66, 490, 515 a 519, 535 V, 536 e 545, do Código Civil Brasileiro, a construção realizada não pode ser considerada benfeitoria, e sim como acessão (art. 536, V, CC), não cabendo, por tal razão, indenização pela construção irregularmente erguida. O direito à indenização só se admite nos casos em que há boa fé do possuidor e seu fundamento sustenta-se na proibição do Ordenamento Jurídico ao enriquecimento sem causa do proprietário, em prejuízo do possuidor de boa fé.

3. No presente caso, tem-se como clandestina a construção, a qual está inteiramente em logradouro público, além do fato de que a sua demolição não vai trazer nenhum benefício direto ou indireto para o Município que caracterize eventual enriquecimento, muito pelo contrário, já que se está em discussão é a desocupação de imóvel público de uso comum que, por tal natureza, além de inalienável, interessa a toda coletividade.

4. Não se pode interpretar como de boa-fé uma atividade ilícita. A construção foi erguida sem qualquer aprovação de projeto arquitetônico e iniciada sem a prévia licença de construção, fato bastante para caracterizar a má-fé do recorrido.

5. "A construção clandestina, assim considerada a obra realizada sem licença, é uma atividade ilícita, por contrária à norma editalícia que condiciona a edificação à licença prévia da Prefeitura. Quem a executa sem projeto regularmente aprovado, ou dele se afasta na execução dos trabalhos, sujeita-se à sanção administrativa correspondente." (Hely Lopes Meirelles, em sua clássica obra Direito de Construir, 7ª edição, editora Malheiros, pág. 251)

6. Recurso conhecido e provido, nos termos do voto."

(REsp 245.758/PE, Rel. Min.[...], julgado em 11.4.2000, DJ 15.5.2000, p. 144.)

Além disso, não compete a esta Corte Superior enfrentar matéria constitucional, mesmo a título de prequestionamento, sob pena de usurpação da competência do Supremo Tribunal Federal.

Com essas considerações, voto por NEGAR PROVIMENTO ao agravo regimental.

ACÓRDÃO

Vistos, relatados e discutidos estes autos em que são partes as acima indicadas, acordam os Ministros da SEGUNDA TURMA do Superior Tribunal de Justiça, na conformidade dos votos e das notas taquigráficas, por unanimidade, negar provimento ao agravo regimental, nos termos do voto do(a) Sr.(a) Ministro(a) Relator(a).

Os Srs. Ministros [...].

votaram com o(a) Sr.(a) Ministro(a) Relator(a).

Presidiu o julgamento o(a) Sr.(a) Ministro(a) [...].

Brasília (DF), 17 de dezembro de 2009.

Neste julgado, após reproduzir-se a aqui comentada cadeia intertextual, o que se deu logo no início da amostra, é interessante a presunção de má-fé contida no tópico 2 da Ementa, fundada em uma proteção do Poder Público contra invasões. A inferência tem bases ideológicas, como já estudado, e objetiva constituir sujeitos sociais ao identifica-los como invasores perversos, depredadores do patrimônio público. Inexiste uma maior preocupação com as peculiaridades de cada caso.

Sobre esse ponto, rememora-se a decisão da Corte Constitucional Sul-africana apresentada nesta obra que pode servir de norte para suplantar essa visão estigmatizante dos ocupantes de áreas públicas para fins de moradia. Destaca-se, pelo seu potencial transformador do discurso, os seguintes excertos:

> Esta Sentença não deve ser entendida no sentido de uma aprovação à prática das invasões de terras como forma de pressionar o Estado para que proveja de moradias de modo preferencial a quem participa dessas práticas. A invasão de terras resulta desfavorável para a provisão sistemática de moradias adequadas no marco de um planejamento. Pode ser que, ao lidar com as invasões de terra, a decisão do Estado de não prover terras em resposta a essas invasões seja razoável. A razoabilidade

> deve ser determinada *com base nos fatos de cada caso*. (ÁFRICA DO SUL, 2000).(Grifo nosso)[128]
> [...]

> Embora as condições em que viviam os peticionantes em Wallacedene fossem visivelmente intoleráveis, e apesar de que dificilmente se possa criticá-los por terem deixado suas precárias moradias, é uma penosa realidade que essas condições de vida não são piores que as de outras milhões de pessoas, incluindo crianças, que vivem em Wallacedene. (ÁFRICA DO SUL, 2000). [129]

Feita essa ponderação, e não obstante a ela, arrematou a Corte que:

> Com base na evidência apresentada, não se pode dizer que os peticionantes saíram do assentamento de Wallacedene e ocuparam terras destinadas à construção de moradias de baixo custo como uma estratégia deliberada para obter alguma preferência no recebimento de recursos habitacionais em detrimento de outras pessoas que estão vivendo também em condições intoleráveis e passam pela mesma urgente necessidade. Também, deve ter-se em mente que o efeito de uma ordem judicial que confira um tratamento especial para os peticionantes, com base nas extraordinárias circunstâncias, não implica em concordar com o tipo de preferência a que se referiu. (ÁFRICA DO SUL, 2000). [130]

Essa decisão da Corte Sul-africana pode servir de parâmetro para que o Judiciário brasileiro consiga, mediante o exercício de uma

---

[128] "Esta sentencia no debe ser entendida en el sentido de una aprobación de la práctica de invasión de tierras como forma de pressionar al Estado para que provea de viviendas de manera preferencial a quienes participan en estas prácticas. La invasión de tierras resulta desfavorable para la provisión sistemática de viviendas adecuadas en el marco de una planificación. Puede ser que, enfrentada con la repetida dificultad de las invasiones de tierra, la decisión del Estado de no proveer tierras en respuesta a esas invasiones sea razonable. La razonabilidad debe ser determinada en base a los hechos de cada caso."

[129] "Aunque las condiciones en la que vivían los peticionantes en Wallacedene eran visiblemente intolerables, y a pesar de que dificilmente se los pueda criticar por haber dejado sus precárias viviendas allí, es una penosa realidad que esas condiciones de vida no son peores que las de otras miles de personas, incluyendo niños pequeños, que permanecen en Wallacedene."

[130] "En base a la evidencia presentada, no puede decirse que los peticionantes se fueron del asentamiento de Wallacedene y ocuparon tierras destinadas a la construcción de viviendas de bajo costo como una estrategia deliberada para obtener alguna preferencia en el orden de adjudicación de recursos habitacionales sobre las otras personas que están viviendo también en condiciones intolerables y tienen la misma urgente necesidad. Asimismo, debe tenerse en mente que el efecto de una orden judicial que constituya un tratamiento especial para los peticionantes en base a sus extraordinárias circunstancias, no es el de acordar el tipo de preferencia que se mencionó."

intertextualidade "desconstrutiva-construtiva", superar a convenção discursiva prevalecente, carregada de ideologia.

Observa-se no julgado ora em análise um interessantíssimo efeito da cadeia intertextual, pois, apesar da discordância do(a) Relator(a) com a tese prevalecente no STJ, a ela, sem mais, simplesmente se curva mediante o uso do operador argumentativo de adversidade "Entretanto", destacado. Isso demonstra o quão forte se apresenta a convenção discursiva, a ordem do discurso aqui examinada e expressa em forma de cadeia intertextual.

O julgado é finalizado com a afirmação de não ser possível o exame pela Corte de matéria constitucional. Mais uma vez, observa-se uma contradição, pois quando se trata de dar seguimento à agenda discursiva eleita pelo(a) relator(a), o argumento constitucional da impossibilidade de usucapião de bem público é suscitado sem maiores problemas.

Por fim, novamente não houve controvérsias no julgamento, tendo sido proferido à unanimidade.

4.1.3 Análise Crítica do Discurso jurídico firmado pelo STJ no Recurso Especial n° 699374/DF.

EMENTA

Bem público. Ocupação indevida. Direito de retenção por benfeitorias. Precedentes da Corte.
1. Configurada a ocupação indevida de bem público, não há falar em posse, mas em mera detenção, de natureza precária, o que afasta o direito de retenção por benfeitorias.
2. Recurso especial conhecido e provido.

RELATÓRIO

O (a) EXMO (a). SR (a). MINISTRO(a):
Companhia Imobiliária de Brasília - Terracap interpõe recurso especial, com fundamento nas alíneas "a" e "c" do permissivo constitucional, contra acórdão da Segunda Câmara Cível do Tribunal de Justiça do Distrito Federal e Territórios, assim ementado:
"AÇÃO DE REINTEGRAÇÃO DE POSSE PROMOVIDA PELA TERRACAP - ÁREA DE DOMÍNIO PÚBLICO – PROCEDÊNCIA DO PEDIDO. INDENIZAÇÃO PELAS BENFEITORIAS ERIGIDAS NO IMÓVEL - VIABILIDADE - OCUPAÇÃO CONTINUADA E PACÍFICA POR LONGOS ANOS
1. O particular que ocupa, de forma continuada e pacífica, por quase trinta anos, sem qualquer oposição por parte do Estado, imóvel de domínio público nutre direito à percepção das benfeitorias nele erigidas.
2. Embargos desprovidos. Maioria" (fl. 95).
Sustenta a recorrente violação do artigo 1.196 do Código Civil, uma vez que os recorridos "não têm direito a indenização por benfeitorias, eis que não detém posse sobre o imóvel público, mas tão-somente exercem mera detenção, precária e irregular por natureza, o que não lhes garante indenização por benfeitorias" (fl. 111).

Argúi contrariedade aos artigos 185, 1.204, 1.209 e 1.196 do Código Civil e 191, parágrafo único, da Constituição Federal, afirmando ser importante "considerar que o Recorrente invadiu imóvel público, e os bens públicos, como tais, são insuscetíveis de alienação, a que título for, mesmo até usucapião" (fl. 111).

Expõe negativa de vigência do artigo 1.219 do Código Civil, na medida em que "não pode alegar boa-fé quem sempre soube estar ocupando bem público, obstáculo intransponível à legitimação de sua posse" (fl. 112), e que, "em lotes irregulares no perímetro urbano, ninguém pode alegar desconhecimento da lei para praticar ato ilícito" (fl. 112).

Argumenta que "qualquer acessão artificial introduzida no imóvel não se constitui em benfeitorias úteis ou necessárias, não sendo portanto passíveis de indenização; ainda, sendo o ocupante ilegal de terras públicas meramente detentor, a título precário, não tem, em absoluto, qualquer direito de indenização por benfeitorias" (fl. 113).

Assevera violação dos artigos 2° e 4° da Lei n° 1.172/96, uma vez que o alvará de construção deverá ser requerido à Administração Regional da Circunscrição onde está situado o imóvel, e as obras somente poderão ser iniciadas após sua obtenção.

Aponta dissídio jurisprudencial, colacionando julgado desta Corte.

Contra-arrazoado (fls. 120 a 126), o recurso especial (fls. 107 a 116) foi admitido (fls. 128 a 130).

É o relatório.

VOTO

O(a) EXMO(a). SR(a). MINISTRO(a):

A Terracap ajuizou ação de reintegração de posse afirmando ser legítima possuidora do imóvel e que os réus se instalaram no móvel "sem qualquer título que os autorizassem" (fl. 3).

A sentença julgou procedente o pedido, assegurando aos "suplicados direito a se verem ressarcidos quanto aos bens que têm no lote, a saber, um barraco de madeira com 64,00m² e plantações", embora reconhecendo que a ocupação não configure posse do ponto de vista exclusivamente técnico.

O Tribunal de Justiça do Distrito Federal e Territórios, em grau de apelação, desproveu os recursos, vencido o revisor. A carência de ação foi afastada, ao fundamento de que no "momento em que se deu a transferência para o pai de um dos réus, já havia irregularidade no ato, porque não foram observados os trâmites legais, eis que somente poderia fazê-la com a anuência da cedente, a Novacap" (fl. 74). Por isso, afirmou o Tribunal local que "jamais o réu tivera a posse do imóvel 'sub examine', e somente mera detenção" (fl. 75). De igual modo, repeliu o argumento dos réus que alegaram faltar "à autora um dos pressupostos específicos da ação de reintegração de posse, qual seja, a posse da autora, (...), porque a posse dos bens públicos dominiais independe de atos materiais de ocupação física por agentes do Poder Público" (fl. 75), sendo certo que "uma vez comprovada a propriedade do imóvel pela autora, conforme foi expressamente dito pelos réus, em suas razões de recurso (cf. folhas 46), assiste-lhe o direito a se ver reintegrada na posse do imóvel, uma vez que os réus possuem mera detenção e a autora, a posse do mesmo, de acordo com o que já foi discutido anteriormente" (fl. 75). Sobre o pagamento das benfeitorias, asseverou o acórdão que o "fato de que muito embora a ocupação dos réus seja precária, é continuada, pacífica, com todas as características de boa fé e, não obstante não configure posse, devem ter o direito de serem ressarcidos das benfeitorias, que constam de um barraco, parte de madeira e parte de alvenaria, além das árvores frutíferas e canteiros de hortaliças" (fl. 76).

Os embargos infringentes interpostos pela Terracap foram desprovidos, por maioria, ao fundamento de que os réus ocupam o imóvel há cerca de trinta anos, o que revela ocupação pacífica, com todas características de boa-fé, como destacado na sentença.
O que se vai examinar no especial é, tão-somente, o direito dos réus a serem indenizados pelas benfeitorias. O argumento central posto no recurso é que o "art. 1.196 do Código Civil só considera possuidor aquele que exerce alguns dos poderes inerentes ao domínio ou propriedade. Os Recorridos não possuem qualquer desses poderes sobre o imóvel ora objeto do presente litígio, sendo apenas, na verdade, invasores de imóvel público, jamais podendo caracterizarem-se como legítimos possuidores" (fl. 111). Insiste a recorrente que houve invasão de imóvel público, havendo mera detenção "que não se transmuda em posse diante da
inércia ou tolerância do Poder Público. Ademais, a resistência em desocupar o imóvel depois da notificação pelo legítimo possuidor, caracteriza o esbulho. Além do que não pode alegar boa-fé quem sempre soube estar ocupando bem público, obstáculo intransponível à legitimação de sua posse" (fls. 111/112).
Entendo que com razão a empresa recorrente. Caracterizada a natureza de bem público, com ocupação indevida, não tem nenhum sentido deferir-se a indenização por benfeitorias. É que não se pode configurar como de boa-fé a posse de terras públicas, pouco relevando o tempo de ocupação, sempre precária, sob pena de submeter-se o Poder Público à sanha de invasões clandestinas. Ademais do precedente trazido no especial, há outro que merece lembrado, Relator(a) o(a) Ministro(a) [...] (REsp nº 635.980/PR, DJ de 27/9/04), em que se assinala com precisão que se revestindo a ocupação de caráter precário, "não sendo justa nem se sustentando em boa-fé, estando exercida sobre bem público (terreno de marinha), assim reconhecida pelo próprio recorrente, não lhe sobejam direitos sobre o imóvel ou à indenização pelas benfeitorias que realizou" .
Na mesma linha, outro precedente, Relator(a) o(a) Ministro(a) [...] (REsp nº 556.721/DF, DJ de 3/10/05), indica claramente que se o direito de retenção "depende da configuração da posse, não se pode, ante a consideração da inexistência desta, admitir o surgimento daquele direito advindo da necessidade de se indenizar as benfeitorias úteis e necessárias, e assim impedir o cumprimento da medida imposta no interdito proibitório".
Com essas razões, conheço do especial e lhe dou provimento para afastar o direito de retenção por benfeitorias.

ACÓRDÃO

Vistos, relatados e discutidos os autos em que são partes as acima indicadas, acordam os Ministros da Terceira Turma do Superior Tribunal de Justiça, por unanimidade, conhecer do recurso especial e dar-lhe provimento, nos termos do voto do (a) Sr.(a) Ministro(a) Relator(a). [...].

Mais uma vez, teve-se um julgamento à unanimidade.

4.1.4 Análise Crítica do Discurso jurídico firmado pelo STJ no Recurso Especial nº 945055.

Esse julgado, por ter recebido uma grande influência do paradigma estabelecido no caso primeiramente estudado, com a expressão de um racionalismo sem tamanho, será objeto de maior detalhamento.

Resumo do caso

O caso a ser estudado versa sobre um julgamento realizado, no ano de 2009, em sede de Recurso Especial, pelo Superior Tribunal de Justiça (STJ). Discutiu-se sobre a posse de uma área localizada na região administrativa do Guará-DF, denominada de "Chácaras da Colônia Agrícola IAPI" (antigo/extinto Instituto de Aposentadoria e Pensão dos Industriários) que, há mais de vinte anos, era ocupada por várias famílias para fins de estabelecerem sua moradia informal.

A TERRACAP, empresa pública do Distrito Federal, que tem por missão assegurar a gestão das terras públicas e a oferta de empreendimentos imobiliários sustentáveis, promovendo o desenvolvimento econômico-social e a qualidade de vida da população do DF e entorno[131], ingressou com ação de reivindicação da área, tendo obtido sentença favorável em primeira instância.

Em acolhimento parcial de recurso ofertado pela parte ré, patrocinada pela Defensoria Pública do DF, o Tribunal de Justiça, sob o fundamento da omissão do Estado em tolerar a ocupação daquela comunidade por tanto tempo, equiparou o detentor de boa-fé ao possuidor de boa-fé e reconheceu o direito à indenização por benfeitorias (casas, barracos, galinheiros e outras benfeitorias), além da indenização pelas plantações de milho, mandioca, feijão, cana e frutas.

A TERRACAP interpôs Recurso Especial junto ao STJ para afastar o direito à indenização e o seu correlato direito de retenção. Esse julgado será agora objeto de estudo.

EMENTA:
1.ADMINISTRATIVO. OCUPAÇÃO DE ÁREA PÚBLICA POR PARTICULARES.
2.CONSTRUÇÃO. 2.BENFEITORIAS. INDENIZAÇÃO. IMPOSSIBILIDADE.
3.Hipótese em que o Tribunal de Justiça reconheceu que a área ocupada pelos recorridos é 4.pública e não 4.comporta posse, mas apenas mera detenção. No entanto, o acórdão 5.equiparou o detentor a possuidor de 5.boa-fé, para fins de indenização pelas benfeitorias.
6.6. O legislador brasileiro, ao adotar a Teoria Objetiva de Ihering, definiu a posse como o 7.exercício de 7.algum dos poderes inerentes à propriedade (art. 1.196 do CC).
8.8. O art. 1.219 do CC reconheceu o direito à indenização pelas benfeitorias úteis e 9.necessárias, no caso do 9.possuidor de boa-fé, além do direito de retenção. O correlato 10.direito à indenização pelas construções é 10.previsto no art. 1.255 do CC.
11.1. O particular jamais exerce poderes de propriedade (art. 1.196 do CC) sobre imóvel 12.público, 12.impassível de usucapião (art. 183, § 3º, da CF). Não poderá, portanto, ser 13.considerado possuidor 13.dessas áreas, senão mero detentor.

[131] Missão da empresa TERRACAP disponível em: http://www.terracap.df.gov.br/internet/index.php? sccid=35&sccant=274. Acesso em: 30.007.2012

14. Essa impossibilidade, por si só, afasta a viabilidade de indenização por acessões ou **15.**benfeitorias, pois 15. não prescindem da posse de boa-fé (arts. 1.219 e 1.255 do CC). **16.**Precedentes do STJ. **17.** Os demais institutos civilistas que regem a matéria ratificam sua inaplicabilidade aos imóveis 17.públicos. **18.** A indenização por benfeitorias prevista no art. 1.219 do CC implica direito à retenção do **19.**imóvel, até 19.que o valor seja pago pelo proprietário. Inadmissível que um particular **20.**retenha imóvel público, sob 20.qualquer fundamento, pois seria reconhecer, por via **21.**transversa, a posse privada do bem coletivo, o que 21.está em desarmonia com o Princípio **22.**da Indisponibilidade do Patrimônio Público. **23.** O art. 1.255 do CC, que prevê a indenização por construções, dispõe, em seu parágrafo **24.**único, que o 23.possuidor poderá adquirir a propriedade do imóvel se "a construção ou a **25.**plantação exceder 24.consideravelmente o valor do terreno". O dispositivo deixa cristalina **26.**a inaplicabilidade do instituto aos 25.bens da coletividade, já que o Direito Público não se **27.**coaduna com prerrogativas de aquisição por 26.particulares, exceto quando atendidos os **28.**requisitos legais (desafetação, licitação etc.). **29.30.** Finalmente, a indenização por benfeitorias ou acessões, ainda que fosse admitida no **30.**caso de áreas 31.públicas, pressupõe vantagem, advinda dessas intervenções, para o **31.**proprietário (no caso, o Distrito 32.Federal). Não é o que ocorre em caso de ocupação de **32.**áreas públicas. **33.** Como regra, esses imóveis são construídos ao arrepio da legislação ambiental e **34.**urbanística, o que 34.impõe ao Poder Público o dever de demolição ou, no mínimo, **35.**regularização. Seria incoerente impor à 35.Administração a obrigação de indenizar por **36.**imóveis irregularmente construídos que, além de não 36.terem utilidade para o Poder **37.**Público, ensejarão dispêndio de recursos do Erário para sua demolição. **38.** Entender de modo diverso é atribuir à detenção efeitos próprios da posse, o que **39.**enfraquece a 38dominialidade pública, destrói as premissas básicas do Princípio da Boa-Fé **40.**Objetiva, estimula invasões 39.e construções ilegais e legitima, com a garantia de **41.**indenização, a apropriação privada do espaço 40.público. **42.** Recurso Especial provido.(BRASIL, 2009)

RELATÓRIO

43.O EXMO. SR. (a) MINISTRO (a) (Relatora-a): **44.**Trata-se de Recurso Especial interposto, com fundamento no art. 105, III, "a" e "c", da **45.**Constituição da República, contra acórdão assim ementado (fl. 188): **46.**DIREITO CIVIL. TERRAS PÚBLICAS. REIVINDICATÓRIA. OCUPAÇÃO DE BOA-**47.**FÉ. BENFEITORIAS/ACESSÕES. INDENIZAÇÃO. ENRIQUECIMENTO ILÍCITO. **48.**Restando certa a boa-fé dos particulares na ocupação de lotes localizados em terras **49.**públicas, correto o édito monocrático de desocupação, todavia, cristalino o direito à **50.**indenização pelas benfeitorias efetuadas, sob pena de retenção, porquanto não se admite o **51.**enriquecimento ilícito do proprietário. **52.**A recorrente aponta dissídio jurisprudencial e ofensa aos arts. 1.200, 1.201 e 1.255 do CC, **53.**pois inviável considerar ocupação de imóvel público como posse de boa-fé, para fins de **54.**indenização e retenção (fl. 209). **55.**Os recorridos apresentaram contra-razões (fls. 243-248). **56.**O Recurso foi admitido na origem (fl. 252). **57.**É o relatório.

VOTO

58.O EXMO. SR.(a) MINISTRO (a) (Relator-a): **59.**Discute-se o dever de o Poder Público indenizar ocupante de imóvel público pelas **60.**construções e benfeitorias realizadas na área.

61.A região em litígio é denominada "Chácaras da Colônia Agrícola IAPI - Região **62.**Administrativa do Guará", dividida em três porções (0,9807 ha, 0,9164 ha e 0,3894 ha) **63.**ocupadas pelos recorridos, onde contruíram casas, barracos, galinheiros e outras **64.**benfeitorias, além de plantações de milho, mandioca, feijão, cana e frutas (fls. 10-16). **65.**Consta da sentença que os particulares argumentam que estão na posse pacífica do imóvel **66.**há mais de 20 anos e que possuem um certo "Certificado para Regularização Fundiária" **67.**que teria sido fornecido pelo Poder Público (fl. 148).

68. Quanto a esse documento, também pelo que consta da sentença, a TERRACAP replicou **69.**que "o mencionado 'Certificado para Regularização Fundiária" não tem o condão de provar **70.**propriedade ou legitimar qualquer ocupação do imóvel público, além de se tratar de **71.**documento equivocado emitido por quem não detinha competência" (fl. 149).

72.O Tribunal de Justiça reconheceu que a área é pública e não comporta posse, mas apenas **73.**mera detenção. No entanto, considerando a tolerância da Administração, equiparou o **74.**detentor a possuidor de boa-fé, para fins de indenização pelas benfeitorias. Transcrevo **75.**trechos do voto-condutor (fl. 194):

76. Na hipótese, os documentos carreados pelos apelantes mostram, às largas, a boa-fé dos **77.**ocupantes, porquanto por mais de 20 anos estão nos locais, sem nenhuma oposição, **78.**inclusive, erigindo benfeitorias nos respectivos terrenos. Aqui, cabe realçar que o **79.**expediente denominado "Certificado para Regularização Fundiária " a despeito de lhe **80.**faltar força a imprimir legalidade e legitimidade à ocupação em quadro, demonstra, a toda **81.**evidência, que a

82. Administração Pública era ciente da situação dos recorrentes. Insta ressaltar que mesmo **83.**que se tenha como mera ocupação, tal fato não ilide a ação reivindicatória. Porém, os réus **84.**têm direito às benfeitorias, porque o Poder Público não pode se locupletar às custas dos **85.**particulares. No caso em apreço, a tolerância e a omissão do Estado permite que se **86.**equipare o detentor de boa-fé ao possuidor de boa-fé. Esclareça-se que, para fins de **87.**exercício do direito de retenção, as acessões - construções e plantações – equivalem-se às **88.**benfeitorias.

89.O acórdão merece reforma.

90.O legislador brasileiro, ao adotar a Teoria Objetiva de Ihering, definiu a posse como o **91.**exercício de algum dos poderes inerentes à propriedade:

92. Art. 1.196 do CC. Considera-se possuidor todo aquele que tem de fato o exercício, pleno **93.**ou não, de algum dos poderes inerentes à propriedade.

94.O art. 1.219 do CC reconheceu o direito à indenização pelas benfeitorias úteis e **95.**necessárias, no caso do possuidor de boa-fé, além do direito de retenção:

96. Art. 1.219. O possuidor de boa-fé tem direito à indenização das benfeitorias necessárias e **97.**úteis, bem como, quanto às voluptuárias, se não lhe forem pagas, a levantá-las, quando o **98.**puder sem detrimento da coisa, e poderá exercer o direito de retenção pelo valor das **99.**benfeitorias necessárias e úteis. O correlato direito à indenização pelas construções é **100.**previsto no art. 1.255 do CC:

101. Art. 1.255. Aquele que semeia, planta ou edifica em terreno alheio perde, em proveito do **102.**proprietário, as sementes, plantas e construções; se procedeu de boa-fé, terá direito a **103.**indenização. Parágrafo único. Se a construção ou a plantação exceder consideravelmente **104.**o valor do terreno, aquele que, de boa-fé, plantou ou edificou, adquirirá a propriedade do **105.**solo, mediante pagamento da indenização fixada judicialmente, se não houver acordo.

106. Ocorre que esses dispositivos são inaplicáveis aos imóveis públicos, que não admitem a **107.**posse privada, mas apenas a mera detenção.

108.O art. 1.196 do CC, acima transcrito, define o possuidor como aquele que tem, de fato, o **109.**exercício de algum dos poderes inerentes à propriedade. Como é cediço, o particular **110.**jamais exerce poderes de propriedade, já que o imóvel público não pode ser usucapido **111.**(art. 183, § 3°, da CF). O particular, portanto, nunca poderá ser considerado possuidor de **112.**área pública, senão mero detentor.

113. Essa constatação, por si somente, afasta a possibilidade de indenização por acessões ou **114.**benfeitorias, pois não prescindem da posse de boa-fé (arts. 1.219 e 1.255 do CC). **115.**Os demais institutos civilistas que regem tais indenizações ratificam essa impossibilidade.

116. De fato, a indenização por benfeitorias prevista no art. 1.219 do CC implica direito à **117.**retenção do imóvel, até que o valor seja pago pelo proprietário. Seria absurdo admitir que **118.**um particular retenha imóvel público, sob qualquer fundamento. Isso seria reconhecer, **119.**por via transversa, a posse privada do bem coletivo, o que não se coaduna com os **120.**Princípios da Indisponibilidade do Patrimônio Público e da Supremacia do Interesse **121.**Público.

122. Ademais, o art. 1.255 do CC, que prevê a indenização por construções, dispõe, em seu **123.**parágrafo único, que o possuidor poderá adquirir a propriedade do imóvel, se "a **124.**construção ou a plantação exceder consideravelmente o valor do terreno".

125.O dispositivo deixa absolutamente cristalina a inaplicabilidade do instituto às áreas **126.**públicas, já que o Direito Público não se coaduna com prerrogativas de aquisição por **127.**particulares, exceto quando preenchidos os requisitos legais (desafetação, licitação etc.).

128. Esta é a jurisprudência do STJ, que deve ser prestigiada:

129.PROCESSO CIVIL - ADMINISTRATIVO - AÇÃO DE REINTEGRAÇÃO DE POSSE **130.**- IMÓVEL FUNCIONAL – OCUPAÇÃO IRREGULAR - INEXISTÊNCIA DE POSSE **131.**- DIREITO DE RETENÇÃO E À INDENIZAÇÃO NÃO CONFIGURADO – **132.**EMBARGOS DE DECLARAÇÃO - EFEITO INFRINGENTE - VEDAÇÃO.

133.1. Embargos de declaração com nítida pretensão infringente. Acórdão que decidiu **134.**motivadamente a decisão tomada.

135.2. Posse é o direito reconhecido a quem se comporta como proprietário. Posse e **136.**propriedade, portanto, são institutos que caminham juntos, não havendo de se reconhecer **137.**a posse a quem, por proibição legal, não possa ser proprietário ou não possa gozar de **138.**qualquer dos poderes inerentes à propriedade.

139.3. A ocupação de área pública, quando irregular, não pode ser reconhecida como posse, **140.**mas como mera detenção.

141.4. Se o direito de retenção ou de indenização pelas acessões realizadas depende da **142.**configuração da posse, não se pode, ante a consideração da inexistência desta, admitir o **143.**surgimento daqueles direitos, do que resulta na inexistência do dever de se indenizar as **144.**benfeitorias úteis e necessárias.

145.5. Recurso não provido.

146.(REsp 863.939/RJ, Rel. Ministro(a), SEGUNDA TURMA, julgado em 04/11/2008, DJe **147.**24/11/2008)

148. Bem público. Ocupação indevida. Direito de retenção por benfeitorias. Precedentes da **149.**Corte.

150.1. Configurada a ocupação indevida de bem público, não há falar em posse, mas em mera **151.**detenção, de natureza precária, o que afasta o direito de retenção por benfeitorias.

152.2. Recurso especial conhecido e provido.

153.(REsp 699374/DF, Rel. Ministro((a) *omissis*, julgado em 22/03/2007, DJ 18/06/2007 p. **154.**257)

155. Finalmente, saliento que a indenização por benfeitorias ou acessões, ainda que fosse **156.**admitida no caso de áreas públicas, pressupõe vantagem para o proprietário advindo **157.**dessas intervenções (no caso, o Distrito Federal).

158.Não se desconhece que as casas e as benfeitorias têm grande valor para os recorridos. No 159.entanto, a necessidade e a utilidade que dão ensejo à indenização referem-se ao 160.proprietário, à valia desses bens para aquele a quem pertencerão.

161.Na clássica lição de Tito Fulgêncio, "o juiz da necessidade ou utilidade é o proprietário" 162.(Da Posse e das Ações Possessórias. Rio de Janeiro: Forense, 10ª edição, 2008, p. 158).

163.As benfeitorias não representam vantagem em favor do Poder Público quando há 164.ocupação de áreas públicas.

165.Como regra, esses imóveis são construídos ao arrepio da legislação ambiental e 166.urbanística, o que impõe ao Poder Público o dever de demolição ou, no mínimo, 167.regularização.

168.Clovis Bevilaqua ensina que eventual indenização por benfeitorias não existe se o dano 169.causado pela ocupação for superior. Nas palavras do Mestre, "para que as benfeitorias 170.necessárias e úteis sejam indenizadas, é necessário: (...) que na compensação com os 171.danos (Código Civil, art. 518) excedam o valor dêstes" (Direito das Coisas – 1º vol., Rio 172.de Janeiro: Freitas Bastos, 2ª ed., 1946, p. 105).

173.Seria incoerente impor à Administração a obrigação de indenizar por imóveis 174.irregularmente construídos que, além de não terem utilidade para o Poder Público, 175.ensejarão dispêndio de recursos do Erário para sua demolição.

176.A indenização, na hipótese, é devida pelo invasor, não pelo Poder Público.

177.Como visto, o acórdão do TJ, que determinou o pagamento de indenização e reconheceu 178.o direito de retenção por benfeitorias realizadas em área pública, não se harmoniza com a 179.jurisprudência do STJ e deve ser reformado. Entender de modo diverso é atribuir à 180.detenção efeitos próprios da posse, o que enfraquece a dominialidade pública, destrói as 181.premissas básicas do Princípio da Boa-Fé Objetiva, estimula invasões e construções 182.ilegais, e legitima, com a garantia de indenização, a apropriação privada do espaço 183.público.

184.Eventual inércia ou tolerância da Administração não tem efeito de afastar ou distorcer a 185.aplicação da lei. Não fosse assim, os agentes públicos teriam, sob sua exclusiva vontade, 186.o poder de afastar normas legais cogentes, instituídas em observância e como garantia do 187.interesse da coletividade.

188.O imóvel público é indisponível, de modo que eventual omissão dos governos implica 189.responsabilidade de seus agentes, nunca vantagem de indivíduos às custas da 190.coletividade.

191.Invasores de áreas públicas não podem ser considerados sócios ou beneficiários da 192.omissão, do descaso e da inércia daqueles que deveriam zelar pela integridade do 193.patrimônio coletivo.

194.Saliente-se que o Estado pode – e deve – amparar aqueles que não têm casa própria, seja 195.com a construção de habitações dignas a preços módicos, seja com a doação pura e 196.simples de residência às pessoas que não podem por elas pagar. É para isso que existem 197.as Políticas Públicas de Habitação federais, estaduais e municipais.

198.O que não se mostra razoável é torcer as normas que regram a posse e a propriedade para 199.atingir tais objetivos sociais e, com isso, acabar por dar tratamento idêntico a todos os que 200.se encontram na mesma situação de ocupantes ilegais daquilo que pertence à comunidade 201.e às gerações futuras – ricos e pobres.

202.Sim, porque, como é de conhecimento público, no Brasil, invasão de espaço público é 203.prática corriqueira em todas as classes sociais: estão aí as praças e vias públicas ocupadas 204.por construções ilegais de Shopping Centers , as Áreas de Preservação Permanente, 205.inclusive no Pantanal e em dunas, tomadas por residências de lazer, as margens de rios e 206.lagos abocanhadas por clubes, para citar alguns exemplos.

207.Diante do exposto, dou provimento ao Recurso Especial.

208.É como voto.

ACÓRDÃO

209.Vistos, relatados e discutidos os autos em que são partes as acima indicadas, acordam os 210.Ministros da Segunda Turma do Superior Tribunal de Justiça:
211."A Turma, por unanimidade, deu provimento ao recurso, nos termos do voto do (a)
212.Sr (a). Ministro(a)-Relator(a)." [...]
213.Brasília, 02 de junho de 2009(data do julgamento).

Sob o ângulo textual, verifica-se que as escolhas lexicais elucidam o caminho seguido pelo julgador para afastar cidadãos do gozo de direitos sociais, no caso, do direito à moradia e à indenização por benfeitorias.

É interessante observar, logo na linha 4 acima, o enquadramento daquele que ocuparia a posição de "detentor" (estratégia linguística utilizada pelo julgado paradigma e demais julgados aqui destacados). É assim que a utilização do vocábulo "mero" tem por finalidade inferiorizar o sujeito a que ele se refere.

O objetivo do julgador é deixar claro que o detentor (o "mero" detentor) seria aquele que estaria à margem do ordenamento jurídico, ou seja, alijado de sua proteção enquanto cidadão. Na linha 13, recorre-se novamente à palavra "mero" para identificar o detentor como alguém a quem não se confere proteção jurídica.

Quando se analisa a escolha lexical acima, no contexto do julgado, é curioso observar como o sujeito social é construído discursivamente, o que confirma a relação dialética entre discurso e sociedade aqui já mencionada.

Não importa os motivos que conduziram alguém a ocupar uma área pública, nem a realidade social subjacente. Não possui relevância alguma a segurança jurídica da posse (conceito acolhido, ao menos formalmente, pelo Estado brasileiro em suas agendas internacionais, consoante amplamente estudado no Capítulo 2), o tempo em que a comunidade dela se utiliza, nem mesmo as finalidades a que a ocupação se destina. O sujeito será considerado, de qualquer modo, sempre e inevitavelmente, um "mero", um mísero detentor, estranho a qualquer juridicidade.

Em continuidade à análise textual (primeira dimensão do discurso aqui estudada), nas linhas 19-22, o produtor do texto optou por utilizar a expressão "patrimônio" público.

Cabe questionar: por que não se valeu o julgador, em vez de "patrimônio", da expressão "interesse" público?

Interesse público, na atual compostura do Estado Democrático e Social de Direito, não representa o interesse dos governantes, mas sim os anseios da coletividade que devem representar. Baseado nessa distinção, a doutrina italiana classifica o interesse público em primário e secundário:

> Como o interesse do Estado ou dos governantes não coincide necessariamente com o bem geral da coletividade, Renato Alessi entendeu oportuno distinguir o *interesse público primário* (o do bem geral) do *interesse público secundário* (o modo pelo qual os órgãos da administração vêem o interesse público); com efeito, em suas decisões, nem sempre o governante atende ao real interesse da comunidade.
> O interesse público primário é o interesse social (o interesse da sociedade ou da coletividade como um todo).
> A distinção de Alessi permite evidenciar, portanto, que nem sempre coincidem o interesse público primário e o secundário. Nesse sentido, o interesse público primário (bem geral) pode ser identificado com o interesse social, o interesse da sociedade ou da coletividade, e mesmo com os mais autênticos interesses difusos (o exemplo, por excelência, do meio ambiente). (ALESSI, 1960, p.197-8 *apud* MAZZILI, 2002, p.43).

Ainda sobre a expressão "interesse público" é preciso considerar que, há bastante tempo, já se passou a fase do Constitucionalismo em que havia uma rígida dicotomia entre o público e o privado. É assim que, segundo uma abordagem constitucional e contextual da expressão, os direitos fundamentais (individuais, sociais, difusos) integram o conceito de interesse público por excelência. De fato, esses direitos são o alicerce de um sistema Constitucional democrático (lembre-se da relação existente entre direitos fundamentais e Democracia, analisada no Capítulo 2, relação que não conseguiu ser afastada nem mesmo por um dos representantes do procedimentalismo, Michelangelo Bovero).

Volta-se agora ao questionamento. Por que o julgador, no caso ora sob análise, preferiu valer-se da expressão "patrimônio" público em vez de "interesse" público? Será que houve um simples lapso não intencional?

O fato é que, sob a perspectiva da análise crítica do discurso, conscientemente ou não, a opção do(a) ministro(a) do STJ gerou e continua contribuindo para gerar efeitos discursivos e sociais.

O intuito do(a) produtor(a) do texto fica mais visível quando se tenta comparar o que foi dito nas linhas 19-22 com aquilo constante das linhas 29-32.

Nesta passagem do voto, é possível fazer uma conexão entre a escolha inicial e a argumentação desenvolvida no decorrer da decisão (o autor do texto, de certo modo, antecipa o que virá depois). Ao se valer do léxico "patrimônio" público, há uma predisposição subsequente do(a) autor(a) do texto a desenvolver todo um raciocínio fundado em valores quantificáveis, materializáveis em pecúnia.

Desse modo, segundo a ótica do(a) julgador(a), para que fosse em tese possível a indenização dos ocupantes da área, seria essencial a possibilidade de obtenção de uma "vantagem" para o proprietário. E quem seria esse proprietário? Segundo o(a) julgador(a), o Distrito Federal. Mas não deveria ser a coletividade a quem o Governo foi criado para servir?

Vê-se assim que a vantagem não foi pensada em termos de uma potencial melhora na qualidade de vida das diversas famílias (diga-se, eleitoras do governo do DF) habitantes da área. É interessante observar que este governo, em nenhum momento da decisão, é colocado na posição de devedor do direito fundamental à moradia.[132]

Como se disse antes, atualmente, os direitos essenciais (fundamentais) consubstanciam o interesse público por excelência em um Estado Democrático. Isso quer dizer que a existência de um Estado Constitucional se justifica, primordialmente, para conter o poder autoritário e para resguardar e implementar os direitos fundamentais dos cidadãos (não mais súditos de um monarca todo poderoso).

Para finalizar a análise das escolhas lexicais, é importante analisar o contido nas linhas 33 e 35.

O que chama a atenção aqui é a ordem das palavras (estrutura textual) para transmitir uma ideia como sendo hegemônica. Assim, o dever de regularização foi antecedido pela expressão "no mínimo". Dessa maneira, a interpretação desponta no sentido de que somente se o Poder Público não conseguir demolir as casas (em cumprimento a um suposto dever principal) é que envidará esforços pela regularização fundiária das famílias, atividade colocada em segundo plano.

Outra categoria de análise textual assume grande relevância, a transitividade. Observa-se que os verbos utilizados pelo julgador estão conjugados no presente. São eles: está (linha 21), pressupõe (linha 30), impõe (linha 34), enfraquece (linha 39), destrói (linha 39), estimula (linha 40), legitima (linha 40).

O tempo verbal influencia na naturalização das discussões (se é que se pode falar em alguma discussão no caso analisado). Há uma reificação de tratamento da questão ("as coisas são assim e sempre serão"). Utilizou-se, portanto, de um modo de operação da ideologia mediante a estratégia de construção simbólica da naturalização.

Sobre a coesão (outra categoria de análise textual), assume relevo a utilização de operadores argumentativos (conectivos, conjunções e expressões que servem para manter a coesão textual). Nas linhas 109-121, como uma típica estratégia de convencimento, o voto

---

[132] Essa perspectiva, a do Estado como devedor do direito fundamental, foi adotada na sentença brasileira apresentada no Capítulo 2.

contempla, logo no início, a expressão "é cediço" (um operador argumentativo).

Ora, se é tão sedimentado assim, para quê interpretar? Para quê buscar o Judiciário se já se sabe, de antemão, que é cediço. O trabalho do intérprete poderia ser facilmente substituído por um programa de computador, alimentado com dados abstratos (conceitos e textos de lei) que seriam acionados toda vez que uma situação fosse matematicamente a eles subsumidas. A linguagem binária do sistema informático é mesmo bastante adequada para o método racionalista de conceber o fenômeno jurídico.

Quanto ao "é cediço", cabe ainda questionar sobre o papel do intérprete enquanto julgador, terceiro supostamente equidistante das partes. O magistrado precisa convencer quem? O magistrado não deveria ser imparcial? Que as partes utilizem de estratégia linguística para convencer ainda se admite, mas a mesma tática argumentativa parece soar bastante estranho quando utilizada por aquele de quem a sociedade espera a concretização dos valores democráticos.

Não se defende aqui a desnecessidade da argumentação nas decisões judiciais. Não é isso de que ora se coteja. A sociedade precisa mesmo de soluções judiciais consistentes, sob o aspecto dos elementos condutores das conclusões externadas pelo intérprete. Sem descurar disso, é preciso que esses elementos justificadores da tomada de posição possuam algum lastro democrático. Defende-se uma postura criativa (hermenêutica), e não meramente subsuntiva para o aplicador do Direito.

Sob o ponto de vista da prática discursiva, há uma categoria que assume destaque na análise, qual seja, a intertextualidade. No caso em análise, o julgador utiliza-se, diversas vezes, de outros textos para formar o seu discurso. Logo no início, tem-se um exemplo de intertextualidade nas linhas 6 e 7.

No excerto acima, a intertextualidade existe entre a obra de Ihering, o Código Civil brasileiro e o próprio texto analisado.

É curioso observar que a intertextualidade se dá bastante com normas do Código Civil, mas não com a norma maior do ordenamento, a Constituição Federal, que elenca os direitos fundamentais, dentre eles, o de morar. Inexiste intertextualidade também com as normas internacionais.

De fato, em nenhum momento do voto, o(a) relator(a) demonstra preocupação com a moradia das diversas famílias habitantes, de longa data, da área em questão. Essa estratégia discursiva está em consonância com a eleição de critérios privatísticos e patrimonialistas, como já se disse. Mediante a utilização de uma lógica mercantil, a argumentação se desenvolve no sentido de dissimular o problema social maior de carência de moradia, cujo dever, segundo a Constituição, é atribuído ao Estado brasileiro e por quaisquer de seus entes federados.

Ainda sob o viés da prática discursiva, no caso ora analisado, a cadeia intertextual identificada no julgado paradigma inicialmente estudado, foi reproduzida sem maiores reflexões.

É interessante verificar que essa cadeia foi construída a partir do voto proferido no ano de 2005 proferido no já estudado Resp. 556.721/DF. Para facilitar a visualização, reproduz-se novamente sua ementa:

> EMBARGOS DE TERCEIRO - MANDADO DE REINTEGRAÇÃO DE POSSE – OCUPAÇÃO IRREGULAR DE ÁREA PÚBLICA - INEXISTÊNCIA DE POSSE - DIREITO DE RETENÇÃO NÃO CONFIGURADO.
> 1. Posse é o direito reconhecido a quem se comporta como
> proprietário. Posse e propriedade, portanto, são institutos que caminham juntos, não havendo de ser reconhecer a posse a quem, por proibição legal, não possa ser proprietário ou não possa gozar de qualquer dos poderes inerentes à propriedade.
> 2. A ocupação de área pública, quando irregular, não pode ser reconhecida como posse, mas como mera detenção.
> 3. Se o direito de retenção depende da configuração da posse, não se pode, ante a consideração da inexistência desta, admitir o surgimento daquele direito advindo da necessidade de se indenizar as benfeitorias úteis e necessárias, e assim impedir o cumprimento da medida imposta no interdito proibitório.
> 4. Recurso provido. (BRASIL,2005).

O caso que se está analisando não se referiu expressamente ao julgado acima, mas a outro julgado, o REsp. 699374 (BRASIL,2007). Esse último, por sua vez, se reporta ao que decidido no Resp. 556.721/DF acima. Veja-se o teor de sua ementa:

> Bem público. Ocupação indevida. Direito de retenção por benfeitorias. Precedentes da Corte.
> 1. Configurada a ocupação indevida de bem público, não há falar em posse, mas em mera detenção, de natureza precária, o que afasta o direito de retenção por benfeitorias.
> 2. Recurso especial conhecido e provido. (BRASIL, 2007).

Em resumo, tem-se que a cadeia intertextual perpassou as seguintes decisões: Resp. 556.721; Resp.699374; Resp. 945055. E continuará cumprindo muito bem o seu papel de estagnar o discurso caso nenhum movimento discursivo seja realizado em prol de uma transformação da prática social do Judiciário brasileiro.

A cadeia intertextual analisada tem por função paralisar o discurso, fazendo-o adormecer, de modo a tornar-se cada vez mais apático às transformações sociais.

Essa sequência de julgados pode também ser vista em termos de paráfrase, uma das formas de intertextualidade: "A paráfrase é um discurso em repouso em que alguém abre mão de sua voz para deixar a voz do outro falar. Não há conflito, pois não há oposição. Funciona como se fosse um espelho que reflete o discurso do outro." (GOUVÊA, 2007).

No caso ora analisado, mediante a utilização das estratégias discursivas aqui desnaturalizadas, observa-se o aprisionamento do intérprete ao conceitualismo, ao raciocínio binário, típico do racionalismo moderno.

Vislumbra-se grande influência do pensamento matematizante orientado por uma argumentação lógico-formal bastante desvirtuada de tudo aquilo que se defende, na teoria, a respeito dos valores a que o Estado de Direito Democrático se propõe a proteger.

É curioso atentar para o fato de que, em nenhum momento, o julgador manifesta uma consideração mais aprofundada, como era de se esperar, sobre o direito à moradia das famílias habitantes da localidade, de há muito já integradas ao ambiente, inclusive, com o desenvolvimento de uma agricultura de subsistência.

De início, parte-se de um argumento de ordem conceitual-formal, como uma premissa universalizante, qual seja, a de haver sido adotada pelo ordenamento jurídico brasileiro a teoria objetiva da posse, nos moldes como formulada por Jhering. A partir dessa concepção, o intérprete desenvolve todos os outros argumentos quase que como um consequente inevitável e inafastável, consoante o mais genuíno silogismo racional.

Vê-se que a estratégia argumentativa se baseia na fórmula "se-então", sem que sobre o espaço compreendido entre o "se" e o "então" influam quaisquer elementos da situação fática concreta.

A análise do julgador fica restrita ao texto, diga-se ao Código Civil brasileiro, de modo a desprezar por completo o diálogo com a realidade fática, com a Constituição Federal e com a legislação internacional. Não se observa uma construção normativa concreta, senão uma mera repetição de um conceito textual abstrato e apriorístico de caráter universalizante.

Será que a posse privada da área pública, de fato, não se coaduna com a tutela do interesse público no contexto da realidade em questão?

Para responder a essa pergunta, é salutar apontar a própria finalidade da autora da ação, a TERRACAP.

Segundo informação do seu sítio eletrônico, cuida-se de uma empresa pública do DF criada para assegurar a gestão das terras públicas e a oferta de empreendimentos imobiliários sustentáveis, de modo a promover o desenvolvimento econômico-social e a qualidade de vida da população do DF e entorno. (TERRACAP, [2012]).

Para atingir seu objetivo geral, a TERRACAP também é prestadora do dever de regularização fundiária, segundo o que se colhe de sua própria página virtual:

> A Estratégia de Regularização Fundiária visa à adequação de assentamentos informais preexistentes às conformidades legais, por meio de ações prioritárias nas Áreas de Regularização (indicadas no Anexo II, Mapa2 e Tabelas 2A, 2B e 2C da LC n.º 803/2009), de modo a garantir o direito à moradia, o pleno desenvolvimento das funções sociais da propriedade urbana e o direito ao meio ambiente ecologicamente equilibrado. (TERRACAP, [2012]).

A construção da região administrativa do Guará (cidade satélite de Brasília) foi iniciada em 1967 com a finalidade de absorver o contingente populacional oriundo de invasões e núcleos habitacionais provisórios. (WIKIPÉDIA, 2014b).

Inicialmente voltada a acolher a massa marginalizada da urbe, em face da expansão do mercado imobiliário, o Guará é hoje conhecido pela grande procura no setor da construção civil, sendo uma das áreas mais caras de se morar no DF. (WIKIPÉDIA, 2014b).

Importante destacar que, no caso analisado, o Poder Público já havia deflagrado um procedimento de regularização fundiária (assim como ocorreu no caso do julgado paradigma). Segundo dados colhidos do processo, a Administração Pública havia expedido aos moradores da área um documento denominado de "Certificado de Regularização Fundiária", de modo a denotar que o Estado já estava ciente da situação, bem como da boa-fé dos assentados informais.

Nesse contexto, caberia perquirir qual interesse público deveria o Estado, representado pela TERRACAP, buscar a concretização. No caso, o próprio Poder Público já havia reconhecido a necessidade de resguardar o direito social fundamental à moradia de várias pessoas que se encontravam em uma situação consolidada ao longo dos anos.

Assim, de maneira contraditória a anterior postura estatal, a entidade pública responsável por velar pela concretização da função social da posse, ingressa com ação para reaver a posse. Caberia questionar: para atender a que interesse público?

A conduta estatal, infelizmente, conscientemente ou não, redundou na indesejável consequência aqui referida de instrumentalizar conceitos, tomados em uma lunática abstração, para atingir interesses que passavam longe da necessidade imediata de efetivar o direito social fundamental de morar, tendo o Judiciário sido também utilizado para esse macabro mister.

Para finalizar a análise do julgado, destaca-se novamente o excerto de sua ementa linhas 165 a 175.

É impressionante como a lógica formal influencia o pensamento do intérprete nessas linhas do julgado. Observa-se que o interesse público é analisado a partir da quantidade de recursos financeiros necessários para a implementação da derrubada das moradias existentes no local. O argumento não poderia ser mais racional, sem um mínimo de contato com a realidade histórica e com as expectativas normativas da população mais carente.

Há ainda que se fazer uma crítica: de onde se extrai esse dever de demolição? A autora não conseguiu encontrar resposta juridicamente e socialmente plausível para essa constrangedora pergunta formulada em plena "era dos direitos concretos".

4.2 Síntese crítica do discurso jurídico empregado na jurisprudência do STJ nas questões sobre o direito à moradia dos ocupantes de áreas públicas.

A concepção do discurso como local de luta, onde se dissimulam estratégias para a construção de sentidos, percorreu um longo caminho desde Saussure, com sua metáfora do "jogo de xadrez" até e a partir de Wittgenstein que fez uso da metáfora dos "jogos de linguagem". Esse amadurecimento dos estudos da linguagem, onde ela deixa de ser vislumbrada como puro signo e passar a inserir-se em um contexto social e a dialogar com a realidade, proporcionou o surgimento de uma agenda: a da Análise Crítica do Discurso. Falou-se em agenda porque, nesse campo, inexiste uma única teoria ou um único método, sendo o que une os pesquisadores a perspectiva de relacionar a linguagem com o poder e com a ideologia (sentido a serviço do poder).

Diante dessa multiplicidade de teorias e de métodos, optou-se por utilizar como referencial epistêmico a teoria tridimensional do discurso de Norman Fairclough. O discurso é analisado enquanto texto, enquanto prática discursiva e como prática social. Desse modo, a análise nos moldes propostos por Fairclough percorre um caminho de duplo sentido, havendo entre as extremidades uma instância de mediação. Assim, há um estudo de dentro para fora (do texto para a realidade semiótica) e de fora para dentro (da prática social para o texto), tudo sendo mediado por uma maneira de produzir, distribuir e consumir o discurso, ou seja, a via de mão dupla sempre perpassa uma instância intermediária que é a da prática discursiva.

Esse método, sabe-se, não é específico dessa teoria, pois em outros âmbitos do saber, como no Direito, p.ex., existem propostas que partem de um diálogo entre texto e realidade, entre dados linguísticos e âmbito de aplicação da norma. E no meio desse caminho, também se faz possível encontrar uma importante esfera de comunicação, que funciona como um "vaso comunicante" entre os meios. Essa instância é ocupada pelo trabalho hermenêutico. Aqui, é importante dizer, não se trata de uma hermenêutica prescritiva, de há muito já ultrapassada, mas sim de uma atitude que não pode ser definida a priori, mas apenas no ato de concretização que se volta à busca do direito justo. Como exemplo de abordagens jurídicas que dialogam o tópico com o geral, foi mencionada na pesquisa a teoria estruturante (e não estruturalista) de Friedrich Muller. Todavia, essa teoria foi apenas aludida com a finalidade de apresentar uma aproximação possível entre a mais atual concepção de linguagem, onde se insere a agenda da Análise Crítica do Discurso, e as abordagens jurídicas atuais que, de há muito, não visualizam o Direito como pura norma, assim como a Ciência da Linguagem também não a estuda mais como puro signo. Não houve o aprofundamento dessa relação, pois demandaria uma outra pesquisa que já se pretende empreender. O método eleito nesse trabalho, portanto, seguiu a teoria analítica do discurso de Norman Fairclough.

O fato é que, no âmbito jurídico, em retorno ao que ora se acabou de mencionar, o diálogo entre texto e realidade infelizmente, salvantes exceções, não conseguiu ainda ultrapassar as raias da Academia. Não se atingiu ainda o âmbito de uma práxis, que não é nem pura teoria, nem estritamente uma prática, pois esses dois extremos poderiam acarretar as nefastas consequências de um racionalismo e de um empirismo, ambos deslocados de um contexto. Observa-se, apesar de esse quadro já vir sendo alterado, um certo distanciamento entre os acadêmicos e os práticos, aqueles que se dedicam à prática social do Direito, ao ambiente do fórum e às questões da processualística. Cada qual na sua redoma, muitas vezes não se permitem ao diálogo, às trocas tão enriquecedoras para ambos. Talvez seja esse um ponto crítico que precisa ser suplantado para viabilizar-se o atingimento da práxis também no âmbito da Ciência Jurídica. Talvez o caminho aqui seja, de um lado, o incremento de pesquisas empíricas pelos acadêmicos e, de outro, o aumento do interesse dos profissionais do fórum (e também dos fora do fórum, tendo em vista a crescente extrajudicialidade) pelos estudos da Academia. A configuração atual, compartimentada, vem sendo, como se disse, gradativamente, alterada. Na Defensoria Pública da União, p.ex., local onde esta autora desempenha suas funções como defensora, já há um significativo número de profissionais com pós-graduação lato sensu e stricto sensu. Nessa instituição, é curioso observar que as pesquisas acadêmicas muitas vezes são impulsionadas justamente pelos casos práticos que surgem no dia-a-dia de trabalho dos defensores. Foi precisamente o que se deu com esta autora, como já explicitado na introdução.

Não obstante ao acima colocado, seria ingênuo atribuir a ausência de uma práxis jurídica tão-somente ao afastamento entre as esferas da Academia e da prática. De fato, ainda que suplantado o antevisto obstáculo, sabe-se que o ser humano não vive em um estado de "vácuo social". Ele está, ao revés, inserido em uma linguagem que, inclusive, o antecede. Nessa instância, o discurso, seja ele em que área for, absorve e reflete as relações de poder, muitas das vezes dissimuladas por ideologias que, nessa perspectiva, correspondem à construção de sentido a serviço do poder.

O presente livro voltou-se especificamente ao âmbito do discurso judicial que versa sobre o conflito atinente aos ocupantes de áreas públicas para fim de moradia. Para tanto, foi inicialmente abordada a ampla disciplina internacional, regional e nacional do direito à moradia, com ênfase para as situações de despejo forçado. Em seguida, para conferir-se um referencial mais concreto sobre os conflitos sociais que envolvem a questão, procurou-se contextualizar o direito à moradia com o direito à cidade, bem como foram apresentados casos paradigmáticos, tidos como boas práticas judiciais, da África do Sul, da Colômbia e do Brasil. Após a análise do direito à moradia, devido à sua intrínseca relação com a segurança jurídica da posse, foi necessário abordar o instituto da posse, suas concepções mais tradicionais e a teoria seguida nesta obra, qual seja, a que privilegia uma postura hermenêutica de concretização de direitos fundamentais tal como sugerido por Francisco Cardozo Oliveira.

Como uma forma de aproximar ainda mais os estudos teóricos da prática, no último Capítulo, foram eleitos dados autênticos de análise. Essa amostra discursiva é composta de decisões do Superior Tribunal de Justiça que enfrentaram o problema social da ocupação de áreas públicas por particulares para fim de moradia. O iter da análise partiu de um julgado paradigma (Recurso Especial n°556.721 – DF) para, logo após, avaliar suas repercussões em outras decisões daquele Tribunal, órgão de superposição do Judiciário brasileiro com importante papel na pacificação de entendimentos sobre a legislação infraconstitucional, o que não o autoriza a afastar as normas constitucionais.

Com o auxílio do método da Análise Crítica do Discurso de Norman Fairclough, aliado a todo o arcabouço teórico sobre o direito à moradia e a respeito do instituto da posse, foi possível colher da análise dos dados concretos a adoção de estratégias discursivas que culminaram, ao final, por denegar o direito à moradia aos ocupantes informais de áreas públicas. A partir da utilização do paradigma racionalista, foi identificado um silogismo, sob a forma de cadeia intertextual, cuja conclusão restou praticamente cristalizada na suposta impossibilidade de haver posse de área pública.

Ao associar a posse com o instituto da propriedade, mais especificamente, a posse como um simples apêndice da propriedade, o Superior Tribunal de Justiça realiza o que se pode chamar de uma histerectomia nas normas internacionais e mesmo nacionais que privilegiam o valor de uso em vez do valor de troca, o que resta expresso pela consagração tanto externa quanto interna do princípio da função social da posse e da propriedade.

As inferências acima foram possibilitadas pela utilização de categorias de análise do discurso, em sua acepção tridimensional, sendo que cada dimensão não é estática, pois estabelece e recebe influência das demais.

A suposição inicial foi confirmada, pois, observou-se a materialização do discurso patrimonialista nas decisões do Superior Tribunal de Justiça que versam sobre a moradia dos ocupantes de áreas públicas. Essa materialização é construída a partir de estratégias responsáveis pela manutenção do *satus quo*, ou seja, o Direito aqui serve mais como uma instância de legitimação da ordem estabelecida do que como um potencial transformador em busca da justiça social. O estudo mostrou que as estratégias utilizadas se dão nas três dimensões discursivas, desde a escolha dos léxicos até o plano da prática social com suas ideologias. Mediante essas estratégias, a posse é também patrimonializada e vista mais como valor de troca do que de uso. Isso é confirmado pela utilização do referencial da usucapião, deixando-se toda a normativa da moradia ofuscada em razão da agenda discursiva eleita pelo tribunal. Nesse ponto, é curioso o argumento utilizado no sentido de não poder o Superior Tribunal de Justiça tratar de matéria constitucional (como a moradia), pois isso caberia ao Supremo Tribunal Federal, pois, ao mesmo tempo, constrói todo o seu raciocínio sobre a impossibilidade "constitucional" de usucapião de área pública. E dando sequência ao seu silogismo, o Tribunal parte da premissa de que a posse é conferida àqueles que exteriorizam a propriedade, mas se detém a apenas uma das expressões desse direito real que é a possibilidade de alienação. Não invoca, p.ex., o uso que também integra a disciplina legal da propriedade. Aquele que é possuidor, faz uso da coisa e externa um poder proprietário. Percebe-se, assim, que mesmo para a interpretação mais legalista (como se fosse possível um sentido literal), a posse de área pública não restaria afastada da proteção jurídico-positiva. Não bastasse isso, segundo a normativa internacional, não se exclui a posse de área pública. O discurso patrimonialista do Superior Tribunal de Justiça culmina também por afastar a possibilidade concreta do direito real de uso especial para fim de moradia, voltado precisamente para regularizar a situação dos ocupantes informais de áreas públicas.

O Estado brasileiro, ao assumir a lógica do mercado e, por meio dela, a lógica da desordem urbana, é responsável por causar graves fissuras na relação de reconhecimento jurídica, nos moldes da teoria social de Honneth. Para atender ao mercado imobiliário, desencadeia o processo de gentrificação, acompanhado pelo processo de guetização (favelização no Brasil) e, quando provocado judicialmente a remediar a situação de conflito por ele ensejada, vale-se de estratégias discursivas que redundam na negativa do direito fundamental à moradia. E essa negativa, no âmbito do Tribunal analisado, tem sido sistemática.

A continuidade do entendimento é garantida por uma intertextualidade paralisante consubstanciada no uso indiscriminado e não problematizado do precedente. Retoma-se aqui Foucault. O filósofo, em seus estudos arqueológicos, como visto no Capítulo 1, critica as diversas formas de continuidade, de globalizações simplificadoras. Em outro trabalho, quando trata do comentário como instrumento da ordem do discurso, bem exemplifica esse continuísmo sem fim. Há um texto primeiro que é sempre repetido, sob a aparência de um espaço criativo. Analogamente, a decisão judicial costuma repetir outras anteriores, sob a aparência de que se está a fazer uso de um livre convencimento do julgador. Nada se cria. Tudo se copia. O que deu ensejo, inclusive, a denominar a prática judicial, metaforicamente, de "jurisprudência papagaio". Mas a situação pode mudar. E uma das maneiras de se proporcionar a transformação pode ser iniciada pela desnaturalização do discurso onde se busca analisar as relações de poder que estão por trás da superfície dos textos judiciais.

No sentido da transformação, se faz urgente, no âmbito do Judiciário brasileiro a prática de um dialogismo, onde as partes e terceiros interessados em uma dada relação processual possam, de fato, ser ouvidos e ter seus argumentos considerados, e não apenas afastados com base na máxima racionalista "Dá-me os fatos que te darei o direito" ou na amostra discursiva constantemente distribuída da seguinte forma "o juiz não está obrigado a analisar todos os argumentos levantados pelas partes". O diálogo é muito importante para que realmente exista uma negociação de sentidos também no âmbito judicial. Sabe-se da dificuldade enfrentada com o número cada vez crescente de processos, mas o problema não é resolvido com a pura e simples aplicação indiscriminada dos precedentes (a extrajudicialidade se apresenta como um promissor caminho). O contexto precisa ser resgatado na prática jurídica brasileira.

Conclui-se com uma virtuosa frase do papa Francisco onde diz que é preciso também pensar que o outro tem algo a mais em relação a mim.

BIBLIOGRAFIA

ABREU, João Maurício Martins de. A Moradia Informal no Banco dos Réus: Discurso Normativo e Prática Judicial. **Revista Direito GV**. São Paulo, v.14, jul.-dez. 2011.

AFRICA DO SUL. Corte Constitucional De Sudafrica. **República de Sudáfrica v. Grootboom (caso nº CCT 11/00).** Traducción de María Jimena Sáenz y Colleen Wendy Torre. **República de Sudáfrica:** Corte Constitucional De Sudafrica, 2000. Disponível: http://www.calp.org.ar/uploads/af26853dd06b64ead16eefcbebe5330a.pd f. Acesso em: 14.10.2013.

ALESSI, Renato. **Sistema Istituzionale del Diritto Amministrativo Italiano.** Milão: A. Giuffrè, 1960.

ARAÚJO, Inês Lacerda. **Do Signo ao Discurso**. São Paulo: Parábola, 2011.

BAKHTIN, Mikhail. **Estética da Criação Verbal**. São Paulo: Wmf Martins Fontes, 2011.

BAUMAN, Zygmunt. **Vida Líquida**. 2ª ed. Rio de Janeiro: Zahar, 2009.

BONAVIDES, Paulo. **Do Estado Liberal ao estado Social**. São Paulo: Malheiros Editores, 2011.

BOVERO, Michelangelo. Democracia y Derechos Fundamentales. **Isonomia:** Revista de Teoría y Filosofía del Derecho, núm. 16, abril, pp. 21-38, 2002.

_____.Comarca de São Paulo, foro central, vara de Fazenda Pública. **Sentença do processo nº 00456355920118260053.** São Paulo: Fazenda Pública, 2012.

BRASIL. Congresso Nacional. Senado Federal. Comissão de Juristas Responsável pela Elaboração de Anteprojeto de Código de Processo Civil. Brasil. Brasília: Senado Federal, 2010. Disponível em: http://www.senado.gov.br/senado/novocpc/pdf/Anteprojeto.pdf. Acesso em: 4.08.2012.

_____. Constituição (1946). **Constituição dos Estados Unidos do Brasil:** promulgada em 18 de setembro de 1946. Brasília: Congresso Nacional, 1946. Disponível em http://www2.planalto.gov.br/. Acesso em: 27.07.2012.

_____. Constituição (1988). **Constituição da República Federativa do Brasil:** promulgada em 05 de outubro de 1988. Brasília: Congresso Nacional, 1988. Disponível em http://www2.planalto.gov.br/. Acesso em: 27.07.2012.

_____.**Decreto-Lei nº 1.608, de 18 de Setembro de 1939.** Código de Processo Civil. Brasília: Colleção das Leis da República dos Estados Unidos do Brasil de 1939. v.7, p. 311-438. Disponível em: <http://www2.planalto.gov.br/. Acesso em: 27.07.2012.

_____. **Decreto nº 678, de 6 de novembro de 1992.** Promulga a Convenção Americana sobre Direitos Humanos (Pacto de São José da Costa Rica), de 22 de novembro de 1969. Brasília: D.O. de 09/11/1992, p. 15562. Disponível em: <http://www2.planalto.gov.br/. Acesso em: 27.07.2012.

_____. **Lei No 10.406, de 10 de Janeiro de 2002.** Institui o Código Civil. Brasília: D.O.U. de 11/01/2002, p. 1. Disponível em: <http://www2.planalto.gov.br/. Acesso em: 27.07.2012.

_____. **Lei Nº 3.071, de 1º de Janeiro de 1916.** Código Civil dos Estados Unidos do Brasil. Brasília: Coleção de Leis do Brasil, 1916. Disponível em: <http://www2.planalto.gov.br/. Acesso em: 27.07.2012.

_____. **Lei nº 5.869, de 11 de janeiro de 1973.** Institui o Código de Processo Civil. Brasília: D.O. de 17/01/1973, p. 1. Disponível em: <http://www2.planalto.gov.br/. Acesso em: 27.07.2012.

_____. **Projeto de Lei de 6960 de 12 de junho de 2002.** Dá nova redação aos artigos 2º, 11, 12, 43, 66, 151,224, 243, 244,246, 262, 273,281,283, 286, 294,299, 300, 302, 306,309,328, 338,369, 421, 422, 423, 425, 429, 450, 456, 471, 472, 473, 474, 475, 478, 479, 480,482, 496,502, 506, 533, 549, 557, 558, 559, 563, 574,576, 596, 599, 602, 603, 607, 623, 624, 625, 633, 637, 642, 655, 765, 788, 790, 872, 927, 928,931, 944, 947, 949,950, 953, 954,966, 977,999, 1053, 1060, 1086, 1094, 1099, 1158, 1160, 1163, 1165, 1166, 1168, 1196, 1197, 1204, 1210, 1228, 1273, 1274, 1276, 1316, 1341, 1347, 1352, 1354, 1361, 1362, 1365, 1369, 1371, 1374, 1378, 1379, 1434, 1436, 1456, 1457,1473, 1479, 1481, 1512, 1515, 1516,1521, 1526, 1561, 1563, 1573, 1574, 1575, 1576, 1581, 1583, 1586, 1589, 1597, 1601, 1605, 1606, 1609, 1614, 1615, 1618, 1623, 1625, 1626, 1628, 1629, 1641, 1642,

1660, 1665, 1668, 1694, 1700, 1701, 1707, 1709, 1717, 1719, 1721, 1722, 1723, 1725, 1726, 1727, 1729, 1731, 1736, 1768, 1788, 1790, 1800, 1801, 1815, 1829, 1831, 1834, 1835, 1848, 1859, 1860, 1864, 1881, 1909, 1963, 1965, 2002, 2038 e 2045 da Lei nº. 10.406 de 10 de janeiro de 2002, que "Institui o Código Civil", acrescenta dispositivos e dá outras providências. Brasília: Câmara dos deputados, 2002. Disponível em: http://www.camara.gov.br/. Acesso em: 30.07.2012.

_____. Ministério da Justiça Federal. Decreto nº 591 - de 6 de julho de 1992. Pacto internacional sobre direitos econômicos, sociais e culturais. Brasília: MJF, 1992. (Disponível em <http://portal.mj.gov.br/sedh/ct/legis_intern/pacto_dir_economicos.htm> . Acesso em:20.10.2013).

_____. Superior Tribunal de Justiça. **Recurso Especial nº 945.055.** Brasília: STJ, 2009. Disponível em: http://www.stj.jus.br/portal_stj/publicacao/engine.wsp. Acesso em: 30.07.2012. Disponível em: http://www.stj.jus.br. Acesso em 15.8.2013.

_____. Superior Tribunal de Justiça. **Recurso Especial nº 556.721.** Brasília: DJ 15.09.2005, 2005. Disponível em: http://www.stj.jus.br. Acesso em 15.8.2013.

_____. Superior Tribunal de Justiça. **Recurso Especial 699.374.** Brasília: DJ 18.06.2007, 2007. Disponível em: http://www.stj.jus.br. Acesso em 15.8.2013.

_____. Superior Tribunal de Justiça. **Recurso Especial nº1.203.500.** Brasília: STJ, 2010. Disponível em: http://www.stj.jus.br. Acesso em 15.8.2013.

_____. Superior Tribunal de Justiça. **Agravo Regimental no Recurso Especial nº799.765/DF.** Brasília: STJ, 2010. Disponível em: http://www.stj.jus.br. Acesso em 15.8.2013.

_____. Superior Tribunal de Justiça. **Recurso Especial nº 699374.** Brasília: STJ, 2007. Disponível em: <http://www.stj.jus.br>. Acesso em 15.8.2013.

BODDY-EVANS, Alistair .Influx Control. **About.Com: African History.** Disponível em <http://africanhistory.about.com/od/apartheidterms/g/def_influx.htm>.A cesso em: 14.10.2013

CAPPELLETTI, Mauro; GARTH, Bryant. **Acesso à Justiça.** Porto Alegre: Sérgio Antônio Fabris, 2002.

CHRISTIANO, Thomas. An Instrumental Argument for a Human Right to Democracy. **Philosophy and Public Affairs**, n°39, 2011, p.142-176.

COLARES, Virgínia. **Direito Fundamental à Imagem e os Jogos de Linguagem: análise crítica do discurso jurídico**. Cadernos da Escola de Direito e Relações Internacionais. Curitba, v.1. p.347-370, 2010.

COLARES, Virgínia. **Inquirição na Justiça**: estratégias linguístico-discursivas. Porto Alegre: Sérgio Antônio Fabris, 2003

COLARES, Vírginia. Notas do material expositivo da disciplina Análise Crítica do Discurso. Recife, UFPE, 2013.

COLÔMBIA. Corte constitucional da Colômbia. **Sentência T-585/08.** Bogotá: Corte constitucional da Colômbia, 2008. (Disponível em <http://www.corteconstitucional.gov.co/ relatoria/2008/T-585-08.HTM>. Acesso em: 18.10.2013).

COLÔMBIA. Constituição (2001). **Constitucion Politica de Colombia:** Esta versión corresponde a la segunda edición corregida de la Constitución Política de Colombia, publicada en la Gaceta Constitucional No. 116 de 20 de julio de 1991. Bogotá: Asamblea Nacional Constituyente, 2001. (Disponível em http://pdba.georgetown.edu/Constitutions/ Colombia/vigente.html). Acesso em: 18.10.2013).

CONTE, Christiany Pegorari. A aplicabilidade da teoria estruturante no direito contemporâneo face à crise do positivismo clássico. In: Congresso Nacional do CONPEDI, 17. 2008, Brasília. **Anais**. Brasília: CONPEDI, 2008. Disponível em http://www.conpedi.org.br/manaus/arquivos/anais/brasilia/03_197.pdf. Acesso em: 30.07.2012.

COSTA, Alexandre Araújo. Cartografia da racionalidade moderna. In: Milovic, Miroslav; Sprandel, Maia; Costa, Alexandre Araújo; Nascimento, Wanderson Flor do (orgs.). **Sociedade e Diferença**. Brasília: Casa das Musas, 2005. Disponível em http://www. arcos.org.br/artigos/cartografia-da-racionalidade-moderna/. Acesso em: 24.07.2012.

COSTA, Alexandre Araújo. **O Controle da Razoabilidade no Direito Comparado.** Brasília: Thesaurus, 2008. Disponível em <http://www.arcos.org.br/livros/o-controle-da-razoabilidade-no-direito-comparado/capitulo-iii/b-jurisprudencia-do-tribunal-constitucional-federal-/2-jurisprudencia-dos-valores/d-jurisprudencia-dos-valores-e-o-

problema-da-legitimidade-o-caso-dos-crucifixos/#topo>. Acesso em: 30.07.2012.

COSTA, Eduardo José da Fonseca. **O Direito Vivo das Liminares**, 1ª ed. São Paulo: Saraiva, 2011;

CUNHA, Maria Angélica da; SOUZA, Maria Medianeira de. **Transitividade e seus Contextos de Uso**. São Paulo: Cortez, 2011.

DIDIER JR., Fredie. "**A função social da propriedade e a tutela processual da posse**". Revista de Processo, jul. 2008, nº 161.

DOUZINAS, Costa. **O Fim dos Direitos Humanos**. São Leopoldo: Ed. Unisinos, 2009.

MENDES, Daniela. Entrevista Francis Fukuyama. **Istoé**. São Paulo, Ano 37, 28 ago. 2013.

ERHARDT, Ana Carolina Cavalcanti. **Greve no Setor Público e o Princípio da Supremacia do Interesse Público Sobre o Coletivo**. 1ª ed. Recife: Nossa Livraria, 2008.

ERHARDT, Ana Carolina Cavalcanti; ERHARDT, Manoel de Oliveira. A (I)Legitimidade da Cláusula Resíduo nos Contratos do SFH – Análise Crítica à Luz da Boa-Fé Objetiva. In: CAMPOS, Alyson Rodrigo Correia; CASTRO JÚNIOR, Torquato da Silva (Org.). **Dos Contratos.**1ª ed. Recife: Nossa Livraria, 2012.

FAIRCLOUGH, Norman. Critical discourse analysis as a method in social scientific research. In: WODAK, Ruth; MEYER, Michael. (Org.). **Methods of Critical Discourse Analysis**. London: Sage Publications, 2001. p.121-138.

FAIRCLOUGH, Norman. **Discurso e Mudança Social**. Brasília: UNB, 2001.

FOUCAULT, Michel. **A Arqueologia do Saber**. 8ª ed. Rio de Janeiro: Forense Universitária, 2013.

_____. **Ordem do Discurso**: aula inaugural no Collège de France, pronunciada em 2 de dezembro de 1970. São Paulo: Loyola, 2012.

_____. **As palavras e as Coisas**. São Paulo: Martins Fontes, 2011.

GOUVÊA, Maria Aparecida Rocha. **O Princípio da Intertextualidade como fator de Textualidade**. Cadernos UniFOA. Volta Redonda, Ano II, ago. 2007.

GLOBO. GloboNews. Programa Milênio. **Veja entrevista com Nobel da Paz Muhammad Yunus.** São Paulo: Globo, 2013. Entrevista Nuhammad Yunus. Disponível em: <http://globotv.globo.com/globonews/milenio/v/veja-entrevista-com-nobel-da-paz-muhammad-yunus/2613065/>. Acesso em 15.08.2013.

GLOBO. Profissão repórter. **Prédios são ocupados por brasileiros em busca de moradia.** São Paulo: Globo, 2013. Disponível em: http://globotv.globo.com/rede-globo/profissao-reporter/v/predios-sao-ocupados-por-brasileiros-em-busca-de-moradia/2890293/. Acesso em: 3.02.2014.

HABERMAS, Jürgen. **Between facts and norms: contributions to a discourse theory of law and democracy.** Cambridge: MIT, 1996.

HONNETH, Axel. **Luta por reconhecimento: A gramática moral dos conflitos sociais.** São Paulo: Editora 34, 2009.

IBGE. Comunicação Social. **Censo Demográfico 2010**: 11,4 milhões de brasileiros (6,0%) vivem em aglomerados subnormais. Rio de janeiro: IBGE, 2011. Disponível em: http://www.ibge.gov.br/home/presidencia/noticias/noticia_visualiza.php?id_noticia=2057&id_pagina=1. Acesso em: 28 dez. 2011.

JHERING, Rudolf Von. **Questões e Estudos de Direito.** Tradução Ricardo Rodrigues Gama. 1ªed. Campinas: LZN, 2003.

JUSTEN FILHO, Marçal. **Curso de Direito Administrativo.** 1ª ed. São Paulo: Saraiva, 2005.

KELSEN, Hans. **Teoria Pura do Direito.** São Paulo: wmfmartinsfontes, 2012.

KOCH, Ingedore Villaça. **A Inter-ação pela linguagem.** São Paulo: Contexto, 2012.

LEFEBVRE, Henri. **O Direito à Cidade.**São Paulo: Centauro, 2008.

MARTINS, Leonardo (org.). **Cinqüenta anos de Jurisprudência do Tribunal Constitucional Federal Alemão.** Montevidéu: Fundação Konrad Adenauer, 2005.

MAZZILLI, Hugo Nigro. **A defesa dos interesses difusos em juízo.** 14. ed. São Paulo: Ed. Saraiva, 2002.

MEYER, Michael. Between theory, method, and politics: positioning of the approaches to CDA. In: WODAK, Ruth; MEYER, Michael. (Org.).

Methods of Critical Discourse Analysis. London: Sage Publications, 2001.p.14-31.

MOREIRA, Adriana. **Matrix, Iluminismo e Afins**. [s.l.]: BOCC, 2006. Disponível em http://www.bocc.ubi.pt/pag/moreira-adriana-matrix-iluminismo.pdf. Acesso em: 24.07.2012.

OEA. Conferência Especializada Interamericana de Direitos Humanos. **Convenção Americana de Direitos Humanos** (Pacto de San José da Costa Rica). San José: OEA, 1978. Disponível em http://portal.mj.gov.br. Acesso em 13.05.2012.

ONU. Conselho Econômico e Social. Comissão de Direitos Humanos. Subcomissão de prevenção à discriminação e proteção das minorias. The Realization of Economic, Social and Cultural Rights. **The Right to adequate housing: progress report submitted by Mr. Rajindar Sachar, Special Rapporteur appointed pursuant to resolution 1992/26 of the Sub-Comission on Prevention of Discrimination and Protection of Minorities and decision 1993/103 of the Comissionon Human Rights**. Genebra: ONU, 1993. Disponível em: <http://www.unhchr.ch/huridocda/huridoca.nsf/(Symbol)/E.CN.4.Sub.2. 1993.15.En? Opendocument > Acesso em: 16.01.2014.

_____. Conselho Econômico e Social. Comissão de Direitos Humanos. 61° sessão. **Los Derechos Económicos, Sociales y Culturales: Informe del Relator Especial sobre una vivenda adecuada, como parte del derecho a un nivel de vida adecuado, Sr. Miloon Kothari. Misión al Brasil**. Genebra: ONU, 2004. Disponível em: <http://www.unfpa.org/derechos/documents/relator_vivienda_brasil_04. pdf>Acesso em: 16.01.2014.

_____. **Declaração universal dos direitos humanos**. Genebra: ONU, 2000. Disponível em < http://unicrio.org.br/img/DeclU_D_HumanosVersoInternet.pdf>. Acesso em: 18.10.2013

_____. **Pacto Internacional sobre os Direitos Econômicos, Sociais e Culturais**. Genebra: ONU, 1996. Disponível em: http://www.dhnet.org.br/direitos/sip/onu/doc/pacto1.htm. Acesso em: 15.08.2013.

_____. Office of the United Nations High Commissioner for Human Rights. **The nature of States parties obligations (Art. 2, par.1) :** . 14/12/1990. CESCR General comment 3. (General Comments). Genebra: ONU, 1990. Disponível em:

http://www.unhchr.ch/tbs/doc.nsf/(Symbol)/94bdbaf59b43a424c12563e d0052b664?Opendocument. Acesso em: 15.08.2-013.

_____. Office of the United Nations High Commissioner for Human Rights. **The right to adequate housing (Art.11 (1)) :** . 13/12/1991. CESCR General comment 4. (General Comments). Genebra: ONU, 1991. Disponível em: <http://www.unhchr.ch/tbs/doc.nsf/(Symbol)/469f4d91a9378221c12563 ed0053547e?Opendocument>. Acesso em: 15.08.2013.

_____. **The right to adequate housing (Art.11.1): forced evictions** : . 20/05/1997. CESCR General comment 7. (General Comments). Genebra: ONU, 1997. Disponível em <http://www.unhchr.ch/tbs/doc.nsf/(Symbol)/959f71e476284596802564 c3005d8d50?Opendocument>. Acesso em: 20.10.2013.

NEVES, Marcelo. **A Constitucionalização simbólica.** São Paulo: wmf/matinsfontes, 2011.

_____. **Transconstitucionalismo.** 1ª ed. São Paulo: wmf/martinsfontes, 2009.

OLIVEIRA, Francisco Cardozo. Direito à Cidade: Moradia, Atividade Empresarial e Sustentabilidade. **Revista Jurídica da Unicuritiba.** v.23, 2009.

_____. **Hermenêutica e Tutela da Posse e da Propriedade.** 1ªed. Rio de Janeiro: Forense, 2006.

OLIVEIRA, Manfredo A. de. **Reviravolta Linguístico-Pragmática na Filosofia Contemporânea.** São Paulo: Loyola, 2006.

PEREIRA, Francisco Caetano. **O Latim no Discurso Jurídico.** Recife: Liceu, 2012.

PESSOA, Fábio Guidi Tabosa. Cabe ainda falar em interditos possessórios de força nova e força velha à luz do Novo Código de Processo Civil? In: Processo Imobiliário. Questões atuais e polêmicas sobre os principais procedimentos judiciais e extrajudiciais referentes a bens imóveis. In: CARVALHO, Fabiano; BARIONI, Rodrigo (Org.). **Processo imobiliário**: questões atuais e polêmicas sobre os principais procedimentos judiciais e extrajudiciais referentes a bens imóveis. 1ªed. Rio de Janeiro: Forense, 2011.

PINTO, Gláucia Soares Ferreira. Categorização de Operadores Argumentativos. In: COLARES, Vírginia. Notas do material expositivo da disciplina Análise Crítica do Discurso. Recife, UFPE, 2013.

PISARELLO, Gerardo. Del Estado Social Legislativo Al Estado Social Constitucional: Por Una Protección Compleja de Los Derechos Sociales. **Isonomía**. México, n° 15, out.2001.

_____. El Derecho a La Vivienda como Derecho Social: Implicaciones Constitucionales. **Revista Catalana de derecho publico**. Catalunha, n°38, 2009. RAMALHO, Viviane; RESENDE, Viviane de Melo. **Análise de Discurso (para a) crítica:** O Texto como Material de Pesquisa. Campinas: Pontes, 2011.

RAWLS, John. **The Law of Peoples**. Cambridge: Harvard University Press, 1999.

ROLNIK, Raquel. Democracia no Fio da Navalha: Limites e Possibilidades para a Implementação de uma Agenda de Reforma Urbana no Brasil. **Revista Brasileira de Estudos Urbanos e Regionais**. v.11, n.2, nov.2009, p.31-50.

ROUSSEAU, Jean-Jacques. **Do Contrato Social**. São Paulo: Penguin Companhia das Letras, 2011.

SAKURAI, Tetsu. Can We Justify a Human Right to Democracy? In: ADEOTADO, João Maurício (org.). **Human Rights and the Problem of Legal Injustice**: Annals of the Preparatory Meeting for the XXVI World Congresso f the International Association of Philosophy of Law and Social Philosophy. São Paulo: Noeses, 2013

SARLET, Ingo Wolfgang. O direito fundamental à moradia aos vinte anos da Constituição Federal de 1988: notas a respeito da evolução em matéria jurisprudencial, com destaque para a atuação do Supremo Tribunal Federal. **Revista Brasileira de Estudos Constitucionais RBEC**. out/dez. Belo Horizonte: Fórum, 2008.p.55-92.

SARLET, Ingo Wolfgang. O Direito Fundamental à Moradia na Constituição: Algumas Anotações a Respeito de seu Contexto, Conteúdo e Possível Eficácia. In: MELLO, Celso Albuquerque de; TORRES, Ricardo Lobo. (Org.). **Arquivos de Direitos Humanos**. Rio de Janeiro/São Paulo: Renovar, 2002.

SARMENTO, Daniel. Interesses Públicos *versus* Interesses Privados: Desconstruindo o Princípio da Supremacia do Interesse Público. In: SARMENTO, Daniel (Org.). **Interesses Públicos *vs.* Interesses Privados na Perspectiva da Teoria e da Filosofia Constitucional**. 1ª ed. Rio de Janeiro: Lumen Júris, 2005.

SAVIAN FILHO, Juvenal. Entrevista Marilena Chauí: Pela Responsabilidade Intelectual e Política. **Cult**. São Paulo, Ano 16, ago.2013.

SERRANO JÚNIOR, Odoné. **O Direito Humano Fundamental à Moradia Digna: Exigibilidade, Universalização e Políticas Públicas para o Desenvolvimento**. Curitiba: Juruá, 2012.

SILVA, Cláudio Henrique Ribeiro da. **O Sentido da Parte Geral**. [s.l.]: o autor, [201-]. Disponível em <http://www.ribeirodasilva.pro.br/osentidodapartegeral02.html>. Acesso em: 30.07.2012.

SILVA, Ovídio A. Baptista. **Processo e Ideologia: O Paradigma Racionalista**. 2ª ed. Rio de Janeiro: Forense, 2006.

STRECK, Lênio Luiz; BARRETO, Vicente de Paulo; OLIVEIRA, Rafael Tomaz de. Ulisses e o canto das sereias: sobre ativismos judiciais e os perigos da instauração de um "terceiro turno da constituinte". **Revista de Estudos Constitucionais, Hermenêutica e Teoria do Direito (RECHTD)**. v. 1 n.2 Jul-dez., 2009.

TEIXEIRA, João Paulo Allain. Dois Modelos de Direito e Legalidade: Hans Kelsen e Niklas Luhman. In: BRANDÃO, Cláudio; CAVALCANTI, Francisco; ADEODATO, João Maurício (Org). **Princípio da Legalidade: Da Dogmática Jurídica à Teoria do Direito**. 1ªed. Rio de Janeiro: Forense, 2009.

TERRACAP. Missão. Brasília: Terracap. 2012. Disponível em http://www.terracap.df.gov.br/internet/index.php?sccid=35&sccant=274. Acesso em: 30.007.2012.

_____. Regularização Fundiária. Brasília: Terracap. [2012]. Disponível em: http://www.terracap.df.gov.br/internet/index.php?sccid=274&sccant=35. Acesso em: 25 jul. 2012.

THOMPSON, John B. **Ideologia e Cultura Moderna: Teoria social crítica na era dos meios de comunicação de massa**. Petrópolis: Vozes, 2011.

WIEACKER, FRANZ. **História do Direito Privado Moderno**. Revista Vandenhoeck & Ruprecht. Göttingen. Tradução de A. M. Botelho Hespanha. 2ª ed. Lisboa: Fundação Calouste Gulbenkian, 1967.

WIKIPÉDIA. Ocuppy the Wall Street. [s.l.]: Wikipédia, 2014. Disponível em:http://pt.wikipedia.org/wiki/Occupy_Wall_Street>. Acesso em: 3.02.2014.

_____. Guará (Distrito Federal). [s.l.]: Wikipédia, 2014. Disponível em: http://pt.wikipedia.org/wiki/Guar%C3%A1_(Distrito_Federal). Acesso em: 25 jul. 2012.

WODAK, Ruth. What CDA is about – a summary of its history, importante concepts and its developments. In: WODAK, Ruth; MEYER, Michael. (Org.). **Methods of Critical Discourse Analysis**. London: Sage Publications, 2001. p.1-13.